Ce que les gens
Bouillon de p...
des in...

D1063001

« *Bouillon de poulet pour l'â...* nous attendions depuis longtemps. Ces histoires peuvent non seulement aider, mais aussi toucher le cœur et l'âme de tous ceux et celles qui le lisent, infirmières ou non. Les infirmières reconnaîtront leurs propres expériences quelque part dans ces histoires qui confirment la nature intimiste de cette profession et l'importance du contact personnel qu'implique le soin des autres. Les auteurs ont rendu un merveilleux service à cette vocation en mettant en lumière des anecdotes touchantes, drôles, sincères, communes à toutes celles qui se retrouvent au chevet des patients. »

Sally Russell, M.S.I., I.A.
Directrice pédagogique,
Academy of Medical Surgical Nurses

« Écrite par des infirmières, cette collection d'histoires se fait la championne de l'apport, de l'engagement et de l'abnégation au quotidien des infirmières. Elle fait le portrait de la compassion, de l'intelligence et de la présence d'esprit nécessaires pour faire face aux exigences changeantes, complexes et toujours remplies de défi de la profession. Les infirmières, et tous ceux dont la vie a été touchée par une infirmière en particulier, adoreront ce *Bouillon de poulet pour l'âme des infirmières*. »

Mary H. McMahon, M.S.N., R.N.C.
Directrice des soins infirmiers,
Services de soins de maternité
Salem Hospital, Salem, Oregon

« Dans cette collection d'histoires, on fait remarquablement honneur à la profession des soins infirmiers, cet art noble consistant à prodiguer des soins. Chacune d'elles nous décrit comment cet art se traduit dans les faits, et illustre la compassion et l'intensité des sentiments que les infirmières vivent quotidiennement dans leur pratique. À cause de tous les défis que doivent relever aujourd'hui les infirmières dans leur milieu de travail, cette collection d'histoires personnelles apporte un nouvel éclairage sur les motivations à l'origine du choix de cette carrière, comme elle nourrit l'âme de l'infirmière en devoir. »

Linda Kubik Goeldner, C.H.E., C.A.E.
Directrice exécutive, *Iowa Nurses Association*

« La lecture de ces histoires m'a inspirée, et ma profession m'a de nouveau exaltée. J'ai été bouleversée aux larmes, j'ai eu la chair de poule, j'ai réfléchi et j'ai éclaté de rire. En cette époque remplie de défis, je crois que la lecture de ces histoires est indispensable pour tous ceux qui dispensent des soins de santé, ceux qui en reçoivent et, le plus important, pour les infirmières de tout âge, afin qu'elles se rappellent l'importance de leur travail. »

Jeannie Eylar
Directrice, Services des soins aux patients
Pullman Memorial Hospital, Pullman, Washington

« Il arrive finalement, ce *Bouillon de poulet* pour les "anges de compassion" toujours présentes pour prendre soin d'autrui! Ces paroles d'encouragement nous sont destinées. Après une période de travail difficile où la charge des patients a été ardue un soir de "pleine lune", enlevez vos souliers, préparez-vous une tasse de thé chaud et relaxez dans votre fauteuil favori en lisant ces histoires inspirantes qui vous rappellent que vous n'êtes pas simplement une bénédiction – mais que vous êtes aussi bénies! »

Joan E. Edwards, R.N.C., M.N., C.N.S.
Directrice, Services aux femmes et aux enfants
Kingwood Medical Center, Kingwood, Texas

« Un livre puissant et inspirant! Les auteurs ont capté l'essence de la profession infirmière à son meilleur, décrivant l'art de soigner les autres êtres humains. Ces expériences en soins infirmiers dressent un portrait vivant de l'intégrité, de la compassion et des récompenses inhérentes à cette relation infirmière-patient.

Ce livre touchera le cœur et l'âme des infirmières, qu'elles soient novices ou expérimentées, de même que tous ceux dont la valeur commune est de préserver la dignité humaine – dans la santé ou dans la maladie. »

Martha G. Lavender, R.N., D.S.N.
Professeure, doyenne
de la Faculté des sciences infirmières
Jacksonville State University

« Chaque histoire remplira les infirmières d'un sentiment de fierté par rapport à la profession qu'elles ont choisie, les aidera à se sentir bien dans l'exercice de leur travail, les encouragera à s'épanouir, et non seulement à survivre, dans cette arène que sont les soins de santé. »

Mary Garlick Roll, R.N., M.S.

« Je recommande vivement à mes collègues de travail de lire ce livre. Il vous inspirera et vous aidera à vous souvenir de toutes les raisons qui ont motivé votre choix de cette profession – un exercice qui vous illuminera de bonheur et vous donnera la satisfaction personnelle de savoir que vous avez choisi la bonne carrière. »

Mary Henrikson, M.N., R.N.C.
Responsable en chef des opérations
Sharp Mary Birch Hospital for Women
San Diego, California

« Ces histoires ont soulevé en moi un merveilleux sentiment de solidarité avec les autres infirmières. J'ai été capable de relier presque toutes les histoires à une expérience personnelle similaire. Je me suis constamment rappelé pourquoi j'ai choisi cette profession et pourquoi j'aime mon travail. Je me sens encore plus fière de ma profession et je ressens un fort sentiment d'appartenance à la communauté universelle de ceux qui prodiguent des soins. »

Susan Goldberg, R.N.

« Pourquoi suis-je devenue infirmière? Je n'ai pas choisi cette profession pour l'argent ou pour la notoriété. Ces histoires transmettent l'esprit qui anime la profession d'infirmière. »

Suzanne Phelan, R.N., B.S.N.

« Les infirmières sont le cœur et l'âme des soins de santé. Dans ce livre, nos collègues ont partagé de courts aperçus de notre profession, révélant ce cœur et cette âme au monde entier. *Bouillon de poulet pour l'âme des infirmières* nous donne tous la chance de rire et peut-être de pleurer, alors que nous y retrouvons cette manière unique de prodiguer des soins et de nous préoccuper de nos patients qu'est la nôtre. Prenez donc du recul et amusez-vous à lire ce merveilleux livre. »

Lynn Komatz, R.N., C.N.O.R.

« Ces histoires inspirantes illustrent l'incroyable différence que nous, les infirmières, apportons dans la vie quotidienne des gens. Merci de nous rappeler combien cette profession est honorable. »

Diane Sieg, R.N., C.L.C.

« Ces histoires ravivent ma flamme comme infirmière et m'encouragent à demeurer dans cette extraordinaire profession. »

Kristina Winch, L.P.N.

« Pendant que je lisais *Bouillon de poulet pour l'âme des infirmières*, je me rappelais les nombreuses aventures, les défis, les joies et les peines qui caractérisent cette carrière. Cela n'a pas toujours été facile, mais c'était certainement très gratifiant. Cela m'a obligée à grandir et à voir le monde tel qu'il est. J'ai toujours cru que la profession des soins infirmiers était un fin mélange d'art et de science. Sans nul doute, ce livre illustre ce profond amalgame de deux éléments essentiels issus de nous-mêmes. »

Jery Sigl, R.N.

« *Bouillon de poulet pour l'âme des infirmières* me rappelle pourquoi j'étais si reconnaissante aux infirmières qui m'ont soutenue dans mon travail et m'ont aidée à devenir le médecin que je suis aujourd'hui. Il y a des dizaines d'années, lorsque j'ai commencé à écouter les histoires de mes patients et à les aider à se rétablir, les infirmières savaient que j'étais dans la bonne voie. Elles se sont investies dans les soins intensifs alors que la plupart des professionnels médicaux s'évertuaient plutôt à diagnostiquer et à traiter la maladie, sans tenir compte de l'expérience des patients. Les infirmières m'ont appris qu'un bon médecin est quelqu'un qui accepte la critique de la part des infirmières, des patients et des familles. Leurs critiques ont poli mon miroir. Laissez-moi donc profiter de cette occasion pour remercier toutes les infirmières qui ont contribué à ma formation. »

Bernie Siegel, M.D.
Auteur de *L'amour, la médecine et les miracles*

« *Bouillon de poulet pour l'âme des infirmières* rend hommage aux infirmières – ces servantes passionnées et compétentes qui se sont entièrement attachées aux malades, aux blessés, aux personnes âgées ou découragées, avec une profonde compassion et un dévouement incessant. Contenant plus d'une centaine d'histoires vraies de service et d'abnégation, ce livre stimulant fait vibrer vos cordes sensibles et vous fait parfois rire, en même temps qu'il honore astucieusement la noble profession infirmière. Quiconque a jamais reçu ou donné des soins de santé sera provoqué, motivé et éclairé par ces exemples inspirants et vécus d'un courage, d'un engagement et d'une chaleur humaine exceptionnels. »

« D^re Maman » Marianne Neifert, M.D.
Conférencière, auteure
et professeure clinicienne en pédiatrie
Université du Colorado, École de médecine

JACK CANFIELD, MARK VICTOR HANSEN
NANCY MITCHELL-AUTIO ET LEANN THIEMAN

Bouillon de Poulet pour l'âme des Infirmières

Des histoires pour célébrer,
honorer et inspirer
la profession d'infirmière

Traduit par Renée Thivierge

BÉLIVEAU
éditeur

Montréal, Canada

L'édition originale de cet ouvrage a été publiée sous le titre
CHICKEN SOUP FOR THE NURSE'S SOUL
©2001 Jack Canfield et Mark Victor Hansen
Health Communications, Inc., Deerfield Beach, Floride (É.-U.)
ISBN 1-55874-933-0

Réalisation de la couverture : Jean-François Szakacs

Tous droits réservés pour l'édition française
©2004, Éditions Sciences et Culture Inc.
©2010, Béliveau Éditeur

Dépôt légal : 3ᵉ trimestre 2010
Bibliothèque et Archives nationales du Québec
Bibliothèque et Archives Canada

ISBN 978-2-89092-472-7

 BÉLIVEAU 5090, rue de Bellechasse
é d i t e u r Montréal (Québec) Canada H1T 2A2
514 253-0403 Télécopieur : 514 256-5078

www.beliveauediteur.com
admin@beliveauediteur.com

Gouvernement du Québec — Programme de crédit d'impôt pour
l'édition de livres — Gestion SODEC — *www.sodec.gouv.qc.ca*.

Nous reconnaissons l'aide financière du gouvernement du Canada par
l'entremise du Programme d'aide au développement de l'industrie de
l'édition (PADIE) pour nos activités d'édition.

IMPRIMÉ AU CANADA

*À toutes les infirmières qui,
probablement beaucoup plus que
tout autre groupe sur Terre,
soulagent véritablement la souffrance
en ce monde.*

Table des matières

3. Moments déterminants

4. Enseigner et apprendre

5. Défis

9. Merci

_____

Les citations

Pour chacune des citations contenues dans cet ouvrage, nous avons fait une traduction libre de l'anglais au français. Nous pensons avoir réussi à rendre le plus précisément possible l'idée d'origine de chacun des auteurs cités.

Note

De plus, afin de ne pas alourdir la lecture du texte, nous avons choisi d'écrire les histoires au genre féminin. Cependant, il va de soi que cela inclut le genre masculin.

Remerciements

Ce fut un honneur d'écrire, de compiler et de publier ce *Bouillon de poulet pour l'âme des infirmières*. Quel privilège de lire de si exceptionnelles histoires racontées par ces personnes soignantes si attentionnées. Nous tenons d'abord et avant tout à remercier les quelque trois mille travailleurs en soins de santé qui ont livré leur cœur et leur âme. Beaucoup d'entre eux *nous* ont remerciés de les avoir convaincus d'écrire leurs expériences. Plusieurs nous ont fait part de leurs sentiments: « Je sais que ceci ne sera pas publié, mais merci pour ce voyage inspirant et guérisseur effectué par le biais de l'écriture. » Quel cadeau avez-vous été pour nous!

À Peter Vegso, notre cher éditeur, nous vous aimons et nous vous remercions du fond de notre cœur pour avoir publié *Bouillon de poulet pour l'âme des infirmières*. Merci au nom de toute la famille de *Bouillon de poulet pour l'âme*. Peter, nous vous sommes reconnaissants et nous vous aimons!

Grâce soit rendue à nos familles pour tout leur amour et tout leur soutien dans ce projet: Inga, Patty, Mark, Kirk, Christopher, Travis, Riley, Melanie, Elizabeth, Christie, Angela et Mitch.

Nous sommes reconnaissants aux personnes qui ont lu et évalué près de deux cents histoires et qui nous ont aidés à faire le choix final: Helen Colella, D'ette Corona, Berniece Duello, Margaret Hill, Mary Hjerleid, Ellen Javernick, Sondra Keeler, Sally Kelly-Engeman, Barbara LoMonaco, Heather McNamara, Linda Mitchell, Linda Osmundson, Carol Rehme, Gayle Stringer, Christie Thieman et Mark Thieman.

15

Un merci tout spécial aux infirmières de notre comité de lecture qui ont apporté leur point de vue expérimenté et ainsi enrichi le processus de sélection: Linda Beckwith, Jeannie Eylar, Bonnie Ford, Susan Goldberg, Lisa Heiney, Jackie Johnson, Holly Leo, Mary McMahon, Tonya Motley, Suzanne Phelan, Pat Richardson, Kay Rosenthal, Cheryl Roth, Diane Sieg, Jery Sigl, Bonnie Urie, Sharon Williams et Kristina Winch.

Josephine Adams dont les compétences comme professeure d'anglais à l'université ont été précieuses dans la révision finale du manuscrit. Son expertise s'est avérée inestimable.

Merci à Pat Mahan de Nurse-Recruiter.com qui a sollicité des collaborateurs dans chaque édition mensuelle de son magazine électronique. Ainsi que Kay Rosenthal, Ph.D., R.N., pour avoir partagé avec nous les histoires extraites de son Rural Nurse Organization's Anthology.

Toute l'équipe de Mark Victor Hansen: Patty Hansen, Trudy Marschall, Maria Nickless, Laurie Hartman, Michelle Adams, Tracy Smith, Dee Dee Romanello, Dawn Henshall, Lisa Williams, Kristi Knoppe, David Coleman, Laura Rush, Paula Childers, Tanya Jones, Faith Fuata et Shanna Vieryra.

Et l'équipe entière de Jack Canfield: Patty Aubery, Deborah Hatchell, Heather McNamara, D'ette Corona, Veronica Romero, Cindy Holland, Robin Yerian, Vince Wong et Geneva Lee. Un merci tout spécial à Leslie Riskin pour son efficacité et sa gentillesse dans l'obtention des autorisations. Leslie, nous vous aimons et nous chérissons votre amitié!

Un merci spécial à Health Communications pour leur constant soutien: Terry Burke, Kim Weiss, Kelly Johnson Maragni, Allison Janse, Christine Belleris, Lisa Drucker et Susan Tobias.

À l'assistante et agente de marketing de LeAnn, Amy Williams, qui a dirigé de manière brillante l'entreprise de conférenciers de LeAnn, pendant que cette dernière lisait et relisait et relisait les histoires…

Et à la mère de LeAnn, Berniece Duello, qui a consacré sa vie à servir les autres d'une manière compatissante, et a ainsi transmis à LeAnn les vertus de la profession d'infirmière.

Un immense merci à Mark, le concepteur graphique de LeAnn, et aussi son Webmaître, son soutien technique, son rédacteur en chef, son âme sœur et son mari depuis plus de trente ans: « Je n'aurais pas pu le faire sans toi; je n'aurais même pas voulu essayer. » Et à Angela, à Christie et à Mitch qui ont cru en leur mère bien avant elle.

Et par-dessus tout, merci à Dieu pour ses divins conseils.

Introduction

Combien de fois, durant toutes ces années de travail auprès de nos patients, ne nous sommes-nous pas exclamées : « Je pourrais écrire un livre ! » Eh bien, maintenant, ensemble nous l'avons fait. Près de trois mille personnes soignantes du monde entier ont partagé leurs histoires – leur cœur, leur âme. Alors que nous, éditeurs de la série *Bouillon de poulet*, avons compilé ces histoires pendant trois ans, celles-ci ont pris toute une vie à s'élaborer. Maintenant, *Bouillon de poulet pour l'âme des infirmières* partage avec vous l'amour, les défis et les joies de cette vocation.

La plupart d'entre nous n'ont pas choisi cette profession pour ses longues heures de travail, la rémunération qui y est rattachée ou les conditions de sa pratique ! Ce livre nous rappelle pourquoi nous l'avons fait. Les histoires d'étudiantes nous aident à nous rappeler pourquoi nous avons choisi cette carrière en tout premier lieu. Les histoires d'infirmières d'expérience révèlent pourquoi nous y demeurons. Certaines histoires reflètent le « bon vieux temps » (et il semblerait que ce n'était pas toujours rose !), mais chacune d'entre elles nous donne de l'espoir pour l'avenir.

Peu importe notre âge ou notre domaine de pratique, nous tous et toutes qui travaillons dans le milieu de la santé retrouverons dans ces pages un peu de notre cœur et de notre âme. Nous verrons que notre travail est universel – le pouvoir de nos mains habiles et de nos cœurs dévoués.

Ces histoires, tout comme la profession d'infirmière, célèbrent la vie et la mort. Il faut les lire une à la fois, savourant l'espoir, la guérison, le bonheur qu'elles offrent. Nous prédisons que ce livre se retrouvera dans toutes les salles de repos (ou salles de bain, car certains jours, c'est la même chose!). Ou encore, après une longue journée mouvementée (ou une longue nuit!), nous recommandons une ordonnance d'un peu de « Bouillon de poulet », au besoin, à volonté.

Nous vous honorerons pour votre dévouement envers le genre humain et nous vous offrons ce livre comme notre cadeau. C'est notre souhait le plus sincère que ce *Bouillon de poulet pour l'âme des infirmières* vous redonne une portion de l'amour et de l'attention que vous avez prodigués aux autres. Nous espérons qu'il vous inspirera à continuer votre travail empreint de compassion. Le monde a besoin de vous.

Le serment
de Florence Nightingale

Je m'engage solennellement devant Dieu et en présence de cette assemblée à mener une vie intègre et à remplir fidèlement les devoirs de ma profession.

Je m'abstiendrai de toute pratique délictueuse ou malfaisante. Je ne prendrai ou n'administrerai volontairement aucun remède dangereux.

Je ferai tout pour élever le niveau de ma profession et je garderai, avec totale discrétion, les choses privées qui me seront confiées et tous les secrets de famille que la pratique de mon service me ferait éventuellement connaître.

J'aiderai de mon mieux le médecin dans son travail, et je me dévouerai au bien-être de ceux qui sont laissés à ma garde.

Source: http://home.tiscali.be/frederic.staes3/so-serment.htm 1

1

LA VÉRITABLE SIGNIFICATION DE LA PROFESSION D'INFIRMIÈRE

Beaucoup se font une idée erronée
de l'essence du véritable bonheur.
Celui-ci ne s'atteint pas par
la gratification personnelle mais
par la fidélité à une noble cause.

Helen Keller

Travailler le jour de Noël

*Si, sans tenir compte du succès ou de la gloire,
quelqu'un aime son métier, les dieux sont avec
lui.*

Robert Louis Stevenson

Nous étions le 25 décembre et la journée était particulièrement calme à la salle d'urgence. Calme, c'est vrai, sauf pour les infirmières qui se tenaient au poste en maugréant et en pestant contre le fait d'avoir à travailler le jour de Noël.

J'avais été affectée au triage ce jour-là et j'étais sortie pour nettoyer la salle d'attente. Comme il n'y avait aucun patient qui attendait, je suis revenue au poste pour partager avec les autres une tasse de cidre chaud que quelqu'un avait apporté à l'occasion de Noël. C'est à ce moment qu'un préposé à l'admission est venu m'informer que cinq patients étaient en attente d'être évalués.

D'une voix geignarde, je me suis plainte: « Cinq, pourquoi cinq? Je viens d'aller dans la salle d'attente et je n'ai vu personne. »

« Eh bien, il y en a cinq qui viennent de demander leur admission. » Je suis alors revenue dans la salle et j'ai appelé le premier nom. Cinq formes humaines se sont présentées devant mon bureau: une petite femme toute pâle et quatre jeunes enfants portant des vêtements plutôt froissés.

« Êtes-vous tous malades? » ai-je demandé, soupçonneuse.

« Oui », a répondu la mère d'une voix faible en baissant la tête.

« D'accord! » ai-je renchéri, sans conviction. « Qui est le premier? » Un par un, ils se sont assis, et je leur ai posé les questions préliminaires habituelles. Lorsque est arrivé le temps de décrire leurs problèmes, les choses sont devenues un peu vagues. Deux des enfants avaient mal à la tête, mais cette affection est d'ordinaire accompagnée d'un langage corporel spécifique comme se tenir la tête ou éviter de la bouger, ou plisser les yeux ou grimacer. Deux enfants avaient mal aux oreilles, mais un seul d'entre eux pouvait me dire quelle oreille était douloureuse. La mère se plaignait d'une toux, mais elle semblait se forcer pour tousser.

Quelque chose ne collait pas dans ce tableau. Cependant, la politique de notre hôpital nous interdisant de renvoyer des patients, nous nous devions de les examiner. J'ai expliqué à la mère qu'un peu de temps s'écoulerait avant qu'un médecin puisse les voir, car même si la salle d'attente était vide, les ambulances avaient emmené à l'arrière plusieurs patients dans un état plus critique. Elle a répondu: « Prenez votre temps, il fait chaud ici. » Elle s'est retournée et, avec un sourire, a conduit sa nichée dans la salle d'attente.

J'ai eu un pressentiment – appelez ça l'intuition de l'infirmière –, et lorsque le préposé à l'admission a eu terminé d'inscrire cette famille, j'ai vérifié les données sur le tableau. Pas d'adresse – ils étaient des sans-abri. Il faisait chaud dans la salle d'attente.

J'ai jeté un coup d'œil sur la famille réunie autour de l'arbre de Noël. Le plus petit pointait du doigt le téléviseur en s'exclamant à l'intention de sa mère. La plus vieille contemplait son image réfléchie dans une décoration de l'arbre de Noël.

Je suis retournée au poste d'infirmières et j'ai mentionné qu'il y avait une famille de sans-abri dans la salle d'attente – une mère et quatre enfants âgés entre quatre et dix ans. Les infirmières, qui maugréaient d'avoir à travailler à Noël, ont été gagnées par la compassion pour une famille qui voulait tout simplement se réchauffer en ce jour de Noël. L'équipe s'est affairée, comme nous le faisions habituellement lors d'une urgence médicale. Mais celle-ci était différente, c'était une urgence de Noël.

À l'occasion de Noël, on nous avait offert un repas gratuit à la cafétéria de l'hôpital. Nous avons réclamé ce repas et avons préparé un banquet pour nos invités de Noël.

Il fallait toutefois des cadeaux. Nous avons mélangé des oranges et des pommes dans un panier qu'un de nos vendeurs nous avait apporté. Nous avons préparé de petits paquets contenant des autocollants empruntés au service de radiologie, des bonbons que les médecins avaient offerts aux infirmières, des crayons – vestiges d'un récent concours de coloriage de l'hôpital – des épinglettes que l'administration de l'hôpital avaient données aux infirmières lors d'une journée annuelle de formation, et de petits oursons en peluche que les infirmières avaient l'habitude d'accrocher sur leur stéthoscope. Nous avons aussi découvert une grosse tasse, un paquet de cacao en poudre et différents autres petits objets. Nous avons pris des rubans, du papier d'emballage et des clochettes parmi les décorations ornant le service, auxquelles nous avions toutes contribué. Avec le même sérieux que nous avions mis à répondre aux exigences des patients venus à l'hôpital ce jour-là, notre équipe s'est organisée pour combler les besoins, et dépasser les espérances, d'une famille qui ne souhaitait qu'une chose : avoir chaud le jour de Noël.

Chacune à tour de rôle, nous nous sommes jointes à la fête dans la salle d'attente. Chaque infirmière a passé son temps de dîner avec la famille, choisissant de partager son moment de repos avec ces gens dont les rires et le délicieux bavardage devenaient de plus en plus contagieux.

Lorsque mon tour est arrivé, je me suis assise avec eux à la petite table de banquet que nous avions installée dans la salle. À un moment, nous avons parlé des rêves. Les quatre enfants m'ont raconté ce qu'ils voulaient faire lorsqu'ils seraient grands. La petite fille de six ans a commencé la conversation avec cette déclaration: « Je veux être une infirmière et aider les gens. »

Après que les quatre enfants ont eu fini de décrire leurs rêves d'avenir, j'ai regardé la mère. Elle a souri et a dit: « Je veux simplement que ma famille soit en sécurité, dans la chaleur et dans la joie – tout comme c'est le cas maintenant. »

La « fête » a duré pendant presque toute la période de travail, avant que nous ayons réussi à trouver un refuge qui accepterait de loger la famille en ce jour de Noël. La mère a demandé que leurs dossiers soient enlevés. Ces patients n'ont ainsi pas été examinés ce jour-là dans le service d'urgence. Mais ils ont été traités.

En marchant vers la sortie de l'hôpital, la petite de quatre ans est revenue sur ses pas, m'a fait une caresse et a murmuré: « Merci d'avoir été nos anges aujourd'hui. » Comme elle courait pour retrouver sa famille, ils m'ont tous fait un dernier signe de la main avant de refermer la porte. Je me suis retournée lentement pour reprendre mon travail, un peu embarrassée par les larmes qui inondaient mes yeux. Il y avait là un groupe de mes collègues de travail dont une tenait une boîte de mouchoirs qu'elle distribuait à chaque infirmière qui travaillait un certain jour de Noël à jamais inoubliable.

Victoria Schlintz

Reproduit avec l'autorisation de Benita Epstein.

Fière d'être une infirmière

Comme il est merveilleux de penser que personne n'a à attendre un seul instant avant de commencer à améliorer le monde.

Anne Frank

Je viens de regarder une autre émission télévisée dépeignant l'infirmière comme une ravissante idiote à la forte libido. Il est évident que l'image de la profession des soins infirmiers a encore besoin de bonnes relations publiques. Et, de temps en temps, il nous arrive une occasion inespérée de contribuer à l'éducation du public concernant cette profession.

Je travaillais dans un établissement de soins de longue durée et, par un chaud samedi matin, alors que je profitais d'un week-end de congé tant attendu, la chance s'est présentée pour moi d'apporter ma petite contribution. Mon mari et moi effectuions le voyage par train pour nous rendre au terrain de balle des Cubs. Juste comme le train arrivait à la dernière station, le conducteur a crié sèchement à tous les passagers de quitter immédiatement le wagon, nous poussant vers la porte. En marchant, j'ai aperçu quelques personnes regroupées autour d'un homme étendu mollement sur son siège.

Le conducteur parlait avec agitation dans son talkie-walkie. J'ai entendu des bribes comme « urgence » et « ambulance ». Me surprenant moi-même, je me suis approchée de lui et j'ai dit : « Je suis infirmière. Est-ce que je peux vous aider ? »

« Je n'ai pas besoin d'une infirmière », m'a-t-il répondu d'un ton rude et hargneux, assez fort pour que la foule entende, « j'ai besoin d'un médecin ! »

Sa remarque publique humiliante sur les infirmières m'a fait l'effet d'un coup dans l'estomac. J'étais rouge de colère. Poussée par une montée d'adrénaline, je me suis brusquement faufilée à travers la foule, abandonnant l'arrogant conducteur à ses affaires, et suis retournée dans le train.

Trois hommes se tenaient comme des statues devant un jeune homme écrasé sur son siège. Son visage avait la couleur d'une prune mûre. Heureusement, je me suis rappelé clairement quelques notions élémentaires de réanimation cardiorespiratoire. L'homme avait manifestement les voies respiratoires obstruées. Je me suis sentie soulagée de détecter son pouls.

« Il a une attaque », a suggéré un homme.

Tout en desserrant son col et sa cravate, j'ai demandé aux spectateurs de m'aider à l'asseoir. Nous l'avons redressé, j'ai rapidement appliqué une pression sur sa mâchoire et j'ai penché sa tête sur le côté. Du mucus mêlé de sang s'est alors mis à couler. À l'aide d'un mouchoir extrait de ma poche, j'ai dégagé sa bouche et sa gorge de l'épais mucus qui restait encore. Un grand coup sur l'épaule l'a forcé à prendre une grande respiration. En quelques secondes, sa peau était redevenue rose, et il avait ouvert les yeux. Il avait quelques lésions sur la langue qu'il s'était mordue, mais il respirait bien.

J'ai entendu la sirène de l'ambulance au loin.

Je me suis mise à trembler et suis retournée vers mon mari, priant que l'homme ne soit pas atteint du sida et cherchant quelque chose pour essuyer mes mains collantes.

« Hé, vous avez bien travaillé », m'a crié l'un des spectateurs.

J'ai répondu « merci » en souriant aimablement, tout en dévisageant le conducteur qui tenait encore fermement son talkie-walkie dans ses mains et paraissait surpris. Il a dit en bégayant: « Je suppose qu'une *infirmière* était ce qu'il me fallait après tout. »

Triomphante, je suis descendue du train, espérant avoir réussi à modifier la perception d'au moins une personne au sujet de la profession d'infirmière. Car, à ce moment même, j'étais spécialement fière d'être une infirmière.

Barbara A. Brady

« *Voulez-vous parler au responsable –
ou à l'infirmière qui est au courant de tout?* »

Nellie

*Les enfants sont les apôtres que Dieu envoie
chaque jour pour prêcher l'amour, l'espérance
et la paix.*

J. R. Lowell

Nellie n'avait que deux ans et elle était la fille unique
d'une mère célibataire que son petit ami avait quittée
lorsqu'il avait découvert que celle-ci était enceinte. Une
histoire plutôt courante dans une grande ville – mais
Nellie était une enfant tout à fait spéciale. Elle réussissait
à vous captiver le cœur dès la première rencontre. Ses
immenses yeux ovales, noirs comme du métal brillant, se
dessinaient sur un visage pâle et rond. On m'avait dit
qu'elle avait normalement les cheveux noirs et frisés,
mais lorsque je l'ai rencontrée, la chimiothérapie l'avait
rendue chauve.

Nellie était atteinte de leucémie. Durant les six mois
où elle avait été hospitalisée, les médecins avaient tenté
plusieurs traitements de chimiothérapie pour essayer de la
sauver. J'étais l'infirmière de soins intégraux de Nellie à
une époque où cette approche n'était pas la norme. Nous
avions toutes l'impression que Nellie avait besoin d'une
présence constante dans sa vie. Incapable de faire face à
la maladie dévastatrice de sa fille, sa mère la visitait rarement. Chaque fois qu'une réunion était prévue pour dis-
cuter du prochain mode de traitement, elle venait pour
participer à la prise de décisions. Elle voulait s'assurer
que sa fille reçoive les meilleurs soins possibles. Mais elle
était incapable de venir la voir. J'ai toujours pensé qu'elle
lui avait déjà fait ses adieux.

La première fois que j'ai rencontré Nellie, elle venait juste de commencer une cinquième série de traitements. Son visage et son corps étaient enflés à cause des stéroïdes. Un cathéter de type Broviac était installé dans sa poitrine, pour l'administration des médicaments et des solutions intraveineuses. Elle souffrait d'une grave stomatite et était incapable de se nourrir par voie orale. Autour de son rectum, la peau était rouge et à vif à cause d'une diarrhée persistante. Pourtant elle avait, jusque dans ses yeux, le plus merveilleux sourire jamais vu. Je me demandais bien quand elle avait décidé que la souffrance faisait simplement partie de la vie quotidienne et avait choisi de sourire de toute façon.

Deux choses rendaient Nellie heureuse: lorsque je lui chantais de douces mélodies en la berçant et lorsque je l'emmenais faire un tour dans le wagon rouge. Après lui avoir placé un casque de pompier sur la tête, installé un masque sur son visage pour la protéger des germes extérieurs et allumé une lumière rouge clignotante à l'avant du camion, nous nous déplacions autour de l'unité en disant « a-o! » à tous les « bé-és ma-ades ». (Nellie éprouvait de la difficulté à prononcer les L, de même que les B et les R.)

Elle avait foi en Dieu comme seul un enfant le peut. « À moins que vous ne deveniez comme des petits enfants… » Nellie inclinait la tête chaque fois qu'elle prononçait le nom de Dieu. Elle l'appelait le « on Dieu ». Quand j'avais fini de lui donner son bain du matin et que je l'avais revêtue d'un doux pyjama duveteux, elle se pelotonnait dans mes bras et me demandait de lui parler du « on Dieu ».

« Sa maison est "gande"? « Comment "gande"? » Puis, « "Aconte-moi" encore les "ues emplies d'or". Elle se rappelait toutes les histoires enfantines tirées de la Bible que sa mère lui avait lues.

Un matin, elle m'a surprise par la candeur de sa confiance. « Bientôt, je vais aller dans la maison du 'on Dieu'. »

Je lui ai répondu: « Tout le monde ira dans la maison du Bon Dieu un jour. » J'essayais ainsi de nier la vérité qu'elle avait déjà acceptée.

« Je le sais », m'a-t-elle répondu avec l'assurance d'un enfant de deux ans qui comprend déjà les mystères de l'univers, « mais j'irai la "pemière". »

Étouffant mes larmes, j'ai demandé: « Comment tu sais ça? »

« Le "on Dieu" m'a dit », m'a-t-elle répondu d'une façon très détachée.

Quand il s'est révélé que la cinquième série de chimiothérapie n'avait pas produit les résultats escomptés, les médecins ont organisé une réunion de planification de soins. La mère de Nellie est venue, et il était prévu d'obtenir sa permission de tenter une nouvelle série de médicaments expérimentaux, pas encore approuvés pour les patients en pédiatrie. J'ai été surprise de ma réponse teintée par la colère: « Quand allons-nous dire que ça suffit? Il est temps de laisser aller Nellie. » Je ne pouvais croire que j'avais prononcé ces mots. Je n'avais jamais cru qu'il viendrait un temps où je penserais non seulement qu'un arrêt de traitement pour un enfant était la bonne chose, mais que c'était la seule chose à faire. J'étais plus pro-vie que le pape lui-même; pourtant, au plus profond de moi, je savais que quelqu'un devait se battre pour le droit de Nellie de mourir.

Je m'inquiétais inutilement. Quand je suis retournée au travail le soir suivant, on avait supprimé la médication de Nellie. On s'arrangeait simplement pour qu'elle soit le plus confortable possible. Elle était ma seule patiente cette nuit-là. Pendant les dernières vingt-quatre heures, son corps déjà enflé était devenu encore plus œdémateux. J'ignore pourquoi, mais pour la première fois Nellie n'a pas voulu être prise ou bercée. Je me suis assise à côté de son petit lit d'enfant et j'ai caressé son visage boursouflé. Le petit duvet sur sa tête était rêche sous mes doigts. Pendant toute la première partie de la nuit, Nellie est restée réveillée. Je ne l'ai pas quittée un seul instant.

Quelque part vers trois heures du matin, elle s'est tournée et m'a dit: « Tu tiens Nellie maintenant. Nellie s'en va. »

M'accrochant à mon déni, je lui ai répondu: « Les wagons sont remisés pour la nuit, Nellie. »

« Tu tiens Nellie maintenant », a-t-elle répété. « Nellie s'en va. »

Doucement, j'ai soulevé son corps fragile du petit lit et je l'ai bercée dans mes bras. Je l'ai tenue sur ma poitrine, sa tête couchée sur mon épaule, son souffle chaud sur mon cou. Je l'ai bercée, et bercée, tout en la caressant et en chantant: « Jésus aime les petits enfants. »

Les minutes ont passé, et Nellie a levé la tête, puisant dans les dernières forces qui lui restaient. Elle a dit: « Il est ici. » Puis, elle a reposé sa tête sur mon épaule. Je ne pouvais plus sentir son souffle chaud dans mon cou. Je ne suis pas tout à fait certaine du temps qui s'est écoulé pendant que je continuais à la bercer, les larmes inondant mes joues. Finalement, j'ai allumé le voyant lumineux pour faire savoir aux autres que Nellie était partie avec le « on Dieu ».

Joan Filbin

Tout cela lors
d'une journée de travail

Si j'arrive à embellir l'existence d'une seule
personne, ou à apaiser une seule douleur, ou
à aider un merle en détresse à retrouver son nid,
je n'aurai pas vécu en vain.

Emily Dickinson

Il fut admis à l'urgence et installé au département de cardiologie: cheveux longs, barbe de plusieurs jours, sale et dangereusement obèse. Sa veste de cuir noir gisait sur la tablette sous la civière. Cet homme était visiblement un marginal dans cet hôpital où les planchers de terrazzo brillaient, où le personnel en uniforme s'affairaient comme des abeilles et où on prenait toutes les mesures possibles pour prévenir la propagation des infections. Cet homme était un intouchable, aucun doute là-dessus.

Les infirmières du poste posèrent un regard ahuri sur ce monceau humain qu'on transportait en civière, puis jetèrent un œil anxieux sur Bonnie, l'infirmière en chef, comme pour lui dire: « Ne me confiez pas la tâche d'admettre ce patient, de le baigner et de le soigner… »

L'une des vraies marques d'un leader, d'un professionnel aguerri, c'est d'être capable de faire l'impensable. De s'attaquer à l'impossible. De toucher l'intouchable. On entendit la voix de Bonnie: « Je m'occuperai moi-même de ce patient. » Voilà une chose tout à fait inhabituelle pour une infirmière en chef – une chose qui sort de l'ordinaire – mais le genre de choses dont l'âme sort grandie, apaisée, ennoblie.

Pendant qu'elle mettait des gants de latex et qu'elle se préparait à faire la toilette de cet homme énorme d'une saleté répugnante, elle eut le cœur brisé. Où était la famille de cet homme? Qui était sa mère? Quelle sorte de petit garçon avait-il été? Elle fredonna doucement en faisant son travail. Cela sembla atténuer la peur et l'embarras qu'elle devinait chez lui.

Bonnie se mit alors à lui parler: « Nous n'avons guère le temps de masser le dos des patients dans les hôpitaux ces temps-ci, mais je parie que ça vous ferait le plus grand bien. Ça vous aidera aussi à détendre vos muscles et à commencer à guérir. Après tout, nous sommes dans un endroit qui sert justement à cela: guérir. »

Sa peau rougeâtre, squameuse et épaisse en disait long sur son mode de vie: l'homme avait probablement eu de mauvaises habitudes alimentaires, consommé trop d'alcool et pris beaucoup de drogues. Pendant qu'elle massait les muscles tendus de son patient, Bonnie fredonnait et priait. Elle priait pour l'âme du petit garçon qui était devenu cet homme, que la rudesse de la vie avait rejeté et qui cherchait désespérément à se faire accepter dans un monde dur et hostile.

Pour terminer son massage, elle appliqua une lotion tiède et de la poudre pour bébé. Cette délicate attention sur un corps aussi fruste frôlait le ridicule. Cependant, lorsque l'homme se retourna sur le dos, des larmes coulaient sur ses joues. Il posa de beaux yeux bruns sur Bonnie, lui sourit et lui dit d'une voix tremblante:

« Personne ne m'a touché depuis des années. Merci. Je *commence* à guérir. »

Naomi Rhode
Déjà publié dans Bouillon de poulet
pour l'âme au travail

Jack

Après avoir travaillé nombre d'années dans un grand hôpital métropolitain doté d'une instrumentation des plus perfectionnées, mon travail comme infirmière responsable de l'équipe du soir dans un petit hôpital pour convalescents de notre localité m'occasionnait de nombreuses frustrations. Par moments, nous manquions de matériel et d'équipement, et parfois la nourriture laissait plus qu'à désirer. Mais le manque de personnel qualifié représentait notre problème le plus sérieux. Pourtant, chacun de nous aimait profondément ses patients et faisait de son mieux pour leur prodiguer les meilleurs soins.

Alice, une toute petite dame âgée aux yeux bleus clairs et scintillants, était la favorite de tous. Le seul membre de sa famille qui lui restait était son fils Jack, un homme corpulent et dur. Les bras de Jack étaient recouverts de tatouages, et une barbe désordonnée poussait au hasard sur son menton. Peu importe la rigueur du climat, il portait toujours une chemise sans manches, de manière à ce que tous puissent admirer les superbes serpents et dragons qui ornaient ses bras. Il portait des jeans délavés si crasseux qu'ils auraient pu tenir debout tout seuls. Ses manières rustres et sa voix tonitruante terrifiaient la plupart des membres du personnel.

Mais ce monstre d'homme adorait sa minuscule maman. Chaque jour, il s'amenait à l'hôpital sur sa vieille motocyclette rugissante et ouvrait brusquement la porte d'entrée. Il descendait bruyamment le corridor vers la chambre de sa mère, le martelage des talons de ses bottes sur le plancher annonçant son arrivée. Il surgissait à l'improviste de manière à pouvoir surprendre toute personne qu'il soupçonnait de ne pas bien prendre soin d'Alice. Pourtant, sa douceur envers sa mère me stupéfiait.

Je me suis liée d'amitié avec Jack me disant qu'il était préférable d'être l'amie d'un tel homme plutôt que l'inverse. Et comme toutes les autres infirmières, j'aimais sincèrement Alice.

Un soir particulièrement difficile à l'hôpital, trois assistantes s'étaient rapportées malades, les chariots pour servir les repas étaient en retard et la nourriture était froide, sans compter que l'un des patients était tombé et s'était brisé la hanche. Comme à l'accoutumée, Jack est arrivé à l'heure du souper pour aider sa mère à manger. Il se tenait debout au poste d'infirmières, me regardant bouche bée pendant que je m'affairais à accomplir la tâche de trois personnes. Accablée et au bord des larmes, j'évitais son regard.

Après avoir finalement nourri, lavé et installé les patients dans leur lit, je me suis assise au poste et j'ai placé ma tête sur mes bras pour me détendre quelques instants avant l'arrivée de l'équipe de nuit. La porte avant s'est brusquement ouverte. Surprise, j'ai pensé *Oh non! Pas Jack qui vient encore nous inspecter!* Comme il déambulait lourdement vers le poste, j'ai jeté un regard vers lui et j'ai remarqué qu'il tenait dans son énorme main un bocal de conserve orné d'un fil de couleur autour du goulot. À l'intérieur du pot, se dressait une rose rouge à longue tige; je n'en avais jamais vu d'aussi jolie. Jack me l'a tendue en me disant: « J'ai bien remarqué combien ça avait été difficile pour vous ce soir. C'est pour vous, de ma part et de celle de ma mère. » Sur ce, il a fait demi-tour en reculant, a passé la porte, et, dans un grand bruit rugissant, s'est éclipsé dans la nuit sur sa motocyclette.

Les patients et leurs familles ont été nombreux à me témoigner leur gratitude en me donnant quantité de cadeaux et de cartes, mais jamais un présent ne m'avait autant touchée que cette rose rouge dans un bocal de conserve offerte un certain soir, il y a si longtemps.

Kathryn Kimzey Judkins

Il n'y a pas de crainte dans l'amour;
au contraire l'amour parfait bannit la crainte.

1 Jean, 4, 18

Olivia

« Bois, s'il te plaît », dit câlinement De Lewis, en tenant un compte-gouttes rempli d'eau au-dessus des lèvres desséchées de la petite fille. Âgée de quatre mois, le bébé d'origine haïtienne était dans un état grave de déshydratation et de malnutrition. Elle était aussi atteinte d'une pneumonie et d'une violente affection virale à l'estomac.

Blottissant dans ses bras l'enfant amorphe, De Lewis se rappelait une petite fille de sept ans de la Caroline du Nord qui avait un jour confié à sa mère et à son père: « Quand je serai grande, je veux aller dans un pays pauvre et prendre soin des enfants malades. » C'était fait; elle se trouvait ici en Haïti où les conditions étaient dix fois plus difficiles que ce qu'elle avait cru possible. Ce dont De Lewis n'avait jamais rêvé cependant, c'était qu'au cours de son tout premier jour à Haïti elle tomberait désespérément, éperdument et follement en amour avec une petite fille malade prénommée Olivia.

Après son divorce en 1994, De Lewis était déménagée à Anchorage, en Alaska, où on la réclamait pour ses talents de physiothérapeute pour enfants. Elle s'est jointe à une église locale et, en septembre 1995, a confié ses patients aux soins compétents d'un collègue et s'est portée volontaire pour une mission de trois mois dans un orphelinat haïtien.

Lorsqu'elle est arrivée à Port-au-Prince, elle s'est mise à pleurer en voyant les milliers d'Haïtiens affamés regroupés dans les rues, les ordures fumantes amoncelées un peu partout et le paysage totalement dépourvu d'arbres. L'orphelinat entouré de murs ressemblait à une oasis tranquille. Pourtant, il n'y avait jamais assez de nourriture ou d'argent pour acheter les médicaments pour les douzaines d'enfants malades qui y demeuraient.

Olivia était le premier enfant haïtien que De Lewis tenait dans ses bras.

« Un vendeur de pains l'a trouvée abandonnée dans la rue quelques heures seulement après sa naissance », a expliqué le directeur de l'orphelinat. « Elle est très malade. Nous avons fait tout ce que nous pouvions avec nos ressources limitées. »

De Lewis ne pouvait se détacher d'Olivia. Lorsque leurs yeux se sont croisés, elle s'est sentie inexplicablement liée à ce minuscule bébé si faible qu'il pouvait à peine bouger la tête.

Au cours des jours suivants, De Lewis s'est attelée à la tâche et a aidé à changer les couches des enfants de l'orphelinat et à administrer les médicaments. Mais dès qu'elle disposait d'un moment libre, elle se précipitait au chevet d'Olivia. Chaque matin, De Lewis emmenait l'enfant voir le médecin, et chaque soir elle se couchait en tenant Olivia dans ses bras. « Parmi tous ces enfants malades, pourquoi est-ce que j'aime autant ce bébé? » s'étonnait-elle. Mais De Lewis savait que seul Dieu pouvait répondre à cette question.

L'itinéraire de De Lewis prévoyait qu'elle ne passerait que quelques jours à Port-au-Prince avant de se diriger vers un autre orphelinat dans la lointaine campagne haïtienne. À cause d'Olivia, elle avait retardé son départ pendant plusieurs semaines, et un jour elle a déclaré au directeur de l'orphelinat: « Je ne partirai pas à moins de pouvoir emmener Olivia avec moi. »

Des larmes coulaient sur les joues du directeur: « Vous aimez réellement ce bébé, n'est-ce pas? »

« Oui, je l'aime », a-t-elle répondu.

Arrivée dans ce plus petit orphelinat situé dans un lieu éloigné, De Lewis a fabriqué un porte-bébé au moyen d'une serviette, et elle transportait Olivia partout, blottie contre sa poitrine. Durant les rares moments où elle la déposait, même pour un instant, Olivia agitait ses mains et pleurait jusqu'à ce que De Lewis la reprenne dans ses bras. « Tu retrouves tes forces et ta santé », s'émerveillait-elle en entendant les cris vigoureux d'Olivia.

Lorsque les autres enfants l'ont appelée « la maman d'Olivia », De Lewis a commencé à rêver d'adopter l'enfant et de la ramener à la maison en Alaska. Elle a essayé d'entamer les procédures d'adoption, mais toutes ses tentatives avortaient. Berçant Olivia dans ses bras, elle se désolait: « Peut-être qu'elle ne m'est pas destinée. »

De Lewis a prolongé son séjour en Haïti jusqu'au début de février pour demeurer aux côtés d'Olivia, mais elle a finalement compris qu'il était temps pour elle de retourner auprès des nombreux enfants malades en Alaska qui avaient aussi besoin de ses soins. Avant de partir, elle a ramené Olivia à l'orphelinat principal de Port-au-Prince et a imploré les missionnaires nouvellement arrivés. « S'il vous plaît, prenez spécialement soin d'Olivia et montrez-la à tous ceux qui viennent chercher un gentil bébé à adopter. Si je ne peux l'adopter, je veux plus que tout qu'elle trouve un foyer aimant. »

Avant de partir, De Lewis est demeurée assise toute la nuit, câlinant Olivia. « Te reverrai-je un jour? se demandait-elle. S'il vous plaît, mon Dieu, faites que cette précieuse enfant soit en sécurité et en santé. »

De retour à Anchorage, De Lewis a accumulé d'impressionnantes factures de téléphone, appelant l'orphelinat tous les deux jours pour prendre des nouvelles d'Olivia. « Ça va merveilleusement bien », lui répondaient ceux qui travaillaient à l'orphelinat, sachant tous combien elle s'inquiétait pour cette enfant.

Un jour, vers quatre heures du matin, De Lewis s'est éveillée en criant: « Olivia! » Il lui semblait qu'elle devait téléphoner immédiatement.

Il était quatre heures plus tard en Haïti. La femme qui a répondu au téléphone ne connaissait pas De Lewis. Quand celle-ci lui a demandé des nouvelles d'Olivia, la femme lui a dit: « Oh! ce pauvre bébé est si triste. Depuis que sa maman américaine est partie, elle ne fait que pleurer et pleurer. »

« Je suis la maman d'Olivia! » a-t-elle lancé en éclatant en sanglots dans le récepteur. « Dis à mon bébé que je reviens pour la voir. Dis-lui que, s'ils ne veulent pas que je l'adopte, je déménagerai en Haïti pour y vivre. »

De Lewis a appelé l'agence d'adoption, mais ce n'était que pour recevoir d'autres nouvelles accablantes. Une famille de Colombie-Britannique s'était déjà montrée intéressée à adopter Olivia.

De Lewis se sentait anéantie. Plus que tout au monde, elle voulait elle-même adopter la petite fille. « Mais que faire si ce ne sont pas les desseins de Dieu? » avait-elle demandé à sa propre mère par téléphone. « Peut-être que Dieu veut simplement que j'en prenne bien soin jusqu'à ce que la famille à qui elle est destinée puisse la trouver? »

De Lewis priait pour obtenir un signe de Dieu, et ce dimanche-là elle en a reçu un.

C'était le jour de la fête des Mères et, durant le service, le pasteur a offert des épinglettes en forme de cœur à toutes les mamans de l'assemblée des fidèles. Puis il s'est avancé tout droit vers De Lewis et lui a aussi tendu une épinglette. « C'est pour la maman d'Olivia », a-t-il annoncé.

De Lewis a éclaté en larmes. Elle savait exactement ce qu'elle devait faire.

Bientôt, elle était de retour à Port-au-Prince. À l'orphelinat, tous les enfants se sont regroupés en s'exclamant: « Maman Olivia! La mère d'Olivia est ici! »

Une fois à l'intérieur, De Lewis a difficilement reconnu la petite Olivia. Elle avait presque cessé de manger, et ses cheveux étaient devenus rouges en raison d'une carence protéinique.

De Lewis sanglotait au-dessus du minuscule lit. « Olivia, c'est moi, ta maman. » Lentement, Olivia a ouvert ses yeux bruns. Puis elle a souri.

La jeune femme l'a prise dans ses bras et l'a serrée tendrement contre elle. « Pour commencer, je vais t'aider à retrouver la santé, lui a-t-elle juré. Puis je te ramènerai avec moi à la maison en Alaska. »

Cette fois-ci, les lourdeurs bureaucratiques se sont pratiquement évanouies. On a vite officialisé l'adoption d'Olivia et, en moins de six semaines, De Lewis était de retour en Alaska avec sa toute nouvelle fille.

Aujourd'hui, Oliva est une heureuse petite fille en santé qui aime faire des randonnées pédestres et du camping avec sa maman dans la pittoresque et sauvage région de l'Alaska. Dans leur maison douillette, elle apporte ses jouets et ses livres d'images à De Lewis et se blottit dans ses bras pendant que sa maman lui fait la lecture. Où que De Lewis aille, Olivia est certainement tout près derrière. Ses grands yeux bruns suivent sa mère chaque fois que celle-ci bouge comme pour lui dire: « Je t'ai perdue une fois. Je ne te perdrai plus jamais. »

Voilà un sentiment que partage de tout son cœur sa maman.

Heather Black

Une question de foi

Il existe dans la nature des choses que l'esprit,
que la raison, que le pouvoir de l'homme ne peu-
vent réaliser. Certainement, le créateur de tout
ceci doit être supérieur à l'homme. Qui peut être
supérieur à l'homme sinon Dieu.

Cicéron

La sonnerie de la cloche de l'école élémentaire a retenti haut et clair. Dans un foisonnement de rires et de cris, les enfants se sont précipités vers la sortie pour les vacances estivales. Johnny s'est élancé à travers la foule jusqu'à son vélo, l'a enfourché et s'est mis en route pour la maison.

Arrivant de nulle part, une voiture hors de contrôle l'a frappé de plein fouet, l'éjectant de sa bicyclette, il s'est retrouvé inconscient dans la rue. Les ambulanciers sont arrivés et l'ont rapidement conduit à l'hôpital. Les médecins chuchotaient derrière les portes closes et hochaient solennellement la tête. Ils avaient très peu d'espoir que le gamin de dix ans s'en sorte.

La nouvelle de l'accident s'est répandue rapidement. Les enseignants, les amis et les parents sont arrivés à l'hôpital pour voir leur Johnny bien-aimé, et prier et attendre. Le jeune garçon était conscient, mais il ne pouvait ni parler ni marcher. La mère de Johnny se tenait à son chevet jour et nuit, priant et tenant sa petite main.

Lentement, il a commencé à se rétablir, essayant de prononcer des mots et même de s'asseoir dans le lit. Une infirmière prénommée Julie venait souvent le voir pour veiller sur lui et lui donner des bonbons. Mais les médecins doutaient toujours qu'il puisse jamais marcher.

Tard un certain soir, Julie s'est arrêtée à la chambre de Johnny. Elle l'a trouvé qui se débattait pour sortir du lit. Elle s'est précipitée pour l'aider et bientôt Johnny s'est retrouvé debout sur ses pieds. Julie l'a regardé droit dans les yeux et lui a dit: « Il est temps pour toi de marcher. »

Il a fait un pas et a trébuché. Julie le rassurait. « Aie confiance, je suis là pour t'aider. Crois que tu es capable de marcher et tu marcheras. » Après quelques pas, il en a fait d'autres. Johnny marchait. C'était un miracle!

Johnny se tenait près de la fenêtre lorsque le médecin est arrivé. « Comment as-tu pu te rendre à la fenêtre? » a-t-il demandé.

« C'est Julie, l'infirmière, qui m'a aidé », a répondu Johnny.

Le médecin semblait perplexe. « Qui t'a aidé? »

« Julie. Elle a dit que tout ce que j'avais à faire, c'était d'avoir la foi et que je marcherais de nouveau. »

Mystifié, le médecin est reparti. Aucune infirmière ne se prénommait Julie. Une pensée a effleuré son esprit, mais il l'a aussitôt repoussée. « Non, je ne crois pas aux anges. » Et il est retourné dans le corridor.

Mais il demeurait perplexe. Il a fini par demander à Johnny de lui décrire Julie. À partir de ce portrait, il a questionné les autres infirmières et il a appris qu'une infirmière nommée Julie avait travaillé ici – vingt-cinq ans auparavant. Après un malheureux accident, on lui avait dit, à elle aussi, qu'elle ne pourrait jamais marcher. Quelques heures plus tard, elle mourait d'un arrêt cardiaque.

Le médecin a parlé aux parents de Johnny, leur narrant l'histoire de l'infirmière du nom de Julie. La mère de

Johnny a souri et a répondu d'un ton neutre : « Eh bien, si Dieu a envoyé un de ses anges, je n'ai aucune objection. »

J'ai rencontré Johnny lors d'un vélothon au profit d'une œuvre de bienfaisance. Après m'avoir raconté cette histoire, son visage rayonnait. « Aujourd'hui, je vole haut parce qu'un ange de Dieu m'a touché. » Je l'ai observé pendant qu'il conduisait sa bicyclette, ses muscles tendus par l'effort et son tee-shirt gonflé par le vent. De nouveau, il se tenait sur un vélo et volait vraiment haut.

Scot Thurman

Réveillez-vous!

Un bon rire est presque aussi important qu'une bonne prière émouvante.

Samuel Mutchmore

Native du Midwest, j'ai reçu ma formation d'infirmière à Fargo, dans le Dakota du Nord. Après trois ans de travail dans ma profession, mon mari et moi avons emballé nos quelques possessions et sommes déménagés dans le sud, à Fort Worth au Texas.

J'ai commencé à travailler dans un service de soins chirurgicaux post-anesthésiques. C'était un changement excitant par rapport à mon expérience en neuro-orthopédie, et mes compétences cliniques se sont progressivement adaptées. Malgré ce climat réconfortant, Fargo ne m'avait pas préparée à cette dimension contemporaine des soins aux patients.

La population de Fort Worth était en fait essentiellement d'origine espagnole. Ce qui n'était pas le cas de Fargo. À Fargo, en dialecte norvégien, on dit « Uf da? » pour demander comment une personne se porte. Alors que, à Fort Worth, on entend plutôt: « Como esta? » Et ces jours lointains à Fargo n'étaient maintenant qu'un charmant et cher souvenir. Rapidement, j'ai fait marcher mes doigts à travers les pages du dictionnaire espagnol bilingue placé à portée de la main dans mon casier. Heureusement, plusieurs de mes collègues maîtrisaient déjà suffisamment l'espagnol pour pouvoir communiquer avec un patient – du moins assez pour pouvoir l'accompagner à son retour en salle de réveil. On m'a assurée que j'arriverais, moi aussi, à développer bientôt une telle compétence.

Un après-midi, on a emmené M. Mendoza en salle de réveil, encore légèrement sous l'effet de l'anesthésie. J'ai pris connaissance du contenu du rapport : « Un homme de cinquante et un ans d'origine hispanique, sa femme se trouve dans la salle d'attente, ne parle pas notre langue [...] hernie inguinale côté droit [...] anesthésie générale [...] extubé sans difficulté [...]. »

Je me suis engagée dans une série de soins à l'intention de mon nouveau patient, installant tout l'attirail habituel le reliant à différents appareils de contrôle : rythme cardiaque, tension artérielle, niveau d'oxygène. Sur le plan physique, les signes vitaux étaient normaux : rythme sinusal, pression sanguine stable ; respiration aisée sans bruits anormaux ; saturométrie de l'oxygène à 99 % ; irrigation capillaire adéquate aux quatre extrémités ; abdomen souple, avec péristaltisme présent ; pansements chirurgicaux propres et secs.

Mais il fallait encore évaluer son état neurologique : « M. Mendoza, M. Mendoza. » Pas un son, pas l'ombre d'une réaction à ma voix ou au toucher.

M. Mendoza ne réagissait pas plus devant son épouse qui venait d'arriver. J'ai continué à surveiller de près mon patient endormi, enregistrant les informations à son sujet : « cliniquement stable, appréciation non changée [...] continue à ne pas répondre à la voix ou au toucher à ce stade-ci [...] ». Sans aucun doute, il n'était pas prudent d'inscrire : « réagit comme un mur de briques ». J'ai continué d'essayer par tous les moyens de le réveiller.

Je ne cessais de répéter : « M. Mendoza, M. Mendoza. » Rapidement, j'ai eu l'inconfortable impression d'être observée. Six autres patients encore semi-conscients et leurs infirmières étaient nettement ennuyés par l'écho de mes appels incessants.

Pourtant, j'étais déterminée à obtenir n'importe quelle sorte de réaction : un gémissement, une pression de la main, un battement de paupières. Art, mon collègue bilingue de confiance, est finalement venu à mon secours. Il a suggéré que je demande en espagnol à M. Mendoza de se « réveiller ». J'ai acquiescé de la tête pendant que Art m'apprenait la phrase espagnole que je devais répéter à mon patient. Art m'a assurée que cela susciterait une réaction.

Faisant confiance à mon sauveur, je n'ai pas douté de Art concernant la traduction française de son enseignement. Comme je répétais les mots dans ma tête, je me sentais réconfortée par le soutien solidaire des autres patients et du personnel qui observaient la scène avec un plaisir anticipé. J'ai supposé qu'ils avaient compris qu'il devenait urgent d'obtenir une réaction de la part de M. Mendoza, sinon il risquait d'échouer son examen neurologique.

Mes mains sur ses deux épaules, je me suis penchée au-dessus de lui sur le côté du lit, à une trentaine de centimètres de son visage. Dans un cri désespéré, aux couleurs de mon accent du Midwest, j'ai articulé les mots espagnols. « *Beso mi, Senor Mendoza, beso mi!* »

Aujourd'hui encore, je ne suis pas certaine de ce qui m'a le plus surprise : le concert de rires de mes collègues ou M. Mendoza, les yeux grands ouverts, se dressant sur son lit! Ahurie, je me suis tournée vers mon professeur, Art, qui se tordait de rire. Entre deux respirations, il m'a fourni la traduction : « Embrassez-moi, M. Mendoza, embrassez-moi. »

Kathleen Dahle

L'homme de sa vie

*Dans la hiérarchie de nos besoins, la capacité
de rire de la vie se retrouve au sommet, avec
l'amour et la communication. L'humour est très
lié à la douleur; il accentue les anxiétés et les
absurdités que nous ressentons, pour faire en
sorte que nous nous en distancions et que, par le
rire, nous obtenions un soulagement.*

Sara Davidson

Dans une certaine ville nordique, dans un certain
hôpital de la région, on répand encore en sourdine la
« Légende de Wanda May ». Au cours des ans, l'histoire
a pris d'autres proportions, mais comme je suis l'un des
rares témoins de toute la série d'événements, j'essaierai
de m'en tenir aux faits.

Wanda, une infirmière débutante, était exceptionnellement petite. Mesurant un mètre vingt-quatre, elle ne
devait pas peser plus de quarante kilos, pourtant chaque
centimètre de sa personne annonçait son tempérament
soupe au lait! Avec ses yeux verts et ses cheveux noirs
lustrés, Wanda était une beauté. Même sa coiffe, qui évo-
quait des visions de la sœur volante, et son blouson trop
grand pour elle ajoutaient à son allure.

Notre unité de soins intensifs de quinze lits ressemblait à un chaos organisé. Avec le vrombissement des res-
pirateurs, le bip-bip des moniteurs, le beuglement des
alarmes codées, la sonnerie des appareils téléphoniques,
les lumières éblouissantes et les infirmières qui bavar-
daient, la surcharge sonore représentait un problème commun pour tous nos patients. Un phénomène unique connu
sous la psychose de l'unité de soins intensifs affecte envi-

ron dix pour cent des gens traités dans un tel type d'environnement. Sans crier gare, une douce et charmante grand-mère peut se transformer en un clone de Linda Blair dans le film *L'exorciste* juste sous vos yeux. Avec une médication appropriée, la condition ne se prolonge pas plus de vingt-quatre heures. Pourtant, les pauvres patients sont souvent humiliés lorsqu'on leur rapporte les comportements auxquels ils se sont livrés.

Cette nuit-là, l'unité était particulièrement tranquille. Avec seulement trois patients, je suis demeurée à la réception pour effectuer la lecture des moniteurs cardiaques, pendant que Phyllis, une infirmière très aguerrie, s'occupait de deux patients. Cela a permis à Wanda de s'occuper d'Alan Heel.

Al avait vécu de durs moments et il paraissait beaucoup plus âgé que ses vingt-sept ans. Une maladie rénale et son penchant pour l'alcool s'étaient avérés difficilement compatibles. Son cœur peinait pour pomper les liquides excédentaires que son corps ne pouvait éliminer. Il est éprouvant dans une vie de devoir subir une dialyse hebdomadaire. Abandonné depuis longtemps par sa famille, il était aisé de comprendre l'origine de sa dépendance. Il fréquentait souvent notre unité et nous savions tous qu'il serait miraculeux qu'Al atteigne l'âge de trente ans.

Ce type énorme et souriant, à la tignasse noire indisciplinée, aimait les attentions qu'il recevait chez nous. Et jamais il n'était aussi heureux que lorsque Wanda était son infirmière. Il jurait qu'elle ressemblait exactement à sa strip-teaseuse favorite, et nous l'agacions et le régalions en lui lançant « J'ai rencontré l'homme de ma vie » chaque fois que Wanda se trouvait à son chevet. Malgré tous ses points faibles, il était facile d'aimer Al.

Il était minuit en cette nuit spéciale. On avait installé les patients dans leur lit et effectué les vérifications d'usage. Assise au poste, Wanda nous divertissait en nous racontant le dernier chapitre des tribulations de sa vie sentimentale malheureuse. Soudain, de multiples alarmes de moniteurs se sont mises à hurler. Le temps d'aller constater le problème, Al s'était dangereusement approché de nous, gigantesque et nu – simplement enveloppé par les fils du moniteur sifflant de sa poitrine. Le rythme du sang giclant de sa cuisse d'où il avait arraché le cathéter intra-artériel aurait pu nous renseigner sur son pouls. S'il n'y avait pas eu ce sang, le spectacle absurde de Al traînant son sac d'urine aurait été comique – mais il n'y avait rien de drôle dans ses yeux.

Wanda et Phyllis ont essayé de le convaincre par des cajoleries de retourner dans sa chambre. Empoignant le combiné du téléphone, j'ai appelé les gardes de sécurité et son médecin. Les quelques moments qui ont suivi se sont déroulés comme dans une scène de la série télévisée d'*Omerta*!

Al courait, suivi de Wanda, de Phyllis, de deux gardes de sécurité de soixante-dix ans et de plusieurs infirmières de l'unité de soins intermédiaires. Il passait en trombe d'une chambre à l'autre, fuyant devant un démon qu'il était le seul à voir. Les patients hurlaient, les gardiens criaient, le personnel courait dans toutes les directions. L'arrivée de trois policiers et du médecin n'ont fait qu'ajouter au chaos. Le coinçant dans le corridor, ils sont presque arrivés à le contenir, mais la puissance de sa psychose s'est révélée trop intense.

Son entrée comme une flèche dans la salle de quatre lits située dans l'unité de soins intermédiaires contiguë a soulevé un vent de panique. Les cris des quatre femmes âgées couvraient presque le bruit des alarmes de leurs moniteurs cardiaques collectifs.

Sautant sur le lit le plus proche, Al a pris une femme en otage. De nos jours, la nature de l'arme qu'il a utilisée est un fréquent sujet de débat. On a raconté qu'il s'agissait d'un couteau de boucher, mais autant que je m'en souvienne, c'était un coupe-papier qu'il avait ramassé sur la table-plateau d'un patient. Basculant la pauvre femme prisonnière de telle sorte qu'elle s'est retrouvée perchée au-dessus de son corps nu, Al a placé le coupe-papier sur le cou de la femme. Son regard frénétique nous a tous donné à penser qu'il l'utiliserait. Reculant comme il le demandait, nous avons cherché une façon de lui faire une injection de Valium. C'est lors de cette situation véritablement critique et désespérée qu'est née la légende de Wanda May.

Nous ordonnant de rester à distance, Wanda s'est avancée. Pendant que nous claquions des dents, nous l'avons vue enlever sa coiffe, défaire sa tresse et faire bouffer sa longue et voluptueuse chevelure. D'une voix sensuelle, elle a entonné la chanson : « Aujourd'hui, j'ai rencontré l'homme de ma vie… » Les yeux fixés sur Al, elle a enlevé sa chemise immaculée et l'a lancée au vol dans la pièce. Le regard fou de Al s'est adouci comme elle s'approchait en ondulant les épaules.

Il était aisé de constater que la patiente au « couteau » sur la gorge ignorait lequel de ces démons était le plus menaçant. En deux mouvements empreints de séduction, Wanda s'était retrouvée en sous-vêtements. De son index, elle a fait signe à Al de la suivre. Comme s'il était en transe, celui-ci a déposé son arme et s'est levé du lit.

Dans un silence absolu, les spectateurs rassemblés se sont écartés, et Wanda, revêtue seulement d'un soutien-gorge et d'un slip, a traversé le centre, avec un Al docile derrière elle. Elle a continué à fredonner l'air de « J'ai rencontré l'homme de ma vie », en revenant dans l'unité. Tapotant le lit de Al, elle l'a encouragé à se coucher. À ce moment-là, je craignais pour la sécurité de Wanda. Mais au lieu d'une explosion d'agressivité ou d'énergie mâle, Al s'est mis à pleurer. Sa tête reposant sur la poitrine de Wanda, celle-ci a tenu Al dans ses bras et lui a caressé les cheveux pendant que le médecin et moi lui installions une perfusion intraveineuse et lui administrions une bonne dose de médicaments. En un instant, un Al épuisé s'est assoupi. Se dégageant de son emprise, Wanda a demandé d'un air détaché : « Est-ce que quelqu'un pourrait aller me chercher mes vêtements? »

Elle était peut-être de petite taille, mais Wanda May demeurera toujours une géante pour ceux qui continuent à faire courir sa légende.

Elizabeth Turner

Cœurs fragiles

*Les années nous apprennent beaucoup de ce que
les jours ignorent.*

Ralph Waldo Emerson

J'étais en deuxième année de formation comme infirmière à l'Hôpital pour enfants quand je suis tombée en amour avec Jimmy. Ses yeux avaient le reflet violet d'un ciel de pleine lune, et des boucles de cheveux blonds se frayaient un passage sur ses joues couleur de fraise. Il ressemblait à l'un de ces chérubins que l'on peut admirer sur les vitraux d'une cathédrale. Mais ses vagissements étaient ceux d'un bébé orphelin seul et effrayé, ce qu'il était.

Comme il avait contracté la rougeole et souffrait d'une pneumonie, Jimmy avait été placé en isolement dans l'aile des malades contagieux. La plupart du temps, il devait demeurer prisonnier de son lit d'enfant recouvert d'une tente à oxygène. Quand il ne dormait pas, il pleurait pour en sortir. Mais il arrêtait toujours de pleurer lorsque j'entrais dans sa chambre, sachant que je le câlinerais, le bercerais et lui chanterais des chansons. L'Orphelinat pour enfants avait constitué son seul foyer pendant la presque totalité de ses quinze mois de vie. Je savais qu'il y était bien soigné, mais aucun soin institutionnel ne peut remplacer l'amour maternel. Pendant que je lui fredonnais une berceuse, je me suis mise à rêver: « Jimmy, je te promets que, dès que j'aurai terminé mon cours d'infirmière, je trouverai un moyen d'être ta maman à temps plein. Tu seras mon petit ange à moi. »

Avec enthousiasme, mon esprit s'est mis à concocter des projets de mariage dès l'obtention de mon diplôme.

L'homme que je marierais n'aurait qu'à aimer ce superbe petit enfant autant que je l'aimais.

La porte s'est entrouverte. Ma surveillante a sifflé: « Mlle White! Avez-vous terminé tout votre travail et consigné vos notes dans les dossiers? »

« J'ai presque terminé, Mlle Stickleby. »

« Il sera bientôt temps de terminer votre service. Déposez le bébé dans son lit maintenant. Allez examiner vos autres patients, puis allez aider Mlle Nelson. Je crois qu'elle doit s'occuper d'un patient supplémentaire aujourd'hui. » La porte s'est refermée avant que j'aie pu répondre. Suzie Nelson n'avait pas de patient supplémentaire. Moi, j'en avais un. Suzie était l'infirmière de Jimmy, mais je lui avais demandé de le prendre à ma charge. Je voulais passer plus de temps avec lui puisque je serais en vacances les trois jours suivants.

Délibérément, je flânais, massant ses petites jambes maigres, jouant à la cachette avec sa mignonne couverture jaune, réussissant à soulever de petits gazouillis entre ses respirations rauques. Il réagissait beaucoup plus et avait beaucoup plus envie de jouer que d'habitude, et sa poigne était plus forte. C'était un excellent signe d'amélioration de sa condition.

Un petit coup bien martelé a fait vibrer la fenêtre de l'unité de soins. C'était Stickleby.

Rapidement, j'ai remis à Jimmy son ourson favori et je lui ai fait une dernière caresse d'adieu. Comme ses paupières se refermaient sur ses yeux aux reflets violacés, j'ai recouvert son lit de la tente à oxygène et lui ai chuchoté au revoir.

De retour au poste des infirmières, Mlle Stickleby m'a lancé un regard furieux pendant que je finissais de remplir la feuille de rapport de Jimmy. « *Elle se prend pour qui celle-là?* » me demandais-je. Nous, les étudiantes, ne pouvions rien lui reprocher comme professeure et surveillante. Elle s'assurait que nous soyons aussi consciencieuses dans nos tâches qu'elle l'était elle-même. Mais même si la politique de l'hôpital encourageait le personnel et les étudiantes à prendre dans leurs bras tous les enfants dont ils s'occupaient, à jouer avec eux, à leur lire des histoires et à leur parler, nous ne l'avions jamais vue s'extasier devant un bébé ou raconter des histoires à un enfant. À la fin de la période de travail, nos uniformes roses d'étudiantes étaient toujours froissés et humides. Ceux de Mlle Stickleby étaient toujours aussi empesés et propres qu'au début de la journée. Contrairement aux mèches indisciplinées qui émergeaient de mon filet, aucun de ses cheveux auburn ne s'échappait de sa coiffe d'infirmière à l'allure d'une toque. Elle était une infirmière tellement correcte, et tellement compétente. Pourquoi cachait-elle son cœur?

Devant la chambre de Jimmy, j'ai fait un signe d'au revoir de la main, alors que je me dépêchais de partir, excitée à l'idée d'une escapade de plaisir à la montagne. Mais en même temps, j'avais hâte de revenir à mon Jimmy aux yeux brillants qui commençait à se rétablir.

Pendant mes vacances, j'ai acheté plusieurs petits jouets lavables pour « mon petit homme ». Les siens étaient des jouets jetables offerts par les associations locales pour enfants. Avant qu'il ne retourne à l'orphelinat, tout devait être brûlé, bien sûr, pour prévenir les risques de contamination.

Une fois mes vacances terminées, je me suis dépêchée de revenir au travail et, avec impatience, j'ai jeté un coup d'œil furtif à la fenêtre de Jimmy pendant que je me rendais au poste. Son petit lit était propre et vide.

« Où avez-vous déménagé Jimmy? » ai-je demandé à l'infirmière de nuit.

« Oh! il est décédé dans la nuit de samedi. Vous ne le saviez pas? » m'a-t-elle répondu d'un air détaché.

Cette nouvelle m'a glacé le sang. Je suis tombée sur la chaise, écrasant le sac de jouets.

« Je suis désolée, Joy. C'était un enfant vraiment spécial. » Elle a poussé un long soupir épuisé. « Samedi, c'était vraiment une mauvaise nuit. »

Inconsolable, je me suis dirigée en chancelant dans le salon des infirmières où je pourrais libérer mon tourbillon de larmes.

« Mlle White! » C'était la voix sèche et sévère de Mlle Stickleby. « Il est temps de faire votre rapport. Séchez vos larmes et commencez à travailler. Maintenant, s'il vous plaît. »

Toute l'émotion que j'avais ressentie pour Jimmy s'est déversée comme de l'huile bouillante sur cette femme froide et insensible.

« Comment pouvez-vous être aussi indifférente?, ai-je crié. C'est déjà assez difficile d'accepter que la merveilleuse petite vie de Jimmy se soit éteinte, mais il n'avait même pas une maman pour le réconforter ou pour se préoccuper qu'il soit vivant ou mort. Et vous? Est-ce que vous vous souciez de lui ou de n'importe quelle autre petite vie? Non! Vous ne savez que dire: *Mlle White, retournez au travail. Faites comme si de rien n'était*. Eh bien, ce n'est pas vrai que rien n'est arrivé. Je m'en faisais pour lui! J'aimais ce petit garçon! »

Mes larmes se déversaient sur le devant de mon uniforme.

Un mouchoir est tombé sur mes genoux mouillés. J'ai senti une douce pression sur mon épaule. Mlle Stickleby se tenait à côté de moi, des larmes assouplissant son uniforme raide.

« Mlle White – Joy, murmura-t-elle d'une voix rauque. Il y a beaucoup trop de Jimmy dans notre profession. Ils peuvent briser notre cœur si nous les laissons faire. Vous et moi avons des cœurs fragiles. Nous chercherons toujours des moyens de nous protéger. Une chose dont je suis certaine, c'est que nous devons donner une attention égale à chaque enfant. Si nous en choisissons un en particulier, nous risquons de nous détruire et de limiter notre capacité d'être une infirmière efficace. »

Elle a asséché son visage. « Je peux peut-être vous réconforter en vous disant que Jimmy n'est pas mort seul. Il est mort doucement dans mes bras. »

Nous nous sommes assises toutes les deux pour un bref moment, la professeure aguerrie et l'étudiante novice aux cœurs fragiles. Et nous avons pleuré.

Puis nous avons revêtu notre visage ravivé d'infirmière et sommes retournées auprès des autres enfants qui nous étaient confiés, pour en prendre soin et les aimer.

Joyce Mueller

Le bébé pensionnaire

*Un adorable nouveau bourgeon d'humanité,
nouvellement tombé de la maison même de Dieu,
pour fleurir sur la terre.*

Gerald Massey

En 1969, je travaillais comme pharmacienne à l'hôpital quand Billy est né atteint du syndrome de Down. Célibataire, sa mère avait toujours eu l'intention de placer le bébé en adoption. Lorsqu'on lui a dit que l'enfant était né avec des « problèmes », elle n'a même pas voulu le voir. Elle a quitté l'hôpital durant la nuit, abandonnant le bébé.

La loi spécifie que dans pareilles circonstances les Services à l'enfance doivent être contactés. Si aucun placement immédiat n'est possible, le bébé doit être transféré dans un hôpital municipal en attendant qu'on lui trouve une famille d'accueil ou d'adoption. Munies de cette information, les infirmières de l'étage de la maternité et de la pouponnière sont allées rencontrer la directrice des soins infirmiers.

« Pourquoi ne pouvons-nous pas garder Billy ici jusqu'à ce qu'il soit placé? »

La directrice a dit: « Vous savez qu'il ne peut pas demeurer ici. C'est contre les règlements du conseil de santé. Nous n'avons pas de permis pour garder un bébé en pension. Nous ne pouvons tout simplement pas le garder. Je n'y peux rien. »

Elles ont insisté: « Vous savez qu'il ne pourra pas être placé facilement. C'est déjà difficile de trouver un endroit pour un bébé sans problèmes, mais ça l'est encore plus dans le cas de Billy. S'il vous plaît, n'appelez pas les Services à l'enfance tout de suite. Parlez à l'administrateur avant ou, mieux encore, attendez qu'il vienne voir le bébé. Dites-lui que nous en prendrons soin et que nous assumerons les dépenses. Laissez-nous le garder ici dans la maternité. »

À ce stade-ci, tous les employés de l'hôpital avaient vu Billy et étaient au courant de la situation. Et tout le monde était tombé en amour avec lui. L'administrateur, un homme très religieux, était compatissant aux demandes du personnel infirmier et y a bientôt acquiescé.

Il restait encore un problème à résoudre : trouver un endroit où garder Billy. Il ne pouvait demeurer dans la pouponnière parce qu'il pouvait transmettre des microbes aux autres nouveau-nés. Il ne pouvait pas être logé dans l'aile pédiatrique parce que Billy pouvait être exposé aux infections des enfants malades. On a décidé qu'il demeurerait à l'étage de la maternité.

Une des trois pouponnières destinées à l'isolement a été choisie comme quartiers privés de Billy. À travers le panneau vitré, Billy pouvait observer ce qui se passait à l'extérieur tandis que les visiteurs ainsi que le personnel infirmier avaient vue sur l'intérieur. Au début, il n'y avait qu'un lit d'enfant mais les employés ont acheté des vêtements, un parc, une chaise haute, des jouets, une poussette, et tout ce dont l'enfant avait besoin. L'ensemble du personnel de l'hôpital était devenu sa famille, couvrant constamment Billy d'affection et d'attention durant les pauses, l'heure des repas, et les jours de congé. À tour de rôle, chacun l'emmenait faire des promenades à l'extérieur.

Tout le personnel de la maternité et de la pouponnière le maternaient, mais jamais autant que Mlle N., qui, même si elle était une excellente infirmière, n'avait jamais témoigné du moindre instinct maternel. En fait, elle était le prototype d'un sergent de l'armée aux manières dures. Elle avait même été capitaine en tant qu'infirmière dans l'armée. Le visage de Billy s'illuminait chaque fois qu'elle s'approchait de lui. Jamais auparavant, ses collègues de travail n'avaient vu le visage de Mlle N. arborer même un sourire. Ils ont donc été stupéfaits de la voir s'extasier devant l'enfant et le couvrir de câlins. Billy avait vraiment séduit son cœur et elle s'occupait de lui avec zèle. Elle l'adorait et voulait désespérément l'adopter. Malheureusement, durant les années 1960, les femmes célibataires n'étaient pas considérées comme de bonnes candidates pour devenir des mères adoptives. Sachant que c'était sans espoir, Mlle N. n'avait jamais cherché à l'adopter. Mais Mme B., l'une des infirmières qui s'occupait des nouveau-nés et qui aimait tout spécialement Billy, a entrepris les démarches d'adoption.

Pendant ce temps, Billy, évoluant comme pensionnaire dans cet environnement stimulant bien que conspirateur, était un garçon heureux, gazouillant et en pleine santé. Le secret était bien gardé par tous les membres du personnel. Personne ne mentionnait son nom à l'extérieur des murs de l'hôpital.

Un jour, une équipe du conseil de santé est arrivée de manière impromptue pour une inspection de routine de l'hôpital. La nouvelle de l'arrivée des inspecteurs s'est propagée rapidement jusqu'au service de maternité. Les administrateurs ont guidé l'équipe d'inspection dans la partie opposée, et chaque chef de département veillait à retarder le plus possible les inspecteurs. On a fait disparaître Billy de l'aile de la maternité et on l'a emmené dans l'appartement de l'une des infirmières situé de l'autre côté de la rue. Les infirmières et les autres membres du personnel ont vidé sa chambre, déménagé les meubles au sous-sol, recouvert sa fenêtre avec du papier servant à recouvrir les tables d'examen, et verrouillé la porte.

Les inspecteurs sont arrivés dans la maternité et se sont informés à propos de cette pièce. L'infirmière en chef a expliqué qu'il s'agissait de l'une des chambres d'isolement de la pouponnière qu'on transformait. L'hôpital a réussi l'inspection, les inspecteurs sont partis, la chambre a été remeublée et Billy est revenu à son foyer.

Quand Billy a eu quinze mois, le traitement de la demande d'adoption de Mme B. a été d'une certaine façon accéléré, et la requête a été approuvée. Nous étions plus qu'heureuses de voir que Billy devenait le frère adoptif de son adorable nichée. Lorsque Mlle N. est devenue sa marraine, sa joie s'est décuplée.

Les membres du personnel ont envoyé des cadeaux à Billy et ont organisé des fêtes pour son anniversaire et autres occasions. Mme B. et Mlle N. nous ont raconté les progrès que faisait Billy avec photographies et anecdotes à l'appui.

Et elles l'ont souvent emmené visiter sa famille dans son « premier » foyer.

Zaphra Reskakis

Quel jour sommes-nous?

Sid a appris au personnel aussi bien qu'aux patients qu'il y a place pour la vie et le rire dans un centre de soins prolongés. Cet homme merveilleux faisait tout son possible pour résister à son état de paralysie qui l'avait laissé très dépendant de sa famille et du personnel infirmier. Même si sa situation l'irritait immensément, il était un acteur-né doté d'un fabuleux sens théâtral. Sid savait exactement comment exprimer son sens de l'injustice face à sa maladie terminale. Il jouait souvent ce rôle pour épater la galerie – en l'occurrence les trois autres patients qui partageaient sa chambre. Ceux-ci le toléraient, même qu'on les entendait souvent répéter le refrain: « Le voilà qui repart! »

Mais Sid était aussi un homme très religieux. Un matin, je distribuais les médicaments dans sa chambre lorsqu'il s'est hissé sur ses coudes, a regardé autour de lui d'un air éloquent et a faiblement marmonné (mais assez fort pour que tous l'entendent): « Quel jour sommes-nous aujour-d'hui? »

J'ai répondu spontanément sans mentir: « Le dimanche des Rameaux ».

Regardant fixement le plafond, Sid a déclaré de façon théâtrale: « Alors aujourd'hui, c'est une bonne journée pour mourir. » Sur ces mots, il est retombé sur le lit d'une façon si dramatique que je me suis demandé s'il n'allait pas mourir là sur-le-champ. Mais quelques secondes plus tard, il a ouvert de grands yeux, m'a regardé et a soupiré.

Plus tard la même semaine, lorsque je suis retourné dans la chambre de Sid, il avait décidé de répéter sa performance. Se hissant encore sur ses coudes, il a demandé : « Quel jour sommes-nous aujourd'hui ? »

Lui disant encore la vérité, j'ai répondu : « Nous sommes le Vendredi saint. »

Sans lever le nez de son livre, son compagnon de chambre a marmonné à voix haute : « J'espère vraiment qu'il ne mourra pas aujourd'hui – il pourrait bien ressusciter dimanche. »

Dennis Sibley
Propos recueillis par Allen Klein

Échantillon frais

Le rire est ce qui se rapproche le plus de la grâce
de Dieu.

Karl Barth

La journée de travail avait débuté comme toutes les autres. Mes tâches d'infirmière diplômée consistaient à me rendre au domicile des clients pour remplir les rapports de soins paramédicaux pour une compagnie d'assurances.

Comme j'entrais dans la charmante maison bien rangée de cette dame, j'ai senti le délicieux arôme de tartes en train de cuire. « Hum, ça sent vraiment bon ici », ai-je commenté.

« Je viens tout juste de placer deux tartes au citron meringuées dans le four. Ce sont les favorites de mon mari », a-t-elle spontanément répondu.

Revenant au but de ma visite, nous avons rapidement rempli le questionnaire dont la dernière partie prévoyait que je prélève un échantillon d'urine.

« Je l'ai recueilli plus tôt et je l'ai placé au réfrigérateur, dit-elle. Je vais vous le chercher. »

Comme je le transvidais dans les tubes de prélèvement, j'ai noté l'épaisseur inhabituelle de cet échantillon. Quand je l'ai testé avec une bandelette réactive, j'ai été stupéfaite par sa teneur extrêmement élevée en protéines.

« Êtes-vous certaine qu'il s'agit de l'échantillon de votre urine? lui ai-je demandé. Cela ressemble presque à des blancs d'œuf. »

« Oui, je me rappelle précisément l'avoir placé dans le réfrigérateur en bas à droite. Oh! Oh, non! » a-t-elle gémi. J'ai fait une terrible erreur. Ne l'utilisez pas. Je vais vous donner un échantillon frais. »

Ne voulant pas embarrasser la dame davantage, je ne lui ai pas posé d'autres questions. Mais lorsque j'ai ouvert la porte pour quitter sa maison, je l'ai entendu retirer les tartes du four en même temps que résonnait le grincement du broyeur d'ordures.

Pas de tarte au citron meringuée ce soir-là!

Donna McDonnall

La magie de Noël

Des miracles peuvent survenir lorsque nous acceptons les travaux difficiles comme un défi et que nous nous mettons à la tâche avec joie et enthousiasme.

Harry S. Truman

J'aimerais pouvoir vous dire que tout est arrivé parce que je suis une personne aimante et généreuse, mais ce serait faux. En 1979, je suis partie du Colorado pour m'installer dans le Wisconsin, car ma famille me manquait et les salaires à Denver étaient des plus médiocres. J'ai accepté un emploi dans un centre de soins prolongés de Milwaukee et j'ai trouvé ma voie dans mon travail avec les patients et leur famille. Lorsque l'automne est arrivé, l'horaire des Fêtes a été affiché:

24 décembre – 15-23 heures: Barbara
25 décembre – 15-23 heures: Barbara

J'étais anéantie. Nouvellement fiancée, c'était le premier Noël que je pouvais passer à la maison avec ma famille après plusieurs années d'absence. Mais comme je n'avais pas accumulé d'ancienneté, rien ne pouvait me permettre d'obtenir un congé alors que mes dévoués collègues devaient travailler.

Je déplorais ma situation, mais j'ai eu une idée. Puisque je ne pouvais être avec ma famille, je l'emmènerais au centre. Pour les patients et leur famille dont c'était peut-être le dernier Noël ensemble, peut-être que cette réunion pourrait leur apporter du réconfort. Ma famille a pensé que c'était une excellente idée, à l'instar du personnel. Plusieurs ont aussi invité leurs parents à célébrer avec nous.

Alors que nous nous étions mis en quête d'idées géniales pour une fête de Noël au centre, nous nous sommes souvenus qu'une messe annuelle aurait lieu la veille de Noël à 23 heures dans la chapelle de l'hôpital.

« Pourquoi ne pas emmener les patients à la messe? » ai-je suggéré.

« Oui, a répliqué une autre infirmière. C'est une très belle cérémonie à la lueur des chandelles accompagnée de musique. Je suis certaine que les patients vont adorer ça. »

« Formidable! Et nous pouvons préparer une petite fête après, avec du punch, des biscuits et des petits cadeaux », ai-je ajouté.

Notre enthousiasme croissait à mesure que s'organisait notre célébration de Noël au centre.

À ce moment, il ne m'était jamais venu à l'esprit que toutes ces belles initiatives pouvaient ne pas satisfaire les vœux de l'administration. Jamais je n'avais soupçonné qu'il nous fallait une permission pour tenir chacune de ces activités – avant que la directrice me convoque à son bureau.

« Bon, Barb, j'entends des rumeurs à propos d'une célébration qui aurait lieu la veille de Noël ici au centre. »

« Bien, oui », ai-je répondu. Avec enthousiasme, j'ai dressé les grandes lignes de toutes les idées émises et de tous les projets élaborés par le personnel. Heureusement pour ma carrière, elle trouvait que cet engagement de nos familles dans les activités de l'unité était aussi une merveilleuse initiative.

« Mais, m'a-t-elle dit, vous n'êtes certainement pas sérieuse quand vous parlez d'emmener les patients à la chapelle. Ça ne s'est jamais fait. »

« Oui, je suis sérieuse. Cela signifierait beaucoup pour les patients et leur famille. »

« On a rarement vu des patients à cette cérémonie, et ceux qui y vont peuvent marcher et portent des vêtements de sortie. » Elle a hoché la tête. « Nos patients sont trop malades pour s'y rendre. »

« Mais il y en a plusieurs qui ont manifesté de l'intérêt », ai-je souligné.

« Je ne peux autoriser le personnel additionnel que nécessitera cette activité. »

« Les membres de la famille peuvent nous aider. »

« Et la responsabilité légale, qu'en pensez-vous ? »

J'ai presque eu envie de lui dire : « Quelle serait la pire chose qui puisse arriver – que quelqu'un meure dans la chapelle ? » Mais j'ai préféré me taire. J'ai seulement tenté de la convaincre, jusqu'à ce qu'elle acquiesce à notre demande, à contrecœur.

La veille de Noël est arrivée. Les familles se sont réunies dans le salon et ont décoré un petit arbre, au pied duquel on a placé des paquets enveloppés. Puis, nous avons mis notre plan à exécution : le personnel et les familles emmèneraient les patients à la chapelle. La plupart d'entre eux étaient accompagnés de membres de leur famille, mais il y avait une jeune fille qui était seule. À dix-neuf ans, Sandy souffrait d'un cancer du foie en phase terminale. Sa mère était morte du cancer trois ans auparavant et son père avait cessé de venir la voir depuis longtemps. Peut-être était-il incapable de s'asseoir à côté du lit d'un autre être aimé condamné à mourir si jeune ! Donc, ma famille a « pris en charge » Sandy. Ma sœur a coiffé ses cheveux pendant que ma mère lui a mis un peu de rouge à lèvres. Elles ont ri et fait des blagues comme trois vieilles amies, et mon fiancé l'a aidée à s'installer sur une civière roulante.

Pendant ce temps, les autres infirmières ont placé les perfusions intraveineuses sur des perches, ont placé les pompes IVAC en mode d'alimentation à piles et, à la dernière minute, ont administré les médicaments contre la douleur. Puis, les patients ayant été installés dans des fauteuils roulants ou sur des civières, notre groupe a défilé vers la chapelle juste au moment où on finissait de chanter « Adeste Fideles », avec l'orgue et les cloches jouant en parfaite harmonie. Le silence régnait sur l'assemblée pendant que nous descendions lentement dans l'allée. Le pasteur demeurait planté là, bouche bée et incrédule. Tout le monde s'est retourné pour nous regarder. Nos pas étaient chancelants, chacun de nos mouvements faisant écho dans la grande chapelle bondée.

Puis la *magie* a commencé.

Un par un, les gens se sont levés, et se sont placés en file dans l'allée pour commencer à nous aider. Ils ont mis des recueils de cantiques dans les mains des patients et ont distribué des programmes. Ils ont conduit les patients à l'avant afin qu'ils puissent bien voir. Ils ont distribué des chandelles qu'il était prévu d'allumer au moment de l'hymne de clôture. Une femme a ajusté l'oreiller de Sandy et a caressé ses cheveux. Tout le long de la cérémonie, les membres de l'assemblée ont aidé nos patients, les guidant tout au cours de la liturgie.

Illuminée par les chandelles, la superbe cérémonie s'est terminée par un cantique final, « Sainte Nuit ». Les voix résonnaient dans une harmonie un peu discordante pendant que l'assemblée nous aidait à sortir de la chapelle et à ramener nos patients dans l'unité. Plusieurs personnes sont demeurées avec nous pour partager le punch, les biscuits, et les anecdotes.

Tard dans la nuit, comme j'installais Sandy dans son lit, elle a chuchoté : « C'était l'un des plus beaux Noëls que j'ai jamais eus. »

Plus tard, quand j'ai rapporté ses paroles à ma famille, nous nous sommes rendu compte que la magie de cette soirée s'était opérée à plusieurs niveaux. Dans l'unité, il régnait un climat spécial que nous n'avions jamais connu auparavant. Sandy a pu vivre un de ses plus beaux Noëls. L'assemblée avait partagé d'une manière toute spéciale remplie d'amour. Mais nous avons aussi pu constater que cette soirée avait eu un impact sur notre famille. Nous nous sentions plus proches, liés par l'esprit et par un objectif commun.

Depuis ce Noël de 1979, ma famille a pu vivre plusieurs Noëls où tous les membres ont été réunis – mais je crois que celui-là était le plus beau. Comme l'auteur William Shore, je crois moi aussi que, lorsque l'on donne aux autres et à la communauté, nous bâtissons à l'intérieur de nous quelque chose d'important et de durable. Il appelle cela la « Cathédrale intérieure ».

Notre cathédrale familiale est un peu plus forte grâce à ce privilège d'avoir pu donner en ce jour de Noël.

Barbara Bartlein

2

L'AMOUR

*L'important, ce n'est pas ce que
nous faisons mais plutôt la somme
d'amour que nous y mettons.*

Mère Teresa

Un amour éternel

Chérissez par-dessus tout l'amour que vous recevez. Il vous survivra très longtemps même lorsque votre santé sera défaillante.

Og Mandino

Une de mes patientes favorites a fréquenté plusieurs fois notre petit hôpital rural, et tout le personnel médical et chirurgical s'est véritablement attaché à elle et à son mari. Malgré un cancer terminal et la souffrance qui en résultait, elle ne manquait jamais de nous sourire ou de nous embrasser. Chaque fois que son mari venait la voir, elle resplendissait. C'était un homme gentil, très poli et aussi sympathique que son épouse. Je me suis très vite liée à eux et j'étais toujours heureuse de prendre soin de cette femme.

J'admirais l'expression de leur amour. Chaque jour, il lui offrait des fleurs fraîchement coupées et un sourire, puis il s'assoyait près du lit pendant qu'ils se tenaient la main et parlaient tranquillement. Lorsque la douleur était trop forte et qu'elle pleurait ou devenait confuse, il la serrait doucement dans ses bras et il lui parlait à voix basse jusqu'à ce qu'elle se calme. Il passait tous ses temps libres à son chevet, il lui faisait boire de petites gorgées d'eau et il lui caressait le front. Chaque soir, avant de retourner à la maison, il fermait la porte de manière à pouvoir passer un peu de temps seuls ensemble. Lorsqu'il partait, nous la retrouvions paisiblement endormie et le sourire aux lèvres.

Ce soir-là, les choses se sont passées différemment. Aussitôt que je suis arrivée pour consulter le rapport quotidien, les infirmières de jour m'ont informée que l'état de cette patiente s'était peu à peu aggravé et qu'elle ne passerait pas la nuit. Même si j'étais triste, je savais que ce serait pour le mieux. Au moins mon amie ne souffrirait plus jamais.

J'ai laissé le rapport pour aller d'abord l'examiner. Lorsque je suis entrée dans la chambre, elle s'est éveillée et a souri faiblement, mais sa respiration était laborieuse et j'ai pu constater que la fin était proche. Son mari se tenait à ses côtés, souriant lui aussi, et a dit : « Mon amour va finalement recevoir sa récompense. »

Les larmes me sont venues aux yeux; alors je leur ai demandé s'ils avaient besoin de quelque chose et je suis partie rapidement. Je lui ai apporté soins et confort toute la soirée et, autour de minuit, elle est décédée pendant que son mari lui tenait encore la main. Je l'ai consolé et, les larmes coulant sur ses joues, il a dit: « Est-ce que je peux demeurer seul avec elle pour un moment? » Je l'ai serré dans mes bras et j'ai fermé la porte derrière moi.

Je suis demeurée à l'extérieur de la chambre, séchant mes larmes, mon amie me manquant ainsi que son sourire. Et je pouvais ressentir la douleur de son mari dans mon propre cœur. Soudain, de la chambre est montée la plus merveilleuse voix d'homme que j'avais jamais entendu chanter. Cette voix qui se répandait dans les couloirs de l'hôpital était presque envoûtante. Toutes les autres infirmières sont venues l'entendre chanter « L'hymne à l'amour » à pleins poumons.

Quand la chanson a pris fin, la porte s'est ouverte et il m'a appelée. Il m'a regardée dans les yeux, puis m'a serrée dans ses bras en me disant: « Je lui chantais cette chanson chaque soir depuis le premier jour où je l'ai rencontrée. Normalement, je ferme la porte et je baisse la voix pour ne pas déranger les autres patients. Mais, ce soir, je voulais être certain qu'elle m'entendrait pendant son voyage vers le ciel. Elle devait savoir qu'elle sera mon amour éternel. S'il vous plaît, demandez à tous ceux que j'ai importunés de me pardonner. Je ne sais tout simplement pas comment je ferai pour vivre sans elle, mais je continuerai à lui chanter cette chanson chaque soir. Croyez-vous qu'elle m'entendra? »

J'ai fait signe que « oui » de la tête, incapable d'arrêter mes larmes. Il m'a encore serrée dans ses bras, a embrassé ma joue, et m'a remerciée d'avoir été leur infirmière et leur amie. Il a remercié les autres infirmières, puis a fait demi-tour et est reparti dans le corridor, le dos courbé, nous quittant tout en sifflant doucement l'air entendu plus tôt.

Comme je le regardais partir, j'ai prié pour que, moi aussi, je connaisse un jour un tel amour éternel.

Christy M. Martin

Bon anniversaire, Grace

Où il y a de l'amour, il y a de la vie.

Mahatma Gandhi

Quelques mois avant l'anniversaire de ma mère, les médecins ont découvert que mon père souffrait de la maladie de Parkinson. L'invalidante maladie a progressé très rapidement. Plusieurs de ceux qui en souffrent voient leur élocution affectée. Ainsi, dans les premiers stades de la maladie, durant son premier séjour à l'hôpital, papa m'a réclamé une faveur. « S'il te plaît, prends soin de ta mère, ma chérie, a-t-il supplié. C'est tout ce que je te demande. »

En moins de six mois, papa était confiné à son lit. La plupart du temps, sa voix était à peine plus forte qu'un chuchotement. La démence est une autre complication de la maladie de Parkinson et, un jour, son médecin m'a tenu la main et m'a appris la nouvelle: « Nancy, votre père ne se rétablira pas. À partir de maintenant, il va continuer de décliner. Dans quelques mois, il ne se rappellera même plus votre nom. » Malheureusement, le médecin avait raison. La famille entière était inconsolable tout au long de la période où cette horrible maladie emportait lentement notre père.

Comme je demeurais à près de 110 kilomètres de là, je ne pouvais lui rendre visite chaque jour. Toutefois, je téléphonais tous les soirs pour prendre de ses nouvelles et de celles de ma mère. Je croyais être préparée pour les tempêtes qui m'attendaient. Je m'organisais assez bien, jusqu'à ce que les fêtes et autres occasions spéciales me prennent par surprise. Essentiellement, j'étais surtout terrifiée par l'anniversaire de ma mère. Je savais combien ce serait difficile pour elle, et combien difficile pour moi de remplir la promesse que j'avais faite à mon père. Je lui ai acheté un cadeau de la part de papa, mais je savais que, malgré tout, la journée de son anniversaire ne serait plus jamais la même à ses yeux.

Quelques semaines auparavant, lors de nos conversations téléphoniques, j'ai commencé à remarquer le découragement de ma mère. Mais nous n'en avons jamais discuté. Je ne savais trop que dire.

Papa demeurait dans un centre de soins de longue durée depuis l'année précédente. Heureusement, les infirmières qui y travaillaient aimaient autant mon père que ma mère. Comme celle-ci passait presque chaque journée dans la chambre de papa, toutes les infirmières et leurs assistantes la connaissaient bien.

Tina, une des infirmières de papa, s'était aperçue que ma mère était triste et que son enthousiasme s'amenuisait. En fait, elle a découvert que son anniversaire approchait. J'ai toujours été reconnaissante envers Tina qui faisait bien plus que ce que son devoir lui dictait pour remonter le moral de ma mère en ce jour particulier. Tina a apporté un petit cadre dans lequel elle a placé une photographie de papa. Au bas, il y avait un petit magnétophone qui pouvait contenir un bref message. Avec beaucoup d'efforts de persuasion, papa parvenait encore à parler en chuchotant faiblement, s'il avait tous ses esprits. Pendant deux semaines entières, chaque fois que ma mère quittait la maison de soins pour la journée, Tina se rendait dans la chambre de mon père et le suppliait de parler dans le microphone.

La journée de son anniversaire, comme chaque jour, ma mère est venue rendre visite à mon père. À travers ses yeux gonflés, elle a été surprise de voir des ballons d'anniversaire qui décorait chaque coin de la pièce. Sur les genoux de papa, il y avait une boîte magnifiquement emballée. Tina et quelques-uns des autres employés se sont glissés dans sa chambre juste derrière ma mère. Elle a ouvert son présent et a appuyé sur le minuscule bouton. La voix douce de mon père s'est élevée: « Bon anniversaire, Grace. »

Lorsqu'elle m'a raconté cette histoire, le ton de la voix de ma mère m'a convaincue que nous serions certainement capables de passer à travers les pénibles jours qui suivraient. Et tout cela grâce à une infirmière qui avait pris du temps, en dépit de son horaire chargé, pour se soucier de l'amour entre un homme malade, son épouse et un important anniversaire.

Nancy B. Gibbs

Dans les bras d'un ange

> *Faire ce qui est utile, parler avec courage, con-*
> *templer le merveilleux, voilà qui est bien assez*
> *pour la vie d'un homme.*
>
> T. S. Eliot

J'ai jeté un coup d'œil à l'horloge fixée sur le mur vert de l'hôpital. Minuit approchait. Vingt et une heures s'étaient-elles vraiment passées depuis que la sonnerie du téléphone m'avait fait sursauter et fait chavirer ma vie? Affolée, j'avais saisi le récepteur, craignant que quelque chose ne soit arrivé à ma mère. Mais c'était *sa* voix que j'entendais au bout du fil. Rondi, ma plus jeune sœur... anévrisme au cerveau... coma... chirurgie... est-ce que je pourrais prendre l'avion vers New York immédiatement?

Avant que j'aie eu le temps de m'en rendre compte, j'arpentais la salle d'attente de l'unité de soins intensifs. Les murs peints, qu'on avait voulu doux et accueillants, me paraissaient plutôt froids et menaçants. Quelques chaises étaient éparpillées au hasard, alors que d'autres réunies en forme de petits cercles permettaient aux familles de se réconforter les uns les autres. Cette pièce ne ressemblait à rien ailleurs sur terre. Ici, le temps semblait s'être arrêté. J'ai marché vers la fenêtre et, du huitième étage, j'ai regardé les gens tout en bas. J'avais envie de hurler. « Comment osez-vous continuer à vivre normalement! N'avez-vous donc aucune idée de ce qui se passe ici? »

Oui, tout mon univers s'était irrémédiablement effondré.

D'un côté de la salle d'attente où nous avions « établi notre campement », les amis et les parents pouvaient se réunir pour prier, aider, pleurer, tenter de comprendre le « pourquoi », et apporter de la nourriture. Il semblait que nous nous étions rassemblés pour une fête, et non pas pour aider Rondi à passer la nuit.

Il n'était pas permis à plus de deux membres de la famille de se trouver dans sa chambre en même temps. Nous nous sommes « relayés » toute la journée pour qu'elle ne soit jamais seule. Je suis entrée dans sa chambre, surprise par l'étrangeté de la situation : Rondi était paisiblement « endormie », tranquille, et immobile parmi l'activité plutôt chaotique qui l'environnait. J'ai fait le décompte des bruits rythmés qui s'échappaient des moniteurs et des instruments – le « woosh » sinistre du respirateur – et les « bip-bip » réguliers qui témoignaient qu'elle était encore en vie.

Revêtues de bleu, les infirmières s'affairaient autour d'elle, vérifiant les perfusions, les jauges et les tubes, comme si Rondi était la seule patiente de tout l'hôpital. Je me suis alors reculée contre le mur, hésitant à prendre une chaise pour ne pas nuire aux activités et évitant de poser d'ennuyeuses questions. Puis, j'ai observé. Le savoir, la détermination et la volonté se lisaient sur le visage de chacune de ces infirmières ; pourtant, leurs yeux exprimaient douceur et patience. Je me suis émerveillée de constater que toute la vie de Rondi reposait entre les mains de ces âmes et de Dieu.

On m'avait attribué le quart de veille entre minuit et quatre heures du matin. Il était une heure cinquante-six. Une seule infirmière s'occupait de Rondi et la pièce était devenue plus calme. À travers mes yeux embués, je pouvais lire son nom : Linda Plano. Comme elle baissait les lumières, l'agitation s'est apaisée, seuls les instruments continuaient à produire des sons discordants. Maintenant, j'avais du temps pour penser. Et me sentir – impuissante

– les mains totalement liées. Je ne pouvais rien faire pour que ma sœur aille mieux. Avec tous ces tubes et tous ces fils qui l'enveloppaient, j'ignorais même à quel endroit je pouvais la toucher sans lui nuire. Et combien j'aurais souhaité le faire, pour qu'elle sache que j'étais là, que je voulais l'aider. J'aurais fait n'importe quoi, mais quoi au juste, je n'en avais aucune idée. Si tous ces médicaments, ces appareils et ces « bip-bip » ne pouvaient la sauver, comment le pourrais-je? Je sentais la frustration monter en moi à mesure que je donnais libre cours à mes larmes. Je me sentais tellement seule.

J'ai cherché un peu de réconfort en observant l'infirmière qui vérifiait délicatement les connexions du moniteur de Rondi. C'était évident qu'elle accomplissait les tâches nécessaires pour sauver une vie, mais il y avait plus encore. Elle souriait à Rondi pendant qu'elle travaillait et elle lui parlait doucement même si ma sœur était dans le coma. Combien j'aurais voulu être aussi intime avec Rondi. Soudain, j'ai remarqué que l'infirmière me parlait à moi aussi. Replaçant les mèches de la chevelure de Rondi, elle a noté qu'il était bien triste que ses cheveux s'emmêlent si impitoyablement à cause de la position couchée.

Puis, à brûle-pourpoint, elle m'a regardée: « Avez-vous une brosse? » D'un air hébété, j'en ai retiré une de mon sac à main. Elle m'a invitée à m'avancer vers le chevet du lit et m'a gentiment montré comme brosser de petites sections de la chevelure de Rondi, et les placer sur l'oreiller sans déranger les tubes et les fils. Les cheveux de ma petite sœur semblaient si légers dans ma main alors que je la touchais pour la première fois. Je pouvais maintenant être utile, et prendre soin d'elle. L'infirmière a réduit l'éclairage et est sortie discrètement de la chambre, mais non sans avoir souri, et cette fois c'était à *mon* intention.

Pendant l'heure où j'ai brossé ses cheveux, c'était comme si Rondi et moi étions les deux seules personnes au monde. Ce moment précieux était plus important pour moi que toutes les autres heures que nous avions déjà passées ensemble. Les lumières tamisées, je lui ai parlé, espérant bizarrement qu'elle ouvrirait les yeux et me dirait qu'elle allait mieux. Mais je savais qu'elle n'en était pas capable. Si seulement je pouvais savoir qu'elle ne souffrait pas et qu'elle était hors de danger. Pendant que je brossais ses cheveux, je me demandais en pleurant où les gens « allaient » lorsqu'ils étaient dans le coma.

Comme pour répondre à mes interrogations, une nouvelle sonorité s'est élevée au-dessus des bruits de l'hôpital. De la musique, qui avait probablement joué en arrière-fond tout ce temps, mais je ne l'avais pas entendue. J'ai attrapé quelques mots : « [...] vous êtes dans les bras des anges [...] trouvez-y votre consolation [...] »

Dans les bras des anges – oui! Je savais maintenant où se trouvait Rondi. Elle *allait* bien, elle ne souffrait pas, des anges prenaient soin d'elle jusqu'au moment où elle reviendrait avec nous dans cette pièce.

Il est difficile de décrire la puissance et la beauté du moment que l'infirmière de Rondi avait préparé avec perspicacité pour nous deux, cette nuit-là. En était-elle consciente? Après tout, durant ses quarts de travail, elle prodiguait sans arrêt des soins quotidiens aux patients. Cela faisait partie de ses tâches; et pour elle, tout cela pouvait constituer une simple activité quotidienne; mais pour moi, c'était le bout du monde. Un grand respect m'a envahie à l'idée que si seulement une personne par semaine reçoit un tel cadeau de sa part, imaginez combien de vies cette infirmière a pu transformer dans ses vingt années et plus à faire son « travail ».

Cette nuit-là, à une heure cinquante-six, beaucoup de guérisons avaient besoin de se produire dans cette pièce. Cette sage et merveilleuse infirmière s'en était aperçue et avait répondu à l'appel. Rondi était dans les bras de plus d'un ange cette nuit-là. Nous l'étions toutes les deux.

Elaine Gray Dumler

L'absence est à l'amour ce que le vent est au feu;
elle éteint le petit, elle enflamme le grand.

Roger de Bussy-Rabutin

Le plus important, c'est l'amour

Même si je suis capable de m'exprimer dans le jargon
    moderne des soins infirmiers,
Si je n'ai pas compris ce qui fait battre le cœur
    de mes patients,
Tout cela n'est que bavardage.

Même si je peux m'enorgueillir de mes diplômes, de mes
    distinctions et de mes publications, et si mes habi-
    letés témoignent des merveilles de la technologie,
Si je n'ai pas appris ce qu'est la compassion,
Mes tentatives sont vaines.

Même si j'impressionne mes collègues avec
    mes prouesses intellectuelles et mon noble idéalisme,
Si je n'offre pas cet instrument qu'est ma personne même
Je ne fais que m'affairer auprès de mes patients.

Même si je consacre toute ma vie à la profession d'infir-
    mière et renonce à mes ambitions personnelles,
Si je deviens détachée et lasse jusqu'à l'indifférence,
Mon énergie se gaspille en futilités.

Même si j'intègre l'art et la science des soins infirmiers,
    que je traduis la recherche en pratique clinique,
    et que je réussis à obtenir la notoriété professionnelle,
Si je ne vois pas les cœurs brisés et les rêves anéantis,
Je ne remplis pas ma mission.

Je peux être compétente, digne de confiance, efficace,
    mais si j'ignore le langage de l'amour,
Ma pratique comme infirmière est stérile.

L'esprit humain a soif de foi, d'espoir et d'amour, mais
Le plus important, c'est l'amour.

Roberta L. Messner
Propos de Lisa Riha Strazzullo

Vous avez tenu ma main

Une douleur insoutenable et fulgurante a serré l'estomac de Nick et l'a tiré d'un sommeil inconfortable. Il est sorti en chancelant de sa moustiquaire, a cherché à tâtons ses sandales et, plié en deux, s'est dépêché d'atteindre les toilettes derrière la chambrée de la caserne. Il a passé le reste de la nuit à cet endroit, incapable de bouger et, lorsque le premier des lève-tôt est apparu dans la section des toilettes, il a demandé de l'aide. Deux de ses amis ont fait venir une ambulance qui l'a emmené au British Military Hospital, en périphérie de Poona en Inde.

Il y avait plusieurs mois que Nick n'avait pas eu l'occasion d'apprécier les délices des serviettes propres, des ventilateurs de plafond et la quiétude. En tant qu'homme de troupe dans un régiment blindé, il n'avait connu que les couvertures rugueuses et des baraques remplies de soldats.

« Alors, soldat, comment vous sentez-vous maintenant? » Une main froide a pris son poignet, et il a vu une infirmière à son chevet. Pas une infirmière ordinaire, mais une infirmière militaire, portant un uniforme blanc impeccable avec une ceinture et un badge arborant les couleurs du QAMNS.

« Pas très bien, mademoiselle », a-t-il déclaré.

« Pour vous, c'est sœur, sœur Nichols, a-t-elle répondu en souriant. Le médecin sera là d'un moment à l'autre. Nous saurons alors ce que nous allons faire de vous. »

Environ une heure plus tard, un officier du service de santé de l'armée est arrivé en balançant son stéthoscope. Il a posé quelques questions à Nick, a massé son estomac et a déclaré : « C'est la dysenterie. Nous ferons un test ou deux et découvrirons de quel type il s'agit. Ma sœur, donnez-lui beaucoup de liquides et une diète au poulet. »

« D'accord, Monsieur », a-t-elle répondu, pendant qu'elle ajustait les draps du lit.

En quelques jours, Nick s'est senti mieux. C'était une dysenterie de type bacilliforme, et non la terrible dysenterie amibienne. Sœur Nichols lui administrait des médicaments toutes les quatre heures, et bientôt son inconfort s'est dissipé. Pendant qu'il était assis sur la véranda, à l'abri du soleil, il observait l'infirmière, toujours affairée, marchant à vive allure à travers l'unité, dans son uniforme empesé. Elle ne manquait jamais de s'arrêter pour dire un mot d'encouragement ou de réconfort à ses patients.

« D'où venez-vous, ma sœur? » lui demanda Nick un jour.

« D'Aldershot, a-t-elle répondu dans un sourire. Nous venons tous d'Aldershot. »

« Non, a ajouté Nick, rieur. Allez, d'où venez-vous? »

« Ça ne vous regarde pas vraiment, a-t-elle lancé, mais c'est de Lincolnshire, près de Caistor. »

« Je viens de Spalding. Nous sommes presque des cousins de la campagne, n'est-ce pas? »

Sœur Nichols a souri et s'est dirigée vers le lit suivant.

Nick la cherchait chaque matin alors qu'elle vaquait à ses occupations autour de l'unité. Elle était agréable à regarder: des cheveux foncés sous sa coiffe, des yeux bruns intenses qui se plissaient dans un sourire facile, ainsi qu'une fine silhouette.

Il y avait un appareil radio installé sur le mur de l'unité. La réception n'était pas bonne, mais un air jouait presque tous les jours, une mélodie entraînante que Nick n'avait jamais entendue auparavant, à propos d'un pêcheur qui sifflotait.

« Quel est cet air, ma sœur? » a-t-il fini par lui demander un jour.

« C'est "Pedro, le pêcheur". Tiré de *The Lisbon Story*. Je l'ai vu à Londres juste avant d'arriver ici. Joli, n'est-ce pas? » Elle a souri de son éternel sourire. « Maintenant, soldat, j'ai des nouvelles pour vous. Vous serez libéré demain et vous pourrez retourner à votre unité. »

La nouvelle a attristé Nick. Il savait que c'était idiot, mais, comme tant d'autres, il était tombé amoureux de son infirmière. Idiot en effet, car elle était un officier et il était homme de troupe. Les deux ne pourraient jamais se rencontrer dans l'univers rigide de l'armée. Donc, le jour suivant, il a rassemblé ses affaires, a tenu sa main, peut-être un peu trop fort pendant qu'il lui disait au revoir, et il est reparti à la guerre.

Trois années plus tard, le capitaine Nick Bartlett a été rapidement promu après avoir livré combat lors de la violente guerre de Birmanie. À ce moment-là, il se trouvait en garnison dans une petite ville côtière de Malaisie occidentale, l'une de celles qui n'avaient pas souffert sous la domination japonaise. Les cafés et les magasins étaient ouverts, remplis de marchandises d'avant-guerre stockées par de malins Chinois en prévision de la défaite japonaise. Une grande salle de danse était remplie chaque soir de la semaine. Un groupe philippin jouait les succès de l'heure des années de guerre, et de sveltes filles chinoises, revêtues du vêtement traditionnel chinois (*cheongsam*), étaient employées comme danseuses. Le régiment de Nick était basé à l'extérieur de la ville, mais presque chaque soir, Nick prenait le volant, stationnait sa jeep, prenait un repas au Café 7, puis s'arrêtait au New World pour une danse ou deux avec les filles.

Un soir, comme il était assis au bar, une foule de gens sont arrivés. Il n'en a pas cru ses yeux – il a vu une femme aux cheveux foncés avec des yeux bruns intenses qui se plissaient quand elle souriait. Plus d'uniforme blanc; un uniforme de corvée l'avait remplacé mais qui ne pouvait camoufler la silhouette élancée de sœur Nichols.

Nick a traversé la salle jusqu'au chef de l'orchestre qu'il commençait à connaître assez bien. « Chan, est-ce que tu connais la chanson "Pedro, le pêcheur"? Ça sonne comme ceci » et il a sifflé quelques mesures.

« Bien sûr! a souri Chan. Tu veux qu'on la joue pour toi? »

Nick a acquiescé en souriant et a attendu que la musique commence.

« Pedro le pêcheur sifflait tout le temps », chantait l'interprète chinois du groupe pendant que Nick traversait la piste.

« Puis-je vous offrir cette danse? » a-t-il demandé.

Sœur Nichols a jeté un regard vers son escorte, un major plutôt ventru du service de santé de l'armée, qui a accepté avec peu d'enthousiasme.

Nick a pris sa main et l'a emmenée sur le plancher de danse. « Vous souvenez-vous de moi? » lui a-t-il demandé. Elle l'a regardé d'un air interrogateur. « Est-ce que je devrais? »

« Eh bien, a-t-il répondu, vous avez tenu ma main. »

Elle a souri à cette réponse, de ce même sourire qui avait fasciné Nick bien des années auparavant.

« Vous et une centaine d'autres », a-t-elle dit.

« Poona, 1943 et "Pedro, le pêcheur". »

« Oh, non! » s'est-elle exclamée.

« Oh, oui!, a répondu Nick. Que diriez-vous de dîner avec moi demain soir? »

Sœur Nichols, ou Jane comme il l'a bientôt appris, faisait partie d'une unité ambulancière de campagne située seulement à quelques kilomètres de là. Lorsque Jane a avisé le major ventru qu'elle partait avec Nick, il a paru quelque peu mécontent. « Il est plutôt gentil, a expliqué Jane à Nick, mais c'est bien plus un père pour moi que n'importe quoi d'autre. »

À partir de ce moment, Nick et Jane sont devenus inséparables. Ils avaient des années d'expériences à partager. Les nuits chaudes et étoilées n'étaient jamais assez longues pour eux. Trop tôt, le moment du rapatriement de Nick est arrivé.

Pendant leur dernière nuit, alors que les feuilles de palmier frémissaient sur la plage, il lui a demandé: « Veux-tu m'épouser? »

« Bien sûr, a-t-elle répondu, rayonnante. Aussitôt que nous le pourrons. »

« Aldershot? » a-t-il demandé en riant.

« Non, a-t-elle répondu, la cathédrale Lincoln. »

C'est ainsi que les choses se sont passées. Et une année plus tard, Jane était étendue sur un lit d'hôpital.

« Les rôles sont renversés, l'a taquinée Nick. Tu te rappelles Poona? »

« Pour toujours », lui a-t-elle répondu, pendant qu'elle tenait sa main et regardait le minuscule bébé couché auprès d'elle.

F. A. Thompson

L'amour dans son expression
la plus pure

Être aimé profondément par une personne vous donne de la force; aimer profondément quelqu'un vous donne du courage.

Lao-Tseu

J'ai regardé l'horloge avec des yeux fatigués. « *Six heures du matin, une heure encore et le quart de travail sera terminé* », me suis-je dit en moi-même. Puis il est arrivé, marchant d'un pas ferme, la tête bien haute, en direction du poste des infirmières. Les autres infirmières ont tourné la tête et ont souri en reconnaissant ce vieux visage familier.

« Vous êtes toujours à l'heure », ai-je commenté. Il m'a souri et a demandé: « Sommes-nous prêts? »

J'ai acquiescé de la tête et nous nous sommes dirigés vers la chambre de Mme Walter. « Lui avez-vous déjà administré les médicaments contre la douleur? » a-t-il demandé.

« Oui, monsieur », ai-je répondu. Nous avons frappé à la porte de Mme Walter pour lui laisser savoir que nous arrivions pour commencer la procédure. Elle était clouée au lit, à peine capable de bouger. J'ai soupiré en voyant ses jambes enflées, remplies d'ulcères, des chevilles aux cuisses. Le drainage suintant et nauséabond imprégnait la pièce. Malgré tout, j'ai souri. J'ai pu voir la joie dans ses yeux comme elle apercevait l'homme qui entrait dans la chambre avec moi.

« Dis-nous seulement si tu ressens de la douleur, pour que nous puissions travailler plus doucement », a-t-il dit à Mme Walter.

« D'accord », a-t-elle soupiré.

Nous avons commencé le changement tant redouté des compresses. Il a relevé ses pieds qui reposaient sur des oreillers, afin que je puisse défaire les anciennes compresses qui l'enveloppaient des chevilles aux cuisses. Il a disposé méthodiquement toutes les compresses stériles, les ciseaux et le ruban adhésif sur le plateau à côté du lit, tout comme il l'avait fait la veille. Il connaissait parfaitement cette procédure. Il m'a tendu la bouteille d'aérosol et j'ai vaporisé les plaies de la vieille dame pour les nettoyer.

« Est-ce que ça va bien? » a-t-il demandé à Mme Walter.

Elle a fait oui de la tête et a mordu ses lèvres de douleur.

« Tiens bon, ce sera bientôt terminé », l'a-t-il rassurée.

Nous avons commencé avec sa jambe droite. C'était une tâche difficile de se tenir là et de voir la plus affreuse de toutes les plaies. La puanteur m'obligeait à retenir mon souffle. Et pourtant il restait là, tout près d'elle, brave et fort, conservant son calme.

« Là, laissez-moi vous aider pour ça », m'a-t-il dit, alors que j'essayais tant bien que mal de rejoindre le haut de sa cuisse.

Dix minutes s'étaient écoulées, et nous nous attaquions à son autre jambe. Tout cela m'avait semblé durer une éternité. « *Merci, mon Dieu* », me suis-je murmuré. J'ai regardé l'horloge et il était six heures trente du matin. Trente minutes seulement avaient passé?

« Merci, garde », a soupiré Mme Walter, soulagée. Elle a ensuite tourné sa tête pour le regarder et a murmuré: « Merci beaucoup, mon chéri. Tu sais que tu n'avais vraiment pas à venir si tôt ce matin, mais je suis heureuse que tu l'aies fait. »

C'était à mon tour de le remercier, comme je l'avais fait le jour précédent, et l'autre jour d'avant, et le jour précédant ces deux journées. « Merci pour votre aide, M. Walter. »

Il est demeuré silencieux. Avec un regard rassurant, il a simplement souri à Mme Walter et il a pris sa main. J'ai regardé les yeux de cet homme et j'y ai vu la signification d'une vraie famille et de l'amour véritable. J'ai laissé Mme Walter avec son mari et je suis sortie de la chambre en silence, bouleversée d'être le témoin de l'amour dans son expression la plus pure.

Maryjo Relampagos Pulmano

Un simple geste d'amour

Il est plus difficile de supprimer le désir d'amour que le désir de pain.

Mère Teresa

Sa jeune vie brève et tourmentée avait été ponctuée de fréquentes visites dans les salles d'urgence d'hôpitaux pour le traitement de blessures inexpliquées, douteuses et trop nombreuses pour être comptabilisées. Malgré les conditions perturbées de sa famille, ce petit garçon avait toujours un sourire pour tout le monde.

Dieu seul sait quelles horreurs on lui avait fait endurer.

Les adultes responsables censés prendre soin de lui et lui prodiguer de l'amour ne pouvaient contrôler leur propre colère, leurs impulsions et leurs frustrations. La famille, les amis et le système social qui devaient protéger ce jeune garçon l'avaient misérablement laissé tomber. On n'aurait pas dû lui permettre de passer à travers les failles du système, mais, sans qu'on ne sache trop comment, dans ce monde imparfait, c'est arrivé.

Lors de sa dernière admission à l'hôpital, ce jeune enfant battu et blessé a reçu des soins exceptionnels, et a probablement vécu le seul amour et les seuls moments attentionnés de réconfort et de sécurité qu'il ne connaîtrait jamais durant sa vie abrégée.

Un soir, l'infirmière qui prenait soin de ce petit garçon rompu de quatre ans s'est installée sur son lit et s'est allongée à ses côtés, le blottissant contre elle. Elle a caressé doucement son front en murmurant de douces berceuses à son oreille jusqu'à ce qu'il tombe endormi.

Ce soir-là, il a fermé ses tout petits yeux pour la dernière fois.

Ces merveilleuses berceuses ont été les derniers sons qu'il aura jamais entendus.

Ce petit garçon est passé dans l'autre vie, entouré d'amour – l'amour dont il avait si désespérément besoin et qu'il méritait dans cette vie. Un passage de la Bible se lit ainsi : « Tout ce que vous faites au plus petit d'entre les miens, c'est à moi que vous le faites. » Par ses gestes, cette infirmière a clairement montré la puissante signification de ces mots.

Un simple geste d'amour, accompli par une infirmière toute spéciale, qui a ouvert son cœur et son âme, a fait toute la différence pour ce précieux petit ange.

Laura Hayes Lagana

Si nous savons combiner l'amour et l'habileté, nous pouvons espérer un chef-d'œuvre.

John Ruskin

Ma promesse

En cet hiver rigoureux du Midwest de 1992, je travaillais comme chef de groupe dans un petit hôpital rural. Je n'étais même pas censée travailler pendant la période de soir, mais j'avais accepté de faire un échange avec une collègue qui avait besoin de prendre congé pour la nuit.

L'une de mes nombreuses tâches consistait à aider au besoin la seule infirmière qui était affectée à la salle d'urgence. En cette soirée tranquille, mon téléavertisseur s'est mis à résonner dans le corridor et j'ai décroché l'appareil téléphonique le plus près.

« J'ai maintenant besoin de votre aide, a lancé Nancy d'un ton insistant. Une ambulance arrive avec un petit garçon. Je n'ai pas beaucoup de détails, mais ça ne s'annonce pas bien. Il a été trouvé dehors sur un banc de neige et les premiers intervenants ont commencé une réanimation cardiorespiratoire. »

J'ai eu un serrement de cœur. Dehors, il faisait trente-cinq degrés sous zéro avec le facteur éolien. L'enfant n'avait aucune chance de s'en tirer.

J'ai immédiatement pensé à mon propre fils de trois ans. Il semblait que je l'avais toujours en tête. Il était tellement distant pour un enfant aussi jeune, disparaissant dans sa chambre pendant des heures pour lire ses livres. Si j'essayais de m'asseoir à ses côtés et de lire avec lui, il lançait son livre par terre et quittait la chambre. J'étais sa mère et je l'aimais plus que tout dans ce monde, mais il semblait préférer son silence à mes chansons. Il préférait sa solitude à mon amour.

Mon attention s'est brusquement ramenée à la réalité comme j'entrais dans la salle d'urgence. L'ambulance venait juste d'arriver et, une fois la civière rendue dans la salle, il y régnait un silence de mort. La réanimation cardiorespiratoire était en cours. Le garçon aux cheveux blonds reposait inanimé et pâle, ses yeux bleus regardaient fixement d'un air absent, ses pupilles étaient immobiles et dilatées. Ses parfaites petites mains étaient si complètement gelées que nous étions incapables de desserrer ses poings. Vu les circonstances, nous devions continuer la réanimation cardiorespiratoire jusqu'à ce que la température de l'ensemble de son corps se soit élevée. J'avais entendu parler de cas d'hypothermie où les enfants avaient survécu, mais personne dans cette pièce ne semblait entretenir le moindre espoir de réanimer ce petit garçon.

L'heure suivante s'est déroulée rapidement avec l'administration de soins divers : solutions intraveineuses, drains thoraciques, lavages péritonéaux et cathéters urinaires qui infusaient des solutions salines chaudes dans son corps encore gelé. Je me tenais silencieusement au-dessus de lui, les larmes coulaient sur mes joues, et je priais intérieurement pour lui et pour sa famille. Il m'était impossible de comprendre l'étendue de la douleur que vivaient ses parents, et tout ce que je pouvais faire était de leur apporter des comptes rendus périodiques sur son état et de les assurer que nous faisions tout notre possible pour tenter de le sauver.

Il avait le même âge que mon petit garçon, avec les mêmes merveilleux yeux bleus et cheveux blonds. Je pensais combien j'aimais mon fils et j'ai essayé de me rappeler la dernière fois où je lui avais dit combien je l'aimais. Qu'arriverait-il s'il mourait cette nuit ? Mourrait-il en sachant combien je l'aimais ? Pendant que j'observais un groupe de médecins et d'infirmières qui tentaient désespérément de faire l'impossible, je me suis rendu compte que je ne l'avais même pas embrassé avant de partir travailler. Et maintenant je le regrettais profondément.

Puis, un miracle est survenu. Nous n'avions donné aucun médicament; nous n'avions tenté aucune décharge électrique pour stimuler le cœur. Nous l'avions simplement réchauffé. Son cœur a commencé à battre. Lentement au début, puis plus régulièrement. Dix battements à la minute. Puis vingt. Nous avons pensé à une injection d'adrénaline, mais le médecin en a décidé autrement. En deux minutes, nous pouvions déceler son pouls. En dix minutes, sa peau est devenue d'une très belle nuance rosée, et ses pupilles ont commencé à réagir.

Un silence de stupeur remplissait la pièce, et j'étais à la fois intimidée et respectueuse de savoir que j'avais reçu une invitation très spéciale d'être le témoin d'un miracle.

En quelques mois, l'enfant s'est complètement rétabli. À part des engelures aux orteils, il était miraculeusement indemne.

Cette nuit-là, je me suis fait une promesse. La promesse de ne jamais laisser une journée sans embrasser mon fils et lui dire que je l'aime. Ce n'était plus important qu'il me rende l'amour que je lui donnais ou qu'il me repousse. Il ne quitterait jamais cette Terre sans savoir combien je l'aimais.

Pendant les mois et les années qui ont suivi, j'ai tenu ma promesse. Peu de temps après ce miracle, les médecins ont diagnostiqué que mon fils était autistique. Il a fait de nets progrès, et il est maintenant un petit garçon très heureux et aimant. Merci pour mon invitation spéciale à être témoin d'un miracle qui m'a appris l'amour inconditionnel.

Linda C. Bird

Le cadeau d'adieu de Billy

Lorsque vous contemplerez votre vie passée,
vous découvrirez que les moments où vous avez
vraiment vécu sont ceux où vous avez agi dans
l'esprit de l'amour.

Henry Drummond

Lorsque j'ai déménagé de l'Ohio à l'Arkansas, j'ai considéré ce geste comme une bénédiction. Après avoir vécu toute ma vie au nord, j'étais prête pour un changement. Ma maison avait été détruite lors d'un incendie, mon mari m'avait quittée après quatorze ans de mariage, et mon existence même avait disparu dans un trou noir. Un déménagement dans l'Arkansas, plus près de ma mère dont la santé était fragile, me semblait une très bonne idée. Je n'avais rien à perdre. Toutefois, je n'étais pas préparée pour les cadeaux que je recevrais.

J'étais très reconnaissante de décrocher immédiatement un emploi au Christian Hospital, pour travailler aux étages de chirurgie. Puis, un jour, on m'a envoyée en oncologie. J'ai protesté, mais on a fait la sourde oreille. « Vous travaillerez où on a besoin de vous », m'a-t-on déclaré. Je trouvais l'endroit épouvantable. Partout, je sentais la mort autour de moi, et j'avais le cœur si lourd. Jour après jour, on m'assignait à l'étage des cancéreux.

À ma grande surprise, après un certain temps, j'ai commencé à « avoir besoin » de travailler à cet étage. Un jour, alors que j'étais parmi mes « bébés », je me suis rendu compte que c'était Dieu qui m'y avait envoyée. C'était mon foyer. Mes patients n'étaient plus des numéros de chambre – ils avaient un visage et un prénom. Je savais ce qu'ils aimaient manger, combien d'enfants ils avaient, et dans quel métier ils avaient consacré la majeure partie de leur vie. Je savais aussi comment ils se sentaient face à leur cancer.

Comme plusieurs autres infirmières, je suis devenue très proche de ces patients des plus spéciaux. Je les aimais, chacun d'entre eux. À certains moments, il était difficile de contrôler mes émotions.

Un jour, un patient prénommé Billy est arrivé à l'étage. C'était un homme costaud souffrant d'un cancer des os, qui avait un grand sens de l'humour. Même s'il souffrait beaucoup, il se plaignait rarement. Sa charmante épouse veillait sur lui avec le plus grand amour que l'on puisse imaginer et s'assurait qu'il recevait les meilleurs soins. Nous avons tous ri et pleuré ensemble, et avons partagé des histoires familiales et des blagues. Ils sont devenus des membres de la famille de l'hôpital.

Après avoir été hospitalisé pour des traitements de chimiothérapie et être retourné à la maison à plusieurs reprises, l'énergie de Billy était épuisée. La dernière fois qu'il a été admis, on aurait dit qu'il avait abandonné le combat. Tout comme son épouse. Il souffrait tellement qu'il était difficile pour nous tous d'en prendre soin – nous savions que nous ne pouvions pas en faire beaucoup plus. Il se trouvait maintenant en phase terminale, et sa douleur était si intense qu'aucune dose de médicaments ne pouvait le soulager. Je crois que toutes les infirmières ont pleuré sur le sort de Billy et de sa famille.

Pâques approchait, et Billy avait tellement de visiteurs qu'il était difficile pour son épouse d'avoir du temps seule avec lui. Je me sentais désolée pour elle. Mais elle continuait à sourire.

Une nuit, vers la fin de ma période de travail, j'ai fait ma dernière tournée dans le corridor et j'ai jeté un coup d'œil furtif sur Billy. J'ai ouvert la porte de sa chambre très lentement pour ne pas le réveiller. La lumière du corridor brillait dans la chambre et l'illuminait comme au clair de lune. J'ai regardé vers le lit et j'ai eu le souffle coupé. Billy était là, couché sur le dos, la position que je savais être des plus douloureuses pour lui. À ses côtés, son épouse était nichée au creux de son bras, se pelotonnant comme un bébé faon contre sa mère. Elle dormait si profondément que je pouvais entendre de petits sifflements qui sortaient de sa bouche. Je suis restée là, comme une intruse. Mes pieds refusaient de bouger. Comme je m'efforçais de partir, Billy a ouvert les yeux. Il a fait un sourire du coin des lèvres, et m'a fait un clin d'œil comme pour me dire : « Tout va bien! »

J'ai refermé la porte, j'ai traversé le couloir maintenant désert et je suis allée à la chapelle. J'ai pleuré quelques minutes, puis j'ai remercié Dieu de m'avoir bénie de vivre ce moment très spécial.

Billy est décédé peu après cette nuit-là, mais non sans avoir d'abord transformé mon regard sur la vie et m'avoir fait un cadeau d'adieu tout à fait spécial.

Susan Spence

La mort et l'amour sont les deux ailes qui transportent l'homme de bien vers le paradis.

Michel-Ange

3

MOMENTS DÉTERMINANTS

Lorsque nous vivons pour les autres,
la vie devient plus difficile,
mais aussi plus riche et plus heureuse.

Albert Schweitzer

Tout ce que nos cœurs ont à offrir

Aucun de mes cours ne m'a jamais préparée pour l'une des plus difficiles leçons que j'ai apprise au cours de ma carrière d'infirmière. Me sentant pleinement confiante et armée des connaissances de pointe en soins intensifs, j'ai entrepris de me lancer dans le domaine incroyablement excitant des soins infirmiers en vol. La vie dans l'hélicoptère était – littéralement – remplie de hauts et de bas. J'étais constamment placée dans une position centrale ayant un impact sur la façon dont les familles affronteraient des événements qui transforment une vie en un seul instant.

Durant ma première grossesse, j'ai travaillé avec une résidente en pédiatrie qui m'a prédit que mon attitude à l'égard de mes patients se transformerait de façon incroyable après la naissance de mon enfant. J'ai toujours senti que j'avais de la compassion pour mes patients et leurs familles, mais ses mots se sont avérés prophétiques et ont résonné bien des fois dans ma tête et dans mon cœur depuis ce jour de 1984.

On m'avait appelée dans une petite salle d'urgence pour transporter par hélicoptère un bébé de cinq mois qui avait cessé de respirer. J'ai immédiatement dû faire face à une mère hystérique, bouleversée par la possibilité qu'elle ait pu d'une certaine façon provoquer cette catastrophe. Elle se tournait désespérément vers moi pour que je la rassure et lui dise que tout irait bien. En me basant sur les résultats de laboratoire, les radiographies et la condition de l'enfant, je ne pouvais le lui promettre. À cette époque, nos hélicoptères étaient beaucoup trop petits pour accueillir un parent, et cette enfant était si critiquement malade et avait tellement besoin de soins spécialisés que c'était une situation du type « on la prend et on l'emmène ».

Dans ma hâte, je n'ai pas accordé de temps pour une brève interaction entre la mère et l'enfant. J'ai serré la petite fille dans mes bras, et nous nous sommes envolées aussi rapidement que l'engin pouvait le faire vers le service de soins intensifs en pédiatrie où nous étions attendues. La condition de l'enfant s'est révélée trop critique, et les tentatives de réanimation ont été vaines. Quand j'ai réalisé que cette gentille maman n'aurait plus jamais la chance de tenir son bébé bien vivant et tout chaud dans ses bras, un sentiment obsédant a envahi mon âme. Un sentiment que je n'oublierais pas de sitôt.

Depuis ce jour, et après l'arrivée de mes quatre merveilleux enfants resplendissants de santé, j'ai fait face à de multiples occasions d'élargir la gamme de mes soins aux membres de la famille. Mon attitude à l'égard de mes patients s'est, en fait, incroyablement transformée. Bien que je continue de m'appuyer sur les graphiques, les calculs, la médication, l'équipement et la compétence, j'ai appris qu'il est impossible de remplacer le contact humain. Puisque la plupart des patients que je transporte sont dans un état extrêmement critique, la possibilité même d'utiliser la technologie devient souvent inutile pour plusieurs d'entre eux. Pourtant, les familles continuent encore de compter sur moi et sur les innombrables autres programmes de vols autour du monde pour accomplir un dernier miracle. Heureusement, un sentiment divin de compassion m'envahit lorsque je comprends que le moment est venu d'aider à soigner les gens proches du patient. Maintenant, je facilite le contact humain afin de permettre au processus de guérison de s'enclencher pour les membres de la famille.

J'ai passé du temps avec un père éperdu plusieurs jours après que sa fille a été tuée dans un accident. Il était venu chercher le sac à main de sa fille, laissé à l'arrière dans l'hélicoptère. Il a supplié pour savoir ses derniers mots, pour savoir si elle avait souffert, pour savoir s'il aurait pu faire quoi que ce soit pour changer cette fin tragique. J'ai donné libre cours à mes larmes pendant que je le rassurais en lui disant qu'elle avait été entre bonnes mains et que tous les soins possibles lui avaient été dispensés. Nous sommes partis en nous offrant mutuellement un peu de réconfort.

J'ai dû emmener un enfant de trois ans qui avait été découvert submergé dans la piscine familiale. Quatorze membres de la famille ont poussé des cris: « Merci, mon Dieu, ils sont ici pour sauver notre bébé. » Un examen de sa condition a bientôt révélé que son petit corps et que son cerveau avaient été privés de l'oxygène si vital pendant une trop longue période. Sa petite sœur de six ans s'est avancée avec l'ourson en peluche de son frère qui « avait besoin de le garder avec lui tout le temps ». Des baisers ont été donnés, des caresses ont été encouragées, des invitations à la prudence pour le voyage ont été lancées, et nous nous sommes envolés vers l'unité de soins accompagnés de l'ourson. Nous avons été reconnaissants que le petit garçon ait survécu assez longtemps pour que la famille ait le temps d'arriver. Estimant la situation sans espoir, le père m'a suppliée pour tenir une dernière fois son enfant « pendant qu'il y avait encore de la vie et de la chaleur en lui ». Nous avons débranché tous les appareils et nous l'avons douillettement enveloppé dans une couverture pour que le père puisse passer avec lui ces précieux moments à l'étreindre.

J'ai brisé toutes les règles quand j'ai emmené les membres d'une famille au-delà de la banderole jaune où était écrit « Attention », pour leur permettre de toucher leurs proches bien-aimés et de leur chuchoter leurs adieux avant de quitter les lieux d'accidents de la route, certaine qu'ils ne reverraient jamais leurs êtres aimés. J'ai violé les règles affichées concernant les visites à l'hôpital, et j'ai emmené de jeunes enfants au chevet de leur mère pour qu'ils l'embrassent, la touchent, pleurent et se couchent aux côtés de maman pendant que nous nous dirigions vers l'hélicoptère.

En route vers les centres de traumatologie, des patients m'ont demandé des nouvelles de l'état de leur mari, de leur femme, de leur ami, de leur frère ou de leur sœur. Leur regard indiquait qu'ils avaient compris l'inévitable, et mon cœur se serrait en tentant de leur adoucir la vérité.

Je suis tellement reconnaissante de pouvoir compter sur la médecine et toutes les possibilités qu'elle nous offre, et de vivre à une époque où la technologie évolue en un clin d'œil. Mais ma gratitude est encore plus grande quand je pense à ces occasions où des âmes se touchent, où la communication est parfaite malgré le silence, où la seule chose que je puisse offrir aux membres de la famille est un dernier souvenir avec leurs bien-aimés.

Seize ans ont passé depuis que j'ai entendu les mots qui ont façonné mes soins envers mes patients. J'ai été témoin de tragédies muettes, mais ma consolation, je l'ai trouvée dans le cadeau d'un dernier contact, d'un dernier baiser, d'un dernier mot, et dans l'espoir que ces moments pourraient soulager un peu de la souffrance vécue. Je prie pour que tous ceux et celles qui dispensent des soins apprennent cette leçon plus rapidement que moi, et qu'ils dépassent non seulement ce que la technologie a à offrir, mais aussi tout ce que notre cœur a à offrir.

Janie K. Ford

Une touche de gentillesse

« Pourquoi voulez-vous devenir infirmière, Patricia? »

Les deux professeurs en soins infirmiers et la doyenne de la faculté se tenaient assis derrière une table et me regardaient droit dans les yeux. J'étais assise sur une chaise en bois au dossier rigide et je leur faisais face. « Deux mille jeunes personnes ont demandé leur admission à notre programme. » La voix de la doyenne remplissait la pièce. « Nous en sélectionnerons soixante parmi elles. Dites-nous pourquoi nous devrions vous choisir. » Elle a croisé les mains et a levé les yeux vers moi au-dessus d'une liasse de formulaires de demande d'admission.

J'ai hésité un moment, me demandant ce qu'avaient répondu les autres candidats qui avaient occupé la même chaise que moi. Qu'ont-ils déclaré pour subjuguer les professeurs? J'ai tenté très fort d'imaginer ce qu'ils voulaient m'entendre dire.

Je croyais que mes motivations à devenir infirmière étaient simplettes et stupides; j'ai donc hésité et je suis demeurée silencieuse. Après tout, ce désir d'être admise à l'école de soins infirmiers pouvait sembler bien ridicule. Pendant mon enfance, j'étais terrifiée par les médecins, les infirmières et les hôpitaux. Même le bilan annuel au bureau du médecin m'épouvantait. De nombreuses personnes dans mon entourage ont donc été surprises de voir que je nourrissais cette ambition de devenir ce que j'avais autrefois fait de mon mieux pour éviter. Mais un incident de mon enfance m'y poussait, et je m'en inspirais maintenant.

Lorsque j'avais six ans, on avait dit à mes parents que je devais être admise à l'hôpital pour certains « tests ». Par un dimanche après-midi gris et froid, ils m'ont conduite à l'hôpital pour enfants situé à l'autre bout de la ville. J'ai jeté un regard sur l'imposant immeuble et j'ai rapidement caché mon visage dans la manche du manteau de ma mère. Quand le temps d'entrer est arrivé, j'ai essayé de résister, mais ma mère et mon père me tenaient les mains et m'y ont emmenée de force.

Nous sommes sortis de l'ascenseur et mes parents m'ont escortée dans un long couloir. Lorsque nous sommes arrivés dans une grande pièce divisée en plusieurs alcôves, nous nous sommes arrêtés. Une infirmière aux cheveux gris et au visage sévère nous a dirigés vers l'une des alcôves, nous a indiqué où placer ma valise, où je devais accrocher mon pyjama et ma robe de chambre, où se trouvait la sonnerie qu'il fallait actionner si nous avions besoin de voir une infirmière.

Mon père est reparti en bas, pendant que ma mère faisait tout pour que je me sente chez moi. L'infirmière aux cheveux gris a apporté un plateau-repas, mais j'étais incapable de manger. Tout ici était si différent de mes habitudes. Alors ma mère a pris de la nourriture dans le plateau tout en essayant de me distraire. Elle tentait de me remonter le moral en m'expliquant combien certains enfants hospitalisés ici étaient très malades, tandis que, moi, je n'étais là que pour des « tests » et que je pourrais bientôt revenir à la maison.

Je me demandais pourquoi ma mère n'avait pas apporté de valise pour elle-même. Est-ce qu'elle n'aurait pas besoin elle aussi d'un pyjama et d'une robe de chambre? Après que l'infirmière a eu enlevé le plateau, j'ai compris pourquoi. Mes parents ne pouvaient rester avec moi. Ils retourneraient à la maison alors que, moi, je resterais là. Ils me quittaient, et jamais auparavant je n'avais été loin d'eux. Comme ma mère enfilait son manteau et se préparait à partir, j'ai commencé à pleurer.

« Non, non, maman, s'il te plaît, ne pars pas, s'il te plaît, ne me laisse pas! » ai-je supplié. Elle m'a simplement fait un léger sourire en me disant qu'elle serait de retour le lendemain, d'être une bonne fille et d'obéir aux infirmières.

Écoutant ses pas disparaître au loin, je me suis retournée dans mon lit et me suis roulée en une toute petite boule, le dos tourné à la porte. J'ai essayé de penser à quelque chose de joyeux, comme à des chansons que j'aimais fredonner. J'ai tenté de me rappeler les visages de tous mes animaux de peluche laissés à la maison. Je réfléchissais fort, mais mes pensées ont été interrompues par une autre infirmière qui m'a dit fermement: « Il est temps d'aller au lit. »

Je me suis assise, elle a enlevé ma robe de chambre et mon pyjama, et m'a revêtue d'une jaquette d'hôpital. Je me suis recouchée, me suis enroulée encore plus serrée que jamais et j'ai pleuré. On a alors éteint les lumières, et je suis demeurée éveillée dans l'obscurité.

Beaucoup plus tard, j'ai entendu quelqu'un qui entrait dans la pièce, alors que je sanglotais dans mon lit. « Tu ne dors pas encore? » m'a demandé une agréable et douce voix.

« Je ne suis pas capable de dormir », ai-je répondu, tremblotante.

« Assieds-toi une minute et parle-moi », m'a-t-elle dit d'une manière câline. Je me suis alors assise et, dans la lumière ténue, j'ai pu constater que c'était une infirmière, mais pas celle que j'avais vue auparavant.

« Je veux retourner à la maison », ai-je dit, toujours en larmes. L'infirmière s'est avancée et m'a tenue pendant que je pleurais. « Je crois que je vais être malade », ai-je gémi et j'ai eu un haut-le-cœur.

Elle a placé une bassine devant moi et a gentiment essuyé mon visage avec une débarbouillette humide. Elle m'a bercée pendant que je me calmais, balançant son corps d'avant vers l'arrière, et je suis demeurée mollement appuyée contre son épaule.

Après ce qui m'a semblé être un très long moment, elle m'a regardée et m'a dit: « J'ai du travail à faire maintenant, alors je ne peux demeurer avec toi. » À la vue de ma mine découragée, elle a ajouté: « Mais peut-être que tu pourrais venir et rester avec moi. Voyons un peu. »

Dans le couloir, il y avait deux voiturettes de bois très basses recouvertes d'un matelas et d'oreillers. Les infirmières s'en servaient pour emmener les enfants à l'extérieur prendre un peu d'air frais. Elle a amené une de celles-ci à mon chevet et m'a fait signe d'y monter. Pendant qu'elle m'installait dans la voiturette, j'ai vu son nom inscrit sur une épinglette brillante: « Mlle White ».

Mlle White m'a transportée au poste des infirmières et a stationné la voiturette à proximité. Je la regardais pendant qu'elle était assise et qu'elle écrivait, et de temps en temps elle me jetait un coup d'œil en souriant. « Veux-tu quelque chose à boire, maintenant? » m'a-t-elle demandé. J'ai fait signe que oui et j'ai siroté le jus de pomme qu'elle a apporté, et je me suis assoupie. Tôt le matin, elle m'a ramenée à mon lit, et j'étais si fatiguée que j'ai à peine remarqué qu'elle m'avait dit au revoir.

Plus tard ce jour-là, ma mère est venue me visiter, et la nuit suivante n'a pas été aussi difficile à supporter. J'ai dû demeurer à l'hôpital encore quelques jours avant qu'on me donne congé. Mais je n'ai jamais oublié la terreur que j'ai vécue, ni la gentillesse de Mlle White envers une petite fille désespérément seule et effrayée.

Cet incident est revenu rapidement à ma mémoire, et j'ai réfléchi un moment avant de répondre à la question de la doyenne. Pourquoi voulais-je devenir infirmière ? Je me suis redressée sur ma chaise et j'ai soulevé mon menton en disant : « Être un patient dans un hôpital est une chose terrifiante pour n'importe qui. Certaines personnes le dissimulent mieux que d'autres, mais tous les patients sont effrayés. Je me souviens qu'à six ans, j'ai été cette enfant terrifiée, et il y avait là une infirmière qui a été très gentille pour moi. Elle a été celle qui a rendu mon séjour supportable. »

La pièce était silencieuse alors que je continuais de parler. « Je me suis toujours souvenue d'elle et je veux être le genre d'infirmière qu'elle était. Je veux être celle qui remonte le moral d'un enfant effrayé, qui tient la main d'une personne âgée solitaire, qui apaise l'anxiété d'un patient nerveux. »

J'ai été acceptée dans le programme de soins infirmiers et j'ai travaillé fort pour apprendre les habiletés et les techniques nécessaires en vue de procurer les meilleurs soins à mes patients. Le soir de la graduation, alors que je montais sur l'estrade pour recevoir mon diplôme, j'ai pensé à Mlle White et j'ai souri. Elle ne saurait jamais comment elle m'a profondément influencée. Elle m'a appris les leçons les plus importantes du métier d'infirmière. Elle m'a enseigné la signification de l'empathie pour le patient et sa détresse, de la compassion en atténuant les difficultés d'un autre. Il me restait maintenant à redonner ce qu'elle m'avait transmis, la douce touche de gentillesse qui fait toute la différence pour nos patients et pour notre monde.

Tricia Caliguire

Membre de l'équipe

L'influence d'un professeur est éternelle; lui-même ne peut dire où son influence s'arrête.

Henry Adams

À l'été 1945, mon père dirigeait un camp destiné aux enfants et aux adolescents des quartiers défavorisés. Il avait engagé deux jeunes infirmières pour cette saison de camping. Elles m'ont permis de les suivre comme leur ombre, et j'ai observé tout ce qu'elles faisaient et écouté tout ce qu'elles disaient. Chaque matin, je m'assoyais discrètement dans un coin de l'infirmerie, les campeurs y venant pour un mal de gorge, des coupures et des ecchymoses, de l'urticaire, des piqûres de moustiques ou le mal du pays. Certains jours, elles me laissaient même nettoyer l'infirmerie après la visite des malades. Si je travaillais vraiment bien, elles m'emmenaient avec elles dans leur tournée des cabines pour examiner les campeurs malades.

Un matin, mon père conduisait seul un camion rempli de déchets vers la décharge publique afin de les brûler. Après avoir déversé les ordures du camion, il a allumé une allumette et l'a lancée sur l'amas de décombres. Il a reculé, s'attendant à ce que les déchets se consument lentement. Il a attendu. Aucune flamme; rien ne brûlait. Papa s'est penché et a allumé une autre allumette.

Une explosion l'a enveloppé de feu.

Il s'est roulé sur le sol pour étouffer les flammes, est retourné dans le camion et s'est élancé vers le terrain de camping. Il a pris le chemin menant à la salle à manger, en mitraillant le klaxon. Les gens arrivaient en courant de partout. On criait des ordres aux personnes sur place.

J'observais, terrifiée et confuse, étant difficilement capable de comprendre ce qui arrivait autour de moi.

Soudain, dans un crissement de pneus, une camionnette est arrivée juste derrière le camion à ordures. Les portes se sont ouvertes brusquement et les deux infirmières du camping en sont sorties. Elles ont emmené mon père sur le siège arrière de la camionnette, sont montées dans la voiture et se sont assises à ses côtés, enveloppant ses bras dans des serviettes humides. La voiture a foncé à toute allure vers la salle d'urgence de l'hôpital le plus près, où il a été traité pendant plusieurs jours.

Quand il est revenu au camp, il ressemblait à une momie. Ses bras, ses mains, son cou et sa tête étaient recouverts de larges bandages blancs, d'où on ne voyait que sa bouche et ses yeux. Son lit a été déplacé dans la salle de séjour de la petite maison de campagne familiale, où les deux infirmières et ma mère ont pris soin de lui jour et nuit. Chaque jour, elles enlevaient les larges bandages blancs de ses bras et de son cou, traitaient les régions brûlées et appliquaient des compresses fraîches sur les plaies. Mon père étouffait des grognements en raison de la douleur, mais il ne se plaignait jamais. Lorsqu'elles avaient terminé cette procédure quotidienne, il arrivait toujours à se reposer. C'était le seul moment où il pouvait tolérer que quelqu'un le touche.

Le jour où il est revenu à la maison, je suis demeurée dans l'ombre en les observant pendant qu'elles prenaient soin de lui. J'ai entendu mon nom. Une des infirmières m'appelait. Elle m'a dit qu'elle me donnait la responsabilité de voir à ce que mon père ait toujours quelque chose à boire. Je devais aussi lui faire manger les repas que le cuisinier du camp lui faisait parvenir à la maison. Donc, chaque jour, je m'assoyais à son chevet, me tenant prête à lui procurer tout ce dont il avait besoin. Quelquefois, il me laissait lui faire la lecture pendant qu'il se reposait. Ma mère et les infirmières m'ont félicitée de faire partie de l'équipe. Chaque jour, elles disaient que mon père allait mieux parce que je lui donnais de si « bons soins infirmiers ». Je me sentais fière et satisfaite de pouvoir être utile à quelqu'un qui souffrait.

Ces sentiments ne m'ont jamais quittée. Je me demande si ces infirmières du camp se doutaient de l'influence qu'elles ont eue sur la vie d'une enfant de huit ans. Je me demande si elles ont jamais imaginé l'impact inspirant qu'elles ont eu sur ma carrière de quarante années comme infirmière – quarante années en tant que membre des équipes de soins.

Viola Ruelke Gommer

« Je veux être une infirmière, maman!
Alors quand je serai grande, est-ce que
je peux aller à l'école d'infirmières? »

Prendre soin d'eux

Il est amusant de constater comment les circonstances les plus imprévisibles peuvent transformer notre vie pour toujours. En avril 1991, alors que nous étions tous deux en première secondaire, les médecins avaient diagnostiqué que mon ami Jason souffrait de leucémie. Je suis allée lui rendre visite quelques fois au Miami Children's Hospital, et la première fois que je m'y suis rendue, j'ai remarqué quelque chose. La chambre de Jason était décorée de ballons et de fleurs; des cartes et des photographies étaient placées un peu partout. Les gens lui téléphonaient, le visitaient et lui écrivaient des lettres. Il y avait toujours de l'activité dans sa chambre; quelqu'un se trouvait toujours là pour lui. Nous venions d'une petite ville de Florida Keys, et tout le monde était merveilleux lorsqu'il s'agissait de Jason. Même des gens qui ne le connaissaient pas se sont mobilisés pour lui envoyer des paniers de prompt rétablissement. La ville a tenu des cliniques de sang en son honneur. Le soutien était continuel.

La chambre de Jason était située au bout du couloir, et chaque visite exigeait que nous passions devant toutes les autres chambres dont les murs étaient nus. Les téléviseurs étaient éteints, et les enfants étaient étendus en silence dans leur lit, seuls, faisant face, j'en suis certaine, à l'expérience la plus terrifiante de leur vie. Tous ces enfants ne recevaient pas la même attention que Jason. Et cette situation a donné une idée à mon oncle.

Lorsque nous sommes revenus chez nous après cette visite, nous nous sommes tous deux attelés à la tâche. Mon oncle a appelé des gens de notre communauté pour leur demander de l'aide. Il a téléphoné au service d'oncologie de l'hôpital et a obtenu le nom de chaque enfant qui s'y trouvait. La fois suivante où mon oncle et moi sommes allés rendre visite à Jason, nous sommes montés à cet étage en roulant un chariot chargé de bocaux remplis de bonbons, de magazines, de chapeaux et de jeux. Nous portions des casquettes colorées couronnées d'une hélice qui tournait comme celle d'un hélicoptère pendant que nous marchions.

Nous avons dit bonjour à Jason, puis nous avons paradé dans le corridor, nous arrêtant à chaque chambre d'enfant, distribuant les cadeaux dont mon oncle et le reste de notre petite communauté avaient fait don. Dans chacune des chambres, nous avons suspendu une bannière avec le nom de l'enfant, lui souhaitant un prompt rétablissement. L'expression sur leur visage était inestimable.

Nous sommes entrés dans chaque chambre, en appelant chaque enfant par son nom. Au début, les enfants ignoraient la raison de notre arrivée dans leur chambre, coiffés de ces chapeaux bizarres. Quand nous avons commencé à décorer leurs chambres et que nous leur avons offert les bocaux de bonbons et les cadeaux, de grands sourires ont illuminé leurs visages, comme jamais je n'en avais vus auparavant. Cette interaction avec d'autres personnes et le simple fait de savoir que quelqu'un se préoccupait d'eux et qu'ils n'étaient pas seuls semblaient réellement faire une différence pour ces enfants.

Le dernier patient à qui nous avions prévu rendre visite se trouvait en isolation; mon oncle et moi n'étions donc pas autorisés à pénétrer à l'intérieur de sa chambre. Une infirmière attentionnée a alors revêtu les vêtements requis et a apporté nos cadeaux au petit garçon. Celui-ci est venu à la porte, a regardé à travers la vitre avec un immense sourire, et a articulé « merci ». Je n'oublierai jamais ce moment de ma vie.

Ces expériences passées ont tracé mon propre destin – terminer ma première année de formation comme étudiante infirmière. Il avait été excitant d'acquérir des connaissances en médecine et sur l'appareillage médical, comment tout cela fonctionne, et que faire en cas d'une défaillance. Il est très excitant pour quiconque débute dans cette profession d'apprendre à installer un champ stérile, à changer des pansements, à installer des intraveineuses et à administrer des médicaments. Mais ce n'est pas pour cette raison que j'ai décidé de devenir infirmière.

Dans notre profession, il y a beaucoup plus que des « bips » et des « clics », des protocoles et des résultats. Il ne nous est pas possible de « réparer » tout le monde, mais nous avons sans aucun doute la capacité et la responsabilité de faire preuve de compassion envers tous. Nous pouvons assurer le confort des malades, les défendre, être la personne qui vient dans leur chambre et qui leur fait sentir qu'ils sont des êtres humains.

J'ai décidé de devenir une infirmière pour avoir la chance de revivre la même émotion que j'ai ressentie le jour où j'ai constaté que l'attention prodiguée à tous ces enfants leur avait redonné le goût de vivre. Un petit sourire, une petite conversation ou une tape sur la main, c'est probablement tout ce dont nos patients ont besoin pour remonter leur moral. Je suis peut-être inexpérimentée et naïve, mais je suis certaine que ces enfants se sont illuminés lorsque nous sommes arrivés dans leurs chambres. J'ai aussi remarqué qu'ils réagissaient devant les infirmières qui les faisaient rire, ou qui prenaient un moment pour jouer avec eux, de la même façon que lorsque nous leur avions apporté des bonbons et des jeux.

Nous devons garder à l'esprit que, bien que les procédures soient essentielles pour le bien-être de nos patients, ils ont aussi besoin d'un contact chaleureux. Ils peuvent nécessiter des séries de tests, mais une voix apaisante peut être tout aussi importante à leurs yeux.

L'année prochaine, lorsque j'obtiendrai mon diplôme et que j'entrerai dans le monde des uniformes blancs et des gants de la médecine, je fais le vœu de ne jamais oublier que, comme infirmière, je ne serai pas simplement qualifiée pour donner des soins à mes patients, mais aussi pour prendre soin d'eux.

Christine Ehlers
À la mémoire de Jason McGraw (1978-1991)

« Je ne suis pas capable de bien dormir ici,
parce que je ne peux pas entendre papa qui
regarde la TV ou maman qui lave la vaisselle,
ou Barfy qui jappe ou le bébé qui pleure… »

THE FAMILY CIRCUS *par Bil Keane. Reproduit avec l'autorisation de Bil Keane.*

La hanche du 46B

Le bonheur suprême de la vie est la certitude que
nous sommes aimés.

Victor Hugo

Comme nous prodiguons des soins médicaux dans les hôpitaux et dans les centres de soins, notre façon d'identifier nos patients peut parfois devenir un peu inhumaine. Je veux dire, après tout, que nous en voyons beaucoup, et avec les années ils semblent tous devenir un peu plus flous dans notre esprit. Comment nous souvenir des noms de chacun?

J'ai appris ma leçon alors que je débutais une petite pratique privée comme physiothérapeute dans un établissement de soins spécialisés. Nous disposions d'un équipement minimal. C'était la même chose pour les fonds alloués, le personnel et l'espace, mais nous étions motivés par la possibilité de réhabiliter des personnes âgées.

Un jour, j'ai demandé à mon assistante, Bobby, d'aller chercher la « hanche du 46B ». On avait traité ce patient pour une fracture de la hanche et il devait faire des exercices de marche à l'aide des barres parallèles. Elle est partie le chercher pour le ramener en fauteuil roulant.

Peu après, Bobby est revenue et m'a informée que la « hanche du 46B » ne voulait pas de physiothérapie aujourd'hui. J'ai répondu: « Bon, il doit redevenir capable de supporter son poids. Nous devons travailler sur son équilibre et l'emmener ici aux barres parallèles pour faire cela. S'il vous plaît, allez lui demander de nouveau. »

Une seconde fois, elle est retournée le voir pour essayer de le convaincre. Elle est bientôt revenue en disant: « Il dit qu'il ne sort pas du lit et qu'il ne vient pas à la physiothérapie aujourd'hui. »

« D'accord, je vais aller lui parler », ai-je répondu.

Je n'oublierai jamais ce moment où je suis entrée dans la chambre de ce charmant monsieur et que j'ai soudainement vu l'homme. La personne. À côté de lui, sur sa table de nuit, était posé un magazine auquel mon père avait été abonné: *The Nebraska Rancher and Farmer*. Le titre d'un livre était: *Who's Who in Hotel and Restaurant Management*. J'y ai jeté un coup d'œil et j'ai vu le nom de ce patient qui y était honoré. Cet homme avait été plus important dans sa vie que je ne le serais probablement jamais. Et maintenant, il était confiné à un lit, dans une chambre où il ne lui était plus permis de choisir: quand aller à la salle de toilettes, quand et où se rendre pour prendre ses repas, quand aller où que ce soit – incluant la physiothérapie. On l'avait privé non seulement de ses possessions mais aussi de son autonomie et de sa valorisation de soi. Et maintenant, tout ce qu'il voulait était de retrouver un certain contrôle sur son propre corps, faire un choix ou deux au moment qui lui conviendrait.

J'ai pris sa main. « Bonjour, M. Carlson. À quel moment aimeriez-vous aller en physiothérapie aujourd'hui? »

Linda McNeil

Aucun amour, aucune amitié ne peut croiser notre destin sans y laisser une trace pour toujours.

François Mauriac

Je te baptise...

Bénie soit la main qui prépare un plaisir pour un enfant, car on ne peut jamais dire quand et où, à partir d'aujourd'hui, ce plaisir pourrait s'épanouir.

Douglas Jerrold

Il y a des années, je suivais une formation en soins infirmiers dans une école catholique, mais personne dans notre classe n'était catholique. Cela posait un problème avec certaines doctrines de notre Église. Pendant notre première année, la carrière de la classe entière a bien failli être compromise, car nous refusions d'exécuter une procédure : soit baptiser un fœtus ou une personne après sa mort. Comme nous étions tous baptistes ou pentecôtistes, c'était contraire à nos croyances religieuses.

Comme j'étais présidente de la classe, c'est moi qui ai dû subir les foudres de sœur James Cecilia : « Mlle Sanefsky, vous saviez que cette école était catholique lorsque vous avez demandé votre admission. Vous deviez aussi savoir qu'il vous fallait adhérer à nos enseignements. » Je n'étais pas convaincue, mais je voulais recevoir ma coiffe, tout comme mes vingt-trois compagnes de classe. Nous avons donc dû faire un compromis : nous avons accepté d'apprendre la technique en question si nous pouvions être assurées que nous n'aurions jamais à appliquer nous-mêmes cette procédure.

Les années ont passé. J'ai épousé Harley et j'ai déménagé en Ohio où j'ai travaillé dans un petit hôpital de quatre-vingts lits. À cet endroit, les membres du personnel d'allégeance catholique étaient nombreux ; alors je ne me suis jamais inquiétée d'avoir à administrer les derniers sacrements ou à baptiser une personne… jusqu'à une certaine nuit orageuse.

Il pleuvait à seaux et les éclairs zébraient le ciel alors que j'étais de garde à la pouponnière pour la deuxième période de travail. Une femme est arrivée et a accouché d'un enfant prématuré de deux mois, pesant un kilo. Nous savions que ce petit être avait peu de chances de survivre. Notre pouponnière était des plus rudimentaires. Pas de spécialistes en néonatalogie, que des incubateurs, de l'oxygène et des prières.

Pendant que la tempête faisait rage, nous avons tenté de libérer les poumons de ce petit poupon. Tout ce que nous savions, c'était qu'il fallait conserver la température de l'incubateur à 36,6 degrés Celsius.

Je l'ai pris dans mes bras pour le montrer à sa mère, dont les premiers mots ont été: « Je veux qu'il soit baptisé. » Lorsque j'ai téléphoné à son prêtre pour qu'il vienne accomplir ce rituel, il m'a expliqué qu'à cause de la tempête, il ne disposait d'aucun moyen de transport. Il serait là le matin à la première heure.

Nous avons paniqué. Nous savions que ce bébé n'avait qu'une mince chance de passer la nuit. Je suis retournée voir la mère et je lui ai transmis le message du prêtre. Elle était anéantie, répétant la prédiction du médecin qui doutait que son bébé puisse survivre jusqu'au matin. Mue par le désespoir, elle m'a suppliée de le baptiser. J'ai envoyé un message par téléavertisseur à ma responsable du service qui était catholique. Mais elle était en congé. J'ai appelé un peu partout dans l'hôpital. Aucun catholique n'était en devoir. La tâche me revenait donc. J'ai prié: « Oh, non, mon Dieu, vous savez comment je me sens à ce sujet. Je ne peux pas le baptiser. »

Après avoir parlé une nouvelle fois à la mère, et devant son état de désolation, j'ai accepté. Je le baptiserais « sous conditions » comme on me l'avait enseigné, il y a bien des années. J'ai expliqué que je n'étais pas catholique et comment ma religion voyait le baptême d'un enfant. Je lui ai dit que je le ferais si c'était sa volonté, ou nous pourrions prier pour que le bébé survive jusqu'à l'arrivée du prêtre au lever du jour. Elle a insisté, de façon catégorique, pour qu'il soit immédiatement baptisé. Je me suis donc dirigée vers la pouponnière pour m'acquitter de la tâche à laquelle je ne me sentais pas préparée.

J'ai prié tout en prenant une tasse et de l'eau stériles ainsi que des tampons d'ouate stériles. Gentiment, j'ai soulevé la tête de ce précieux bébé et je l'ai placée dans la paume de ma main. Avec mon autre main, j'ai versé l'eau stérile sur son front. « Joseph Sanchez, je te baptise, sous conditions, au nom du Père, du Fils et du Saint-Esprit. » Des larmes coulant sur mes joues, j'ai essuyé la petite tête angélique avec une compresse stérile, j'ai changé la serviette humide sous lui et je l'ai remis à sa mère.

Comblée, la mère a bercé ce minuscule don de Dieu dans ses bras. J'ai su alors que j'avais fait ce qu'il fallait. J'avais apporté la paix à cette jeune mère afin qu'elle puisse remettre son enfant à Dieu, si c'était dans l'ordre des choses.

L'histoire ne se termine pas ici. Pendant les mois qui ont suivi, pour nous qui travaillions à la pouponnière, ce bébé est devenu « Petit Joe ». Chaque jour, nous priions pour qu'il survive au moins jusqu'à la prochaine période de travail, puis nous remettions la responsabilité au suivant.

Un après-midi, comme je me trouvais dans la salle réservée au personnel, on m'a dit: « C'est un mauvais jour pour Petit Joe, peut-être qu'il ne passera pas la nuit. » J'ai prié: « S'il vous plaît, Seigneur, ne venez pas le prendre pendant ma période de travail. » Je suis allée examiner tous les bébés de la pouponnière et je me suis dirigée vers l'incubateur. La jauge du thermomètre indiquait 26,6 degrés Celsius. La température devait toujours se trouver à 36,6 degrés ou bien il mourrait! J'ai regardé derrière l'incubateur et j'ai vu que la prise de courant reposait sur le sol. Je l'ai rapidement rebranchée, j'ai appelé le médecin puis mon pasteur. Je lui ai demandé de prier. Nous nous sommes activés pour faire remonter la température de Joe en plaçant des serviettes chaudes sur son corps. Nos prières à son intention sont parvenues jusqu'au ciel. Il a survécu à la nuit.

J'étais en congé pour trois jours. Lorsque je suis revenue, Joe était parti. Il avait atteint 2,5 kilos, il était maintenant âgé de trois mois et on l'avait ramené à la maison. Après avoir pris soin de lui pendant tous ces mois, j'étais désolée de n'avoir pu lui dire au revoir.

Dans la Bible, il est écrit: « Une plante, de l'eau, puis la moisson. » J'ai prié pour que ce petit garçon puisse grandir et vivre dans l'amour de Dieu, car il était effectivement un bébé miracle.

Mais l'histoire ne se termine pas ici non plus. Les années ont passé et puis, un soir, mon mari, Harley, est revenu d'un souper d'hommes à l'église. « Attends de voir ce que je t'apporte. » Dans sa main, il y avait la photographie d'un jeune garçon. À l'endos était écrit ce message:

Chère Mme Houseman,

Mon nom est Joseph Sanchez. J'ai quatorze ans et je pèse 63,5 kilos. Merci d'avoir pris soin de moi à ma naissance.

Petit Joe

Dieu nous assigne une place pour que nous accomplissions des choses spéciales. Nous ne sommes pas toujours d'accord, mais il est dans notre intérêt de lui obéir.

Beverly Houseman

« Désolée de cette confusion, M. Bixford.
Nous vous transférerons bientôt
dans une chambre semi-privée. »

La visite d'un ange

Cette semaine, une patiente est venue dans mon bureau pour un examen médical et pour faire renouveler une ordonnance d'un médicament pour la haute pression artérielle. Lorsqu'elle s'est déshabillée et que j'ai vu son corps frêle et voûté, mon cœur s'est rempli d'une réelle pitié. Chacune de ses articulations était déformée par l'arthrite dont elle souffrait depuis des années. Ses cheveux clairsemés étaient gris et sans vie; ses yeux bruns étaient voilés par les cataractes.

Comme je lui posais les questions habituelles, chacune de ses réponses m'a surprise:

« Non, je n'ai pas très mal. »

« Oui, je cuisine encore et je prends soin de ma petite maison. »

« Non, je ne dors pas beaucoup, mais cela me donne plus de temps pour lire la Bible. »

J'ai entrepris de lui parler de la possibilité de faire enlever ses cataractes et d'accepter d'être référée à un spécialiste de l'arthrite. Je l'ai implorée de se joindre à un groupe de personnes âgées pour avoir de la compagnie. Pendant que je m'agenouillais pour l'aider à attacher ses souliers usés et effilochés, je lui ai fait remarquer que j'étais préoccupée de la voir vivre seule dans l'état où elle se trouvait. Elle a pris ma main avec ses doigts perclus.

« Ma petite infirmière, a-t-elle dit, ne croyez-vous pas en Dieu? »

« Oh! oui, madame, j'y crois. »

« Eh bien, croyez en lui un peu plus fort et vous ne vous en ferez pas autant pour moi. »

Elle est partie de mon bureau en boitant, un sac de papier lui tenant lieu de sac à main, et pour un moment j'ai cru voir les ailes d'un ange sur son dos.

Sarah Webb Johnson

Le monde a désespérément besoin d'une vision.
Il n'y a pas de situations désespérées,
seulement des individus qui pensent
de manière désespérée.

Winifred Newman

La connaissance survient,
mais la sagesse subsiste.

Alfred Lord Tennyson

Nouvel emploi

Lorsque j'ai déménagé dans un autre État, il m'a été plus décourageant que je ne l'aurais imaginé de me trouver un nouvel emploi. À l'hôpital le plus près de ma résidence, il n'y avait pas de travail disponible à ce moment-là. La personne chargée du recrutement m'a suggéré d'offrir mes services au nouvel établissement de soins prolongés situé tout près. « Il manque toujours d'infirmières », a-t-elle marmonné à voix basse comme je quittais son bureau.

« *Je le parierais* », me suis-je dit à moi-même. En réalité, c'était un centre d'hébergement et de soins de longue durée. Même si l'appellation était différente, cela n'effaçait pas l'image sombre que je me faisais de tels endroits. Je n'étais pas enthousiaste de « descendre de niveau » pour me consacrer à ce type de soins infirmiers. Toutefois, j'ai senti que je me devais d'être courtoise envers la personne chargée de l'embauche qui m'avait reçue en allant au moins visiter l'endroit qu'elle m'avait offert.

Une jeune femme travaillant dans le bureau m'a emmenée au troisième étage. Elle m'a expliqué que les résidants attendaient maintenant de se rendre à la salle à manger pour leur repas du midi. J'ai été consternée par le spectacle. Le couloir semblait obscur et interminable et avait l'allure d'un tunnel ferroviaire. Les fauteuils roulants contenant les corps attachés de personnes âgées étaient alignés le long des murs. Des têtes donnant des secousses, des bras battant l'air et des jambes pendant mollement ou donnant des coups de pied au hasard. Des sons inhabituels remplissaient l'atmosphère: grognements, gémissements, marmonnements, reniflements et sanglots.

Des visages abattus fixaient le vide. Des paires d'yeux empreints de solitude nous suivaient pendant que nous marchions le long du couloir. Mon guide saluait joyeusement chaque bénéficiaire. La plupart réagissaient avec un timide sourire. J'étais bouleversée.

Alors que nous passions près d'une vieille femme, elle a étendu le bras et agrippé ma jupe. « Aidez-moi, aidez-moi », a-t-elle scandé, me retenant d'une poigne étonnamment forte. J'étais tentée de repousser son étreinte et de retourner au paisible sanctuaire de ma voiture. Au lieu de cela, je suis demeurée immobile. Ma conscience me poussait à regarder attentivement son visage. Soudain, l'ensemble des résidants se réduisait simplement à cette unique personne. Je me suis penchée tout près et je lui ai demandé : « Quel est votre nom ? »

« Rosemary », m'a-t-elle répondu.

Son visage était ridé et marqué par des années de luttes vaillantes. Dans ses yeux bleu pâle, j'ai vu de minuscules étincelles d'espoir. Découvrant des prothèses dentaires trop grandes pour elle, elle m'a fait un large sourire et a serré ma main. J'ai tenu dans la mienne sa main noueuse et sillonnée de veines bleues. Alors que nos mains se liaient, mon cœur a fait de même. Je n'avais plus devant moi des personnes vieilles éveillant ma pitié, mais plutôt des êtres humains d'un âge avancé, dignes de mon respect et de ma compréhension. Demain, je serai en devoir à mon nouveau poste. Je ferai de mon mieux pour prodiguer des soins compatissants à chacun d'entre eux – en commençant par Rosemary.

Barbara A. Brady

La profondeur
de cette profession

Soyez patient envers toutes choses, mais soyez d'abord patient envers vous-même. Ne perdez pas courage en constatant vos propres imperfections, mais commencez tout de suite à y remédier, une tâche à recommencer chaque jour.

Saint François de Sales

J'étais une toute jeune infirmière. Je n'avais rien en commun avec les grands-mères et les grands-pères de l'étage de chirurgie orthopédique. J'en étais contente et j'étais également contente de les quitter à la fin de ma période de travail.

Rien ne m'irritait vraiment, jusqu'à ce qu'on m'assigne aux soins d'une patiente atteinte de gangrène. Ses deux mollets étaient en train de se décomposer. Les jours précédents, j'avais aidé d'autres infirmières à changer ses pansements. J'avais tenu ses talons pendant que l'infirmière en devoir procédait à l'irrigation de ses plaies et les recouvrait de bandages. J'essayais de regarder par la fenêtre. La puanteur était difficile à supporter. Je respirais du coin des lèvres pour éviter de la sentir. Après avoir quitté la chambre, l'odeur écœurante de la maladie collait à mes vêtements.

Je savais que j'avais été chanceuse jusqu'à maintenant de n'avoir pas eu à soigner la dame à la gangrène. Chanceuse, ou peut-être que l'infirmière en chef avait été assez gentille pour tenir compte du fait que j'étais nouvelle. De toute façon, c'était mon tour aujourd'hui et j'y arriverais, même si la seule évocation de ces plaies provoquaient en moi un mouvement de recul.

« On a changé ses pansements à six heures, m'a dit l'infirmière en chef, et on l'emmènera en chirurgie à dix heures. »

« Wow! » Ainsi je n'aurais pas à toucher à ses jambes. Quelle chance! L'infirmière de nuit lui avait même fait signer le consentement médical pour une double amputation au-dessus du genou. Quel soulagement! Je pouvais pratiquement me départir de mon stress, et simplement terminer mes rapports.

Comme j'entrais dans sa chambre, j'ai retenu mon souffle pour ne pas sentir l'odeur. « Comment allez-vous, Mme Palmer? »

« Hum? » Elle m'a jeté un coup d'œil et a détourné les yeux. Elle était maigre, sa peau était brunie par le soleil et complètement desséchée. Ses longs cheveux blancs se déployaient derrière sa tête. D'une certaine façon, le spectacle d'une vieille dame aux longs cheveux est quelque chose de touchant et fait penser aux dames de la cour en des temps plus chevaleresques. D'une autre façon, c'était étrange, car toutes les femmes de sa génération portaient leurs cheveux coupés courts, contrairement à cette dame qui s'accrochait encore à la jeunesse et à la vanité.

Je l'ai aidée à s'asseoir et j'ai placé mon stéthoscope sur son dos. « Prenez une grande respiration », lui ai-je demandé. J'ai décidé de ne pas déplier ses couvertures pour vérifier ses jambes. C'était inutile. Cet après-midi, il ne resterait que des moignons frais et en santé.

« Vous allez en chirurgie à dix heures », lui ai-je déclaré. « Vous vous sentirez beaucoup mieux demain. »

« Pourquoi dites-vous cela? » Elle a tourné les yeux vers moi. « Mes jambes ne me font pas mal. »

« Vous serez en meilleure santé. »

« Hum. »

« C'est pour le mieux. Ils n'ont vraiment pas d'autre choix. Ils vont vous apprendre comment marcher à nouveau. » J'ai serré légèrement sa main.

Les larmes lui sont montées aux yeux. Je n'étais pas capable de supporter cela.

« Je reviendrai dans un petit instant », ai-je laissé échapper, et je suis allée distribuer les médicaments à mes autres patients.

Dolorès travaillait de mon côté de couloir ce jour-là. Elle était une infirmière plus âgée, compétente sur tous les plans, même si elle portait des faux cils et une immense coiffure bouffante décorée de bouclettes. Je craignais toujours d'avoir à travailler avec elle, car elle était une bien meilleure infirmière que moi. À l'occasion, elle me faisait des suggestions. Elle avait toujours raison et je détestais avoir tort. Je savais que mon apprentissage n'était pas terminé, mais j'étais ennuyée d'être reprise par quelqu'un dont je trouvais l'apparence ridicule.

Il était neuf heures quand Dolorès m'a attrapée dans le couloir et m'a demandé comment les choses s'étaient passées le matin.

« Bien, ai-je répondu. Tout était sous contrôle. »

Dolorès a souri pendant que nous nous rendions au poste des infirmières. J'avais une furieuse envie de déguerpir.

« Qu'est-ce qui arrive avec cette chirurgie? » m'a-t-elle demandé doucement. « Emma Palmer? »

« Tout est prêt. »

« J'ai pris soin d'Emma hier, a dit Dolorès. Quel dommage, ce qui lui arrive. »

Toutes les deux, nous avons jeté un coup d'œil dans la chambre Palmer. À ma grande surprise, elle se balançait au pied de son lit, pleurait et regardait en direction du couloir pour de l'aide.

« Oh, elle pleure! » Dolorès s'est dirigée dans la chambre comme si elle avait été attirée par un aimant.

J'ai suivi à contrecœur. Qu'est-ce que j'étais censée faire maintenant? Je ne pouvais pas arrêter son flot de larmes.

« Là, ma chérie, on va remonter vos pieds. » Dolorès a placé un bras autour du cou de Mme Palmer, l'autre autour de ses jambes bandées, et l'a délicatement installée dans son lit.

Je ne pouvais imaginer de m'approcher si près de ces jambes avec mes bras nus.

« Votre famille est-elle déjà venue vous rendre visite? » a demandé Dolorès.

« N-non, a-t-elle reniflé. Je n'ai pas de famille. »

« Oh, ma chérie! » Dolorès s'est assise sur le matelas et l'a serrée très fort.

Emma Palmer a sangloté bruyamment et a posé sa tête sur l'épaule de Dolorès.

J'ai reculé et j'ai ravalé ma salive.

« Oh, Emma. » Dolorès a commencé à la bercer doucement. « Tout va bien. Non, ça ne va pas bien, n'est-ce pas? »

Les larmes d'Emma se sont faites encore plus abondantes. Sa bouche était grande ouverte, mais Emma demeurait muette.

Je pouvais difficilement tolérer toute la souffrance dans cette chambre, toute cette perte qu'Emma devait supporter.

« Ouais, c'est l'enfer, c'est certain », a dit Dolorès, ses bras solides entourant ces frêles épaules.

« C'est… ça », a répondu Emma.

« Mais vous savez, chérie, que vos jambes vous ont déjà quittée. Vous serez bien mieux sans elles. » Dolorès a continué de caresser son dos, encore et encore.

Emma hoquetait à force d'avoir pleuré. Dolorès a continué de la bercer, la réconfortant jusqu'à ce qu'elle se calme.

Emma a dit: « Comment vais-je y arriver, à mon âge? »

« Oh, vous seriez surprise. De nos jours, ils fabriquent de merveilleuses prothèses. »

Dolorès s'est penchée et a regardé Emma. Ses mains sont doucement passées de ses épaules à ses doigts. « Ça va marcher. »

Emma pleurait. « Comment? »

Je me sentais gauche et inutile. Je commençais à saisir la profondeur de cette profession et comment j'avais choisi de l'exercer de façon superficielle. Réussirais-je jamais à donner avec mon cœur comme l'avait fait Dolorès, si facilement, si naturellement?

J'ai tapoté la jambe d'Emma. « Je sais comment. Je vous aiderai. »

Diane Stallings

Comment pourrais-je demeurer
dans cette profession?

Mes premières années comme nouvelle infirmière diplômée se sont déroulées dans une unité de soins intensifs spécialisée dans les lésions neurologiques. À cette époque, j'espérais sauver le monde. Bien qu'il fût passionnant de voir les jeunes victimes de traumatisme se rétablir rapidement de leur coma, il était accablant de travailler avec ceux qui ne s'en sortaient pas.

J'ai eu à demeurer au chevet d'une jeune comateuse victime d'un accident d'automobile et j'ai procédé à des exercices passifs de mobilité de ses mains et de ses pieds, tout en lui faisant jouer des enregistrements de son fils de trois ans qui lui parlait. Le chef des résidents en neurochirurgie est entré et a laissé échapper de manière sarcastique : « Qu'est-ce que vous faites là? »

« Je permets à son cerveau de traiter les informations dans la voix de son enfant, en fonction des limites de ses neurones, pendant que je lui parle doucement et que je lui fais jouer des enregistrements. Et je fais de mon mieux pour m'assurer que ses articulations demeurent souples afin qu'elle puisse marcher de nouveau. »

Il a ri de moi. « Elle ne marchera jamais! Vous perdez votre temps. En fait, demain nous lui enlèverons son respirateur artificiel et, si elle respire par elle-même, elle sera transférée de l'unité de soins intensifs à l'étage de neurochirurgie où elle mourra probablement. »

À mon avis, quelque chose sonnait faux. C'était trop tôt après son accident. Il fallait lui donner une chance. Les axones de ses neurones avaient été endommagés, et je savais de par mon expérience limitée qu'on obtenait des résultats médiocres avec la plupart de ces patients. Mais ce n'était pas toujours le cas. À ce stade-ci, la scanographie constituait le principal moyen d'établir un diagnostic, et je savais qu'il était difficile d'évaluer les dommages réels causés aux neurones.

J'ai contacté mon infirmière en chef pour lui dire que je n'étais pas d'accord avec la décision du neurochirurgien. Puis, la famille de la patiente m'a demandé de l'aider à se battre pour qu'elle demeure un peu plus longtemps dans l'unité de soins intensifs. Je me prenais pour qui, moi, la nouvelle diplômée, pour contredire les ordres du puissant neurochirurgien de renom qui était de service? Nous avons réussi à retarder son transfert de l'unité de soins intensifs le temps qu'elle arrive à se passer lentement du respirateur artificiel. Elle a été finalement transférée hors de l'unité lorsque son état a été suffisamment stationnaire – beaucoup plus tard que ne l'avait recommandé le neurochirurgien.

Comme des histoires couraient à l'effet qu'elle était dans un état comateux végétatif chronique, j'ai commencé à me trouver stupide d'être en désaccord avec son médecin. Qui étais-je pour m'objecter à un médecin renommé pour ses recherches sur les lésions cérébrales? Est-ce que ce n'aurait pas été plus charitable de simplement la laisser partir?

Comment pourrais-je demeurer dans cette profession? J'ai commencé à lorgner du côté de la faculté de droit pour un changement de carrière.

Des mois plus tard, j'étais en devoir à l'unité de soins intensifs et je réfléchissais à la possibilité d'un départ lorsque quelqu'un m'a demandé: « Êtes-vous Kathy? »

J'ai levé les yeux alors qu'une jeune femme que je ne reconnaissais pas me prenait dans ses bras.

« Oui. »

« Merci pour tout ce que vous avez fait ! J'ai entendu dire que vous ne leur avez pas permis de simplement me laisser mourir. »

Je suis demeurée là, perplexe, jusqu'à ce que je voie sa famille apparaître arborant de larges sourires sur leurs visages. Sans le moniteur mesurant la pression intracrânienne installé sur sa tête et le tube endotrachéal inséré dans sa bouche, je ne l'avais pas reconnue. Ses cheveux avaient merveilleusement allongé et elle marchait par elle-même. J'étais si heureuse de lui avoir fait ces exercices de mobilité ! J'étais heureuse d'avoir lutté pour sa survie. Mais plus que tout, j'étais heureuse d'avoir fait ce qu'elle voulait que je fasse.

Elle et sa famille m'ont donné un joli collier avec mes initiales sur lequel était incrusté un diamant. Comme ils sortaient de l'unité de soins intensifs, j'ai senti en moi une force renouvelée ainsi que l'énergie émotionnelle dont j'avais besoin pour continuer de m'occuper des patients comateux traumatiques dont j'avais la charge.

Plus tard, son neurochirurgien a effectué sa ronde. Il a examiné un rapport et m'a demandé avec le plus grand sérieux : « Quand pensez-vous que ce patient sera prêt à quitter l'unité de soins intensifs ? »

À ma demande d'admission à la faculté de droit, j'ai rapidement substitué une demande d'admission d'études supérieures en sciences infirmières.

Comment pourrais-je quitter cette profession ?

Kathleen Brewer-Smyth

Les femmes dans l'armée

*Tous ces gens-là ont été glorifiés par ceux de
leur génération et de leur vivant on les a vantés.*

Ecclésiastique 44, 7

En 1956, les premières femmes militaires arrivées au
Vietnam étaient des infirmières. L'intensification de la
présence américaine dans le Sud-Est asiatique s'est
accompagnée d'un accroissement du nombre de jeunes
femmes enrôlées. En tout, près de huit mille femmes militaires s'y trouvaient, en plus de milliers d'autres engagées
civilement.

Quatre-vingt-trois pour cent d'entre nous étaient des
infirmières: les autres occupaient des postes dans des
secteurs comme le matériel militaire, le contrôle de la circulation aérienne, la cartographie, le service d'aide aux
militaires, la Croix-Rouge américaine, et dans plusieurs
autres emplois de soutien de nos troupes de combat.

Lorsque nous nous sommes engagées pour servir
notre pays, nous étions toutes de très jeunes femmes. Et
beaucoup d'entre nous avaient été tout à fait naïves de
croire aux promesses de nos recruteurs; ils nous avaient
assurées que nous pourrions nous retrouver en garnison
où que nous le voulions dans le monde, et que le Vietnam
était « strictement volontaire ».

Pourtant, lorsque nos ordres de départ pour la guerre
nous sont parvenus, la plupart d'entre nous croyaient de
tout cœur qu'on avait besoin de nous, que notre travail
était important et que c'était notre devoir d'y aller. Nous
avons exécuté nos tâches, risquant de nous retrouver sous
le feu de l'ennemi, travaillant dans des conditions
éprouvantes: chaleur et humidité insupportables, mala-

dies, insectes, isolement, longues heures de travail et nuits sans dormir. Chaque jour, nous réussissions à nous ressaisir, appliquions une touche de parfum derrière nos oreilles et reprenions notre labeur.

Nous avons beaucoup appris sur nous-mêmes. Nous avons découvert nos forces et tenté de surmonter nos faiblesses. Nous étions des jeunes femmes ordinaires essayant de fonctionner dans les circonstances les plus exceptionnelles : affronter la vie et la mort, ne cherchant pas simplement à survivre, mais aussi à comprendre.

Nous faisions de notre mieux avec ce que nous étions et avec les ressources dont nous disposions. Et chaque jour, nous avons accumulé nos souvenirs et les avons gardés en lieu sûr, hors du champ de notre conscience, en pensant : « Nous ferons face à cela plus tard. »

Et après une année, nous sommes revenues à la maison, de retour dans « le Monde ». Le temps d'un vol, nous avons quitté la guerre pour la paix. En une année, nous sommes irrévocablement passées de l'enfance à la vie adulte. Nous savions que nous avions changé, que nos vies ne seraient plus jamais les mêmes, et que lors de notre retour nous ne pourrions jamais expliquer tout cela à nos proches. Nous en étions incapables et nous ne l'avons pas fait. C'était inacceptable pour les hommes de parler de la guerre à leur rentrée au pays, mais en ce qui nous concernait, personne ne voulait croire que des jeunes femmes étaient allées au front. Même si le mouvement des femmes faisait entendre sa voix, le message sous-jacent était clair : « Les bonnes filles ne seraient pas allées à la guerre. »

Nous sommes donc revenues tranquillement à la maison. Nous avons retrouvé nos foyers, nos familles, nos emplois, et nous n'avons jamais parlé de la guerre à personne. Beaucoup d'entre nous ont abandonné la profession d'infirmière sans comprendre pourquoi. Plusieurs ont fait des cauchemars récurrents, ont eu des épisodes de retour en arrière, ont souffert de maladies inexpliquées ou de dépressions, ou sont devenues alcooliques ou toxicomanes. Plusieurs femmes se sont frénétiquement engagées dans une variété de sphères d'activités: les études, obtenant un diplôme après l'autre, le travail, accédant à des positions les plus influentes au sein de leur compagnie, leur église, leurs organisations sociales, leurs familles – tout pour éviter de raviver les souvenirs mis en veilleuse « pour y revenir plus tard ». Ces souvenirs avaient ouvert une blessure profonde, impénétrable, qu'il fallait guérir.

En 1982, les premières fondations favorisant le processus de guérison ont été jetées: elles ont pris la forme d'un monument, le Vietnam Veterans Memorial, baptisé « The Wall » (Le Mur). Les femmes, comme les hommes qui ont participé à cette guerre, étaient attirées vers ce mur. Le pouvoir de guérison de ce lieu sacré est incontestable pour tous ceux qui s'y sont rendus. Nous pouvions nous y recueillir, vivre notre deuil, pleurer et chercher du réconfort si nous le souhaitions, et pourtant, il était si facile d'être invisible à cet endroit.

Mais les femmes n'étaient tout simplement pas reconnues comme anciennes combattantes.

Puis, en 1993, lors de la journée dédiée aux anciens combattants, est inauguré le Vietnam Women's Memorial, à Washington, D.C. Des milliers de femmes vétérantes y assistent et nous sommes émerveillées. En tête du défilé, nous marchons: infirmières, travailleuses de la Croix-Rouge, animatrices, femmes ayant œuvré dans des domaines comme l'administration, la logistique et les services de renseignements. Les rues sont bordées de gens qui applaudissent et qui pleurent. Un ancien combattant assis en haut d'un arbre nous lance: « Merci! Merci! » Un homme vêtu d'un uniforme de pilote demeure pendant deux heures au garde-à-vous, saluant les femmes qui passent devant lui. Les gens nous donnent des fleurs et nous embrassent. Un soldat américain a sur lui une photographie de son infirmière prise en juillet 1964, et il essaie de la retrouver.

Nous nous retrouvons les unes les autres. Nous savons, enfin, que nous ne sommes pas seules; que nous ne sommes ni démentes ni paranoïaques, mais qu'il nous faudra beaucoup de travail pour nous rétablir. Nous parlons ensemble, et trouvons réconfort et douleur à la fois dans nos paroles et dans nos larmes. Des paroles et des larmes que nous pouvons enfin partager. Maintenant, après tant d'années, le processus a finalement débuté et nous nous serrons mutuellement dans nos bras en disant: « Bienvenue à la maison! »

Janis Nark

Si vous pensez à ce que vous devriez faire
pour les autres, votre caractère
prendra soin de lui-même.

Woodrow Wilson

Puisque nous n'obtenons pas ce que
nous désirons, agissons sur ce que nous avons.

Cardinal Newman

4

ENSEIGNER
ET APPRENDRE

*On n'enseigne véritablement
que par l'exemple.*

Platon

La formation d'un diabétique

De toute forme d'erreur, on retrouve toujours un
certain charme latent découlant de la vérité.

Sir Arthur Keith

Un de nos patients venait d'apprendre qu'il était diabétique, et nous devions lui montrer comment s'injecter lui-même son insuline en vue de son congé de l'hôpital. L'infirmière qui lui avait donné les injections durant son séjour à l'hôpital est demeurée près de lui pour lui enseigner comment préparer la seringue d'insuline; puis elle lui a remis le matériel nécessaire ainsi qu'une orange pour pratiquer la technique. Elle lui a aussi donné des instructions relativement à sa diète, à ses activités, et au contrôle de son taux de sucre, en plus des recommandations si ce taux est trop élevé ou trop bas. Lorsqu'il a reçu son congé, il n'a pas posé de questions et a affirmé qu'il était confiant d'être capable de s'injecter sa propre insuline.

Lors de son rendez-vous suivant avec son médecin, le taux de sucre de ce patient était très élevé. Le médecin lui a demandé s'il s'était injecté quotidiennement son insuline comme on le lui avait enseigné et s'il avait suivi la diète prescrite. Le patient a répondu que la formation reçue de l'infirmière à l'hôpital au sujet de cette diète lui avait fait comprendre que le jus de l'orange était important pour contrôler son taux de sucre. Puis il a fièrement décrit sa technique pour s'administrer son insuline: il remplissait sa seringue d'insuline, l'injectait chaque matin dans une orange et mangeait l'orange.

Johanna Tracy

*« Ce n'est pas le pèse-personne mobile
que j'ai commandé! »*

D'où viennent les bébés?

J'ai travaillé quarante années de 15 h à 23 h au Mercy Hospital comme infirmière surveillante, et j'y ai vécu à peu près toutes les sortes de situations d'urgence. J'ai coiffé mon chapeau d'administratrice lorsque c'était nécessaire, mais je préférais les moments où je coiffais mon chapeau d'infirmière.

Tard un soir, j'ai reçu un appel par téléavertisseur du service d'urgence en manque de personnel. On me disait qu'une mère en route pour l'hôpital risquait de mettre au monde son quatrième enfant avant son arrivée. Je me suis dépêchée de me rendre à l'entrée de la salle d'urgence juste au moment où un mari affolé fonçait à toute allure dans l'entrée des ambulances. Il a sauté de la voiture en hurlant: « Le bébé s'en vient! Il s'en vient! »

J'ai ouvert la porte du côté du passager pour trouver la jeune maman étendue sur le siège, gémissant et poussant – accompagnée de trois petits garçons regardant bouche bée par-dessus son épaule depuis le siège arrière. J'ai relevé sa jupe. La tête du bébé était sortie. Un gémissement et une poussée de plus et j'ai reçu l'enfant dans mes mains. Le personnel de la salle d'urgence accourait vers la voiture avec de l'équipement médical lorsque j'ai entendu la voix d'un petit garçon balbutier: « Maintenant je sais d'où viennent les bébés! »

Son petit frère a répondu: « Ouais! De sous le siège de l'auto. »

Elaine Stallman

Rose

On n'enseigne véritablement que par l'exemple.

Platon

Quand j'ai commencé à travailler au centre d'hébergement et de soins de longue durée, Rose y était résidente depuis un bon moment. Avec ses cheveux gris bouclés et un sourire qui ne la quittait jamais, elle se promenait dans les couloirs, plongée dans son univers en raison de la maladie d'Alzheimer dont elle était atteinte, inconsciente des tensions et des turbulences habituelles régnant autour d'elle dans son foyer d'adoption. Elle montait et descendait, elle partait et revenait, parfois cherchant son manteau ou demandant sa mère, ou réclamant qu'on la conduise à la messe. Nous prenions plaisir à côtoyer cette femme au comportement insouciant et nous appréciions sa douceur.

Rose avait le don de nous remonter le moral juste au bon moment, même si elle n'en était pas consciente. Par une soirée particulièrement mouvementée, où tout semblait aller mal, Rose est sortie de sa chambre et s'est assise sur la chaise en face du poste des infirmières, alors que j'étais en train de décrire furieusement une chute qui venait tout juste de se produire. J'ai entendu son soupir et, sans lever les yeux, je lui ai demandé ce qu'il y avait.

Rose s'est lamentée: « Avez-vous jamais vécu une journée où tout va mal? »

Oh! oui, ai-je pensé, puis j'ai levé les yeux pour voir que Rose avait pris une petite culotte et l'avait mise sur sa tête, avec un bras passé dans une ouverture des jambes. J'ai tout fait pour ne pas éclater de rire. Elle faisait des merveilles pour soutenir mon moral.

Un autre soir, pendant que nous préparions les résidents pour le souper, j'ai noté que Rose semblait triste. J'ai placé mon bras autour de ses épaules et lui ai demandé ce qui la tracassait.

« Je n'ai pas d'argent », m'a-t-elle répondu.

Croyant que Rose était inquiète d'avoir à payer son repas, comme le sont certains de nos résidents, je lui ai expliqué que tout était réglé.

« Mais je n'ai pas d'argent pour déposer dans le plat de quête », a-t-elle dit, la tête baissée.

Elle croyait qu'elle était à la messe, alors j'ai essayé d'orienter Rose dans le moment présent, mais je me suis rapidement rendu compte qu'elle ne comprenait pas. J'ai pris une pièce de monnaie de ma poche, et j'ai dirigé Rose vers le chariot de médicaments comportant plein de petits recoins pour ranger les fournitures. « Là, Rose, placez votre argent ici, dans la boîte. »

La pièce est tombée dans un bruit sourd. Le sourire sur le visage de Rose était impayable. Vous auriez pu croire qu'elle avait gagné à la loterie. Bien sûr, je souriais aussi jusqu'aux oreilles alors qu'elle m'embrassait et m'appelait son ange. C'était le nom qu'elle nous donnait. Nous étions ses anges.

Plus tard, ce soir-là, je lui ai donné les médicaments qu'elle devait prendre avant de se coucher et je lui ai tendu un jus de pommes. Elle s'est exclamée : « Oh, mon cocktail ! J'adore prendre un verre avant d'aller dormir. » Encore, Rose m'a gratifiée d'un sourire et d'une caresse.

Le soir suivant, au début de ma période de travail, j'ai appris que Rose nous avait quittés. Elle était décédée le matin alors qu'elle se rendait pour assister à la remise du diplôme collégial de son arrière-petit-fils. C'était un moment doux-amer. Nous étions heureux pour elle, mais tristes pour nous.

Sur le mur extérieur de l'ancienne chambre de Rose se trouve un collage de photographies prises à Noël. Là, au milieu, se tient notre Rose. Son doux sourire et son regard chaleureux semblaient jaillir du mur et nous attiraient tel un aimant, ses paroles résonnant toujours dans notre tête: « Vous êtes mon ange. »

Elle ignorait qu'elle était *notre* ange, envoyé pour tempérer notre agitation et nous aider à comprendre la fugacité des petits ennuis de la vie. Il y a toujours quelque chose qui peut nous faire sourire.

Susan Pearson

La première injection

Celui qui rit durera.

Proverbe norvégien

Dès l'âge de quatre ans, j'annonçais à tous ceux qui me le demandaient: « Quand je serai grande, je serai infirmière. » Mes parents ont essayé d'entretenir ce rêve et me faisaient des surprises en me faisant cadeau de petits ensembles d'infirmière. Disposé dans une petite mallette de plastique se verrouillant par le haut s'y trouvait tout l'équipement nécessaire pour exercer cette profession: un thermomètre invariablement fixé à 37 °C, un contenant de pilules rempli de bonbons (qui disparaissaient en deux heures), un stéthoscope bidon et, par-dessus tout, une seringue.

J'adorais cette seringue. Je pouvais passer des heures à la remplir d'eau et à donner des injections à ma petite sœur. J'« injectais » le chien de la famille et un chat très réticent. À mes yeux, aucune autre tâche ne représentait mieux la profession que l'administration d'une injection. C'était pour moi le summum de cette profession.

Imaginez un peu mon excitation lorsque j'ai dû apprendre cette technique pendant ma formation d'infirmière. Je l'ai étudiée avec soin et j'ai pratiqué sur des pêches, tellement que tous les fruits dans la maison étaient recouverts de cloques qui avaient l'air de petites gales. J'ai participé à la « démonstration réciproque » avec mes compagnes de classe. J'ai toujours déclaré que les injections de mes partenaires ne me faisaient pas mal dans l'espoir qu'elles fassent de même lorsque ce serait mon tour.

La semaine suivante, j'ai commencé mon affectation par rotation à la salle d'urgence du Penrose Hospital, à Colorado Springs. Un jour, un travailleur de la construction séduisant et bronzé a été admis en raison d'une profonde lacération au bras droit. Il mesurait environ 1 m 95, et pesait 113 kilos. Il était particulièrement musclé et très souriant. « Je me suis simplement coupé avec une feuille de tôle, M'dam », m'a-t-il expliqué. Il était couché sur la table d'examen pendant que les médecins lui faisaient une douzaine de points de suture. Il écoutait attentivement le médecin qui lui donnait des instructions pour soigner sa blessure.

Puis le moment magique est arrivé. Le médecin s'est tourné vers moi et a dit: « Garde Bartlein, pouvez-vous donner une injection antitétanique à ce monsieur? » *C'était ma chance!* Une vraie injection à un vrai patient. Je me suis précipitée vers le réfrigérateur en volant littéralement dans les airs pour aller chercher le vaccin antitétanique. J'ai soigneusement pris la quantité prescrite et je suis retournée vers le patient. Avec un tampon imbibé d'alcool, j'ai méticuleusement nettoyé l'endroit où je devais faire l'injection et, de manière experte, j'ai introduit profondément l'aiguille dans le muscle deltoïde. J'ai tiré légèrement sur le piston de la seringue comme on me l'avait appris et j'ai lentement injecté le vaccin.

Avec un sourire, le travailleur m'a dit: « Merci, M'dam » et il s'est levé. Je lui ai fait un clin d'œil qu'il m'a retourné. Il est demeuré debout pendant une minute puis s'est subitement effondré sur le sol, inconscient. *Oh, mon Dieu, je l'ai tué! Ma première injection et j'ai tué mon patient.* Sur le coup, j'ai été prise d'une folle envie de courir vers la porte et de partir loin, jusque dans les montagnes si c'était possible. *Oublie ton idée d'être infirmière, oublie les injections. Je vais quitter le pays. Personne ne me trouvera jamais.*

Tout le monde est arrivé en courant et a lentement aidé le patient à se remettre sur ses pieds. Le médecin pouvait constater à quel point j'étais bouleversée. Il m'a rassurée en me disant tout souriant: « Ne vous inquiétez pas. Il va bien. Les plus costauds s'évanouissent toujours. »

Barbara Bartlein

*« Dr Bigford essaie une nouvelle méthode
d'inoculation qu'il a découverte pendant
qu'il était en voyage à Bornéo. »*

Peppy

Le bonheur ressemble à un petit chiot affectueux.

Charles M. Schulz

J'étais une infirmière nouvellement diplômée, à l'essai dans un premier emploi, lorsque j'ai rencontré Mme Oldman, une charmante dame d'environ 80 ans qui n'avait jamais été malade ou hospitalisée.

Un jour, je l'ai vue qui regardait à l'extérieur, les larmes aux yeux.

« Est-ce que vous souffrez? » lui ai-je demandé.

Elle m'a regardée, surprise, et a hoché la tête. En souriant, elle s'est excusée. « Non, je suis juste ridicule. Je me sens seule sans Peppy. Je dois devenir sénile pour pleurer ainsi pour un petit chien, mais il est toujours autour de moi à la maison. J'oublie qu'il n'est pas un être humain. Je lui parle tellement, et souvent il me donne l'impression que, d'une certaine façon, il me comprend. » Elle a essuyé ses yeux et m'a regardée d'un air désemparé: « Croyez-vous que je suis sotte? »

« Non, pas du tout », l'ai-je rassurée.

« Je ferais n'importe quoi pour le voir et le tenir un instant dans mes bras. » Ses yeux m'interrogeaient. Voyant l'impuissance dans ma réponse, elle a dit d'une voix atone: « Non, je suppose que c'est impossible. »

« Certaines personnes sont allergiques aux chiens », ai-je tenté de lui expliquer, imaginant la douzaine de chiens, de chats, et Dieu sait quelles autres sortes d'animaux se pourchassant les uns les autres sous les lits durant les heures de visite.

153

Elle a hoché la tête tristement. « Bien sûr. »

Après ce moment touchant, elle m'a fait la faveur de me raconter des histoires sur Peppy. Sa voisine, Mme Freund, prenait soin de lui et prétendait qu'il savait qu'elle était à l'hôpital. N'était-il pas intelligent? Puis, elle a murmuré tristement: « Oui, Peppy, je lui manque et il me manque. »

À mesure que les jours passaient, elle devenait de plus en plus déprimée. J'ai tout essayé pour la faire sortir de sa torpeur et l'encourager, mais sans résultat. Même les autres dames dans la salle avaient noté mes efforts et le silence de Mme Oldman. Elles lui ont offert des collations, des rafraîchissements et lui ont proposé de jouer aux cartes. Elle les remerciait avec gratitude, mais ses yeux avaient perdu leur expression, et elle refusait poliment tout ce qu'on lui offrait. Chaque jour, des patients arrivaient et repartaient, et bientôt Mme Oldman est devenue une ancienne pour laquelle j'éprouvais une affection grandissante. On m'avait souvent dit qu'une personne pouvait mourir si elle perdait le goût de vivre. J'avais peur que Mme Oldman se laisse aller et meure si je ne trouvais pas un moyen de redonner un sens à sa vie, une raison de vivre. C'est alors que j'ai pensé à Peppy. J'ai pris ma caméra et je me suis rendue à la maison de Mme Freund pour prendre une photographie du chien. Sûrement que cela remonterait le moral de ma patiente.

Peppy était demeuré sagement assis pendant que je le photographiais. Nul doute que, dans sa jeunesse, ce petit compagnon noir et crépu avait été plein d'entrain, mais maintenant le petit chien restait couché, la tête posée sur ses pattes, le regard fixe et absent.

« Pauvre petit, disait Mme Freund, il se sent tellement seul qu'il serait capable de se laisser mourir. Il mange et boit à peine. Il s'assoit et regarde la fenêtre, et il gémit doucement pour elle. Elle a tourné son regard vers moi d'un ton implorant: « Ça les aiderait tous les deux s'il pouvait rendre visite à Mme Oldman. » J'ai fait non de la tête. Mme Freund a insisté. « Pourquoi ne pas simplement l'apporter dans la cour pour qu'elle puisse le voir de sa fenêtre? »

« On peut essayer, ai-je répondu, enthousiaste. Venez entre 15 et 16 heures demain. Toutes les infirmières en chef seront en réunion, et c'est moi qui serai la responsable. »

Je lui ai dit de cacher Peppy dans un sac à provisions pour passer devant les gardiens postés à l'entrée. Mme Freund était enchantée. « Ne sommes-nous pas chanceuses qu'elle n'ait pas un danois ou un saint-bernard? »

Le jour suivant, j'étais impatiente que Mme Green parte pour la réunion. Les visiteurs déambulaient tranquillement dans la salle. Tout le monde avait de la compagnie, sauf Mme Oldman.

« Voulez-vous que je tire vos rideaux autour de votre lit pour que vous ayez plus d'intimité? » lui ai-je suggéré, sachant comment elle se sentait devant les regards remplis de pitié des visiteurs.

« Oui », a-t-elle marmonné.

J'ai fermé les rideaux, me demandant si notre plan réussirait et si Mme Freund serait capable de s'organiser pour que Peppy se tienne tranquille dans son sac pendant qu'elle passerait devant les deux gardiens à l'entrée principale. Je n'avais pas osé parler de notre plan à Mme Oldman, craignant qu'il ne réussisse pas.

Mon cœur a bondi quand j'ai vu la porte de la cour s'ouvrir et Mme Freund trimballant son sac à provisions. Elle se promenait nonchalamment près de la plate-bande de fleurs, regardant de gauche à droite avec une expression malicieuse, comme si elle violait des lois sacro-saintes. Mme Oldman ne semblait pas avoir remarqué que je bloquais sa vue de la fenêtre. Mme Freund a donné un léger petit coup sur la vitre, puis a fouillé dans son sac à provisions. Je me suis placée en retrait pour observer la réaction de Mme Oldman. Jamais de ma vie, je n'oublierai ce moment. Mme Oldman s'est aussitôt levée, son visage a rougi, ses yeux se sont éclairés et sa voix s'est brisée alors qu'elle pleurait: « Peppy! Peppy! »

« Chut! chut! » J'essayais de la faire taire. À l'extérieur de la fenêtre, Peppy sautait et pleurnichait et, avant de me rendre compte de mon geste, j'ai ouvert la fenêtre, j'ai sorti le petit chien du sac et je l'ai placé dans les bras tendus de Mme Oldman. Mme Freund se tenait là, le sac à provisions grand ouvert, le visage rayonnant comme si elle avait assisté à un miracle, ou plutôt comme si elle en avait accompli un.

Mais au même moment, j'ai entendu la voix de Mme Green et mon cœur s'est serré. Nul doute, j'étais celle qu'elle cherchait.

« Vite, il faut qu'il parte maintenant. » Je me suis débattue pour remettre le chien frétillant dans le sac à provisions qui se trouvait de l'autre côté de la fenêtre.

Je pouvais entendre le pas énergique de Mme Green pendant qu'elle criait. « Qu'est-ce que j'entends? Est-ce qu'il y a un chien dans la salle? »

Rapidement, j'ai attrapé la bassine de Mme Oldman, je suis sortie de derrière les rideaux, et je suis passée devant Mme Green, en tentant de paraître affairée et professionnelle. « Déjà de retour? » lui ai-je demandé joyeusement.

« J'ai cru entendre un chien », a-t-elle marmonné, d'un air interrogateur.

J'ai répondu avec une indifférence étudiée : « Peut-être un chien égaré dans la cour. »

Sans un mot, elle m'a suivie à l'extérieur de la salle et dans la buanderie. Je me suis arrêtée net. La bassine était vide. J'ai hésité. Mme Green attendait et j'ignorais pourquoi. Je n'osais pas montrer la bassine vide de peur de dévoiler mon stratagème. Le silence se faisait lourd, et j'imaginais toutes sortes de choses. Ferait-on un rapport contre moi à la directrice des soins infirmiers pour manquement au règlement ? J'étais encore en période d'essai. J'avais la gorge et la bouche si sèches que j'ai cru que j'allais suffoquer.

Mme Green s'est mise à parler sans me regarder : « Il existe des raisons pour imposer des règles et des règlements dans un hôpital. Par contre, il y a des exceptions, et bien que je sois contre le secret et la désobéissance, je crois qu'à certains moments il est préférable d'agir ainsi. »

J'ai hoché la tête d'un air penaud. Lorsque le voyant s'est allumé, j'ai bondi. Mme Green m'a déclaré : « Prenez votre bassine. Mme Oldman semble en avoir besoin. »

Elle m'a ouvert la porte et je me suis hâtée de me rendre dans la salle, tout à fait perplexe. Débordante de joie, Mme Oldman avait déjà parlé aux autres de la visite de Peppy, en racontant combien il était intelligent. J'ai supplié les autres patients de taire la visite du petit chien, pour éviter que je perde mon emploi. Ils s'y sont tous solennellement engagés, et ce secret est devenu un gage d'amitié entre eux et Mme Oldman. Grâce à leur affection, sa santé s'est améliorée, et elle a retrouvé son intérêt et sa confiance dans l'avenir. Elle a pratiqué ses exercices avec une telle ardeur et une telle détermination que cela faisait honte à des patients deux fois plus jeunes qu'elle.

Elle a finalement quitté l'hôpital, accueillie par un Peppy jappant et dansant joyeusement.

Mme Green n'a jamais fait allusion à la visite du chien devant moi, mais lorsque j'ai dû occasionnellement enfreindre des règlements pour le bien d'un patient, elle était toujours mystérieusement absente.

Lini R. Grol

« À l'école de dressage, il a appris à soigner. »

Une vérité qui guérit

Dieu offre à chacun de choisir entre la vérité ou la quiétude. Prenez celui qui vous plaît; vous ne pourrez jamais posséder les deux.

Ralph Waldo Emerson

J'avais 17 ans, et j'étais en première année de formation en soins infirmiers, ce qui comprenait des périodes de travail en soirée comme assistante à la salle d'urgence. Lorsque la surveillante a dit: « Virginia! Prenez une civière et amenez-la immédiatement à l'hélicoptère! » j'ai sursauté et me suis mise à trembler comme une feuille. Jamais auparavant, je n'étais allée chercher un patient dans un hélicoptère. Quatre d'entre nous se sont hâtées de transporter deux civières jusqu'à l'appareil qui attendait.

Ma tête tournait alors que le vent et le son des pales vrombissantes couvraient les ordres des infirmières et des auxiliaires. Deux amas de haillons noirs et huileux ont été placés sur les civières, et nous sommes revenues en courant vers la salle d'urgence, aussi rapidement que l'asphalte rugueux pouvait nous le permettre.

Encore stupéfaite, j'ai lentement réalisé que les haillons noirs étaient en fait deux victimes brûlées, une mère et sa fille de neuf ans. Ces dernières roulaient en voiture à travers le canyon quand un camion-citerne s'est subitement mis à déraper en travers de la route devant elles et s'est enflammé, transformant le canyon en un brasier ardent. La mère et la fille ont réussi à se traîner à travers les flammes hors du canyon où l'hélicoptère est venu à leur rescousse quelque temps après.

Elles étaient les premières victimes de ce genre de désastre que j'avais jamais vues. Une partie de l'oreille gauche de la petite fille était partiellement ravagée par le feu. Elle ressemblait à une horrible poupée de plastique rose et noir. L'odeur de chair et de cheveux brûlés me rendait malade et je n'avais au début qu'un seul désir : quitter la scène d'horreur au plus vite. Mais le temps d'arriver à l'unité de soins intensifs, et j'étais encore plus déterminée que jamais à devenir infirmière.

Quelques semaines plus tard, dans une autre affectation en pédiatrie cette fois, j'ai été spécialement assignée aux soins d'une patiente particulièrement farouche dont on avait dû immobiliser les bras et les jambes. L'infirmière en chef m'a expliqué que l'enfant crachait, jurait, et mordait quiconque s'approchait d'elle. Sa famille ne savait plus du tout que faire, mais elle avait cependant demandé qu'on lui administre les sédatifs avec modération, puisqu'ils la rendaient chancelante. La fillette n'avait pas pris de bain depuis deux jours.

Le cœur serré, j'ai suivi l'infirmière dans un couloir où résonnaient les jurons de l'enfant. J'ai timidement ouvert la porte et j'ai reçu au visage des crachats lancés par une créature nue, enserrée dans un gilet de sécurité. Le gilet de toile était remonté sous son menton et ses aisselles, exposant ses arrogants coups de pied et ses contorsions agitées. Un pansement froissé couvrait en partie son oreille gauche. À ma grande consternation, je me suis rendu compte que cette créature troublée était la petite victime brûlée que j'avais récupérée de l'hélicoptère.

L'infirmière en chef m'a dit que l'enfant s'en était sortie avec seulement l'oreille gauche racornie, mais que sa mère était morte après avoir passé trois jours aux soins intensifs.

« Quoi que vous fassiez, il ne faut pas lui dire que sa mère est morte », m'a-t-elle ordonné dans la salle où elle me tendait la feuille de rapport. « Sa famille essaie de lui apprendre doucement la nouvelle, mais la fillette ne veut pas écouter. »

Comme j'entrais dans la chambre, l'enfant a hurlé: « Sors! Touche-moi pas! » Puis, « Maman, maman, maman! » comme une litanie, entrecoupée d'obscénités. Terrifiée, je me suis mise à la lamentable tâche de soigner ce petit animal blessé et furieux.

J'ai essayé de lui faire manger sa soupe, avec comme résultat des éclaboussures sur toutes les deux en raison de ses sauvages secousses de la tête. Elle a mâché les pailles de papier que je lui avais présentées à la bouche, puis les a propulsées comme des boulettes de crachat. Quand son père est venu ce soir-là, j'ai essayé sans succès de couvrir la nudité de sa fille, m'excusant, rouge d'embarras, de son état débraillé. Comme je me dépêchais de quitter la chambre, j'ai marmonné désespérément quelques paroles. Il a hoché tristement la tête, plus familier avec le comportement de sa fille que je ne pouvais l'imaginer.

Lorsque son père est parti plus tard, elle a hurlé: « Tu es stupide! Stupide! »

J'ai cafouillé pendant une autre heure dans l'espoir de venir à bout de sa fureur. Je me suis renseignée au sujet des cadeaux qu'elle n'avait pas ouverts. J'ai changé l'eau de ses fleurs. Je lui ai offert des bonbons et je lui ai proposé de lui lire des histoires et de regarder la télévision. Rien ne fonctionnait.

Après deux heures de frustration, elle a légèrement changé son mantra. « Vous ne savez rien. Personne ne sait rien. Mais moi, si. Je sais! » Elle a finalement crié: « Dis-le-moi! »

Effrayée et bouleversée, je me suis assise moins d'un mètre devant elle et j'ai demandé : « Te dire quoi ? »

Elle m'a jeté un coup d'œil à travers sa tignasse échevelée et mouillée, puis a hurlé : « Tu es comme tous les autres. Tu diras la même chose qu'eux ! »

« Quoi ? Qu'est-ce que tu veux savoir ? » ai-je supplié doucement.

Pour la première fois en six heures, elle a arrêté de se débattre et de jurer. Elle était tellement tranquille que je la pensais endormie. Puis, un petit gémissement est monté des draps et, sur un ton étouffé, elle a demandé : « Est-ce que ma mère est morte ? »

La directive de l'infirmière en chef m'a traversé l'esprit. Je ne savais comment répondre sans désobéir aux ordres. Si je répondais la vérité, je risquais de marquer irrémédiablement l'enfant. Je suis demeurée silencieuse, mais dans le silence de mort qui régnait dans la chambre, je me suis sentie obligée de tenter d'aborder la situation d'une manière détournée. M'armant de courage contre sa prochaine vague d'attaques, je lui ai doucement demandé : « Qu'est-ce que tu en penses ? »

« Je crois qu'elle l'est », a-t-elle répondu sur un ton monocorde. « Je crois que ma maman est morte. Je ne la sens plus du tout. Elle est morte depuis longtemps. » Je suis demeurée muette, laissant ses paroles suspendues dans les airs. Elle savait, il n'y avait pas l'ombre d'un doute.

J'ai pris une profonde respiration, j'ai prié pour qu'on me pardonne, et j'ai dit : « Tu as raison, ma chérie, ta maman est morte. »

À ces mots, une longue plainte désespérée s'est élevée des draps froissés, telle une vague qui se soulève puis s'abaisse sans violence, sans résistance, sans espoir. J'ai pleuré pour sa perte, puis pour ma perte de tout espoir de devenir infirmière. Lorsqu'ils découvriront que je lui ai dit la vérité, je serai congédiée et exclue de toutes les écoles d'infirmières.

Ses pleurs se sont entremêlés de hoquets. « Mon père continuait à… à... à dire qu'elle était au… au ci... ciel. Chaque fois que je demandais où elle était, tout le monde me disait qu'elle est dans un mei... meilleur endroit. » Sa voix s'est peu à peu affaiblie, cédant la place à de faibles sanglots. D'un ton misérable, elle a ajouté : « J'ai besoin d'un soutien-gorge et je ne veux pas que mon père m'en achète un. Je veux que ce soit ma maman qui… » Sa voix s'est interrompue, secouée de nouveau par la peine, nous brisant le cœur à toutes les deux.

Lentement, au cours des deux dernières heures de ma période de travail, j'ai enlevé ses sangles, je l'ai lavée, j'ai changé ses draps et je l'ai habillée avec l'une de ses nouvelles robes de nuit. Nous avons ouvert ses cadeaux et elle a écrit des cartes de remerciement à sa famille. Par intermittence, nous avons versé des larmes, et elle m'a permis de la prendre dans mes bras à chaque nouvelle vague de chagrin qui l'envahissait.

Avant de l'installer pour sa première nuit sans entraves depuis des semaines, elle m'a lu les mots qu'elle venait d'écrire sur la première page de son nouveau journal. « Ma mère est dans mon cœur et Virginia deviendra une infirmière. Elle sera une très bonne infirmière. »

J'ai intensément prié pour qu'elle ait raison.

Quand j'ai eu terminé mon rapport détaillé cette nuit-là, l'infirmière en chef m'a donné une petite tape sur la main et a dit : « Beau travail, Virginia. Beau travail. »

L'enfant est retournée à la maison le jour suivant.

Deux années plus tard, j'ai obtenu mon diplôme d'infirmière – « une très bonne infirmière », j'espère bien.

Virginia L. Clark

Reproduit avec l'autorisation de Benita Epstein.

Trouver votre lever de soleil pascal

Plus j'avance vers le crépuscule de la vie, plus je suis convaincu de cette vérité : Dieu dirige les affaires de l'homme.

Benjamin Franklin

Dans les montagnes de la Caroline du Nord se trouve une halte du nom de Pretty Place. Quittez la route principale et suivez un chemin de terre jusqu'à une clairière, et vous trouverez une chapelle érigée en plein air sur le flanc de la montagne. De simples bancs de béton encerclent une chaire de pierre. L'endroit est découvert de tous les côtés, vous permettant d'admirer un spectacle beau à couper le souffle. Un sentiment de profond respect imprègne l'endroit. En ce merveilleux décor propice à la méditation solitaire, les gens parlent à voix basse, comme s'ils se trouvaient dans une église.

Au temps de Pâques, il y a environ 20 ans de cela, un groupe d'amis et moi avons décidé d'assister à l'office du lever du soleil à Pretty Place. J'avais toujours voulu y aller, mais cela ne m'avait jamais été possible. J'étais infirmière dans une salle d'urgence et je devais travailler cette journée-là, mais je m'étais organisée pour me rendre à l'office puis revenir à l'heure pour débuter ma période de travail. Nous nous sommes levés à environ deux heures du matin pour effectuer le trajet vers Pretty Place. Nous sommes arrivés dans l'obscurité, nous avons stationné notre voiture et nous nous sommes dirigés vers la chapelle. De nombreuses personnes s'y trouvaient réunies. Dans la noirceur, on y célébrait un office simple sans appartenance religieuse, incluant une hymne, une prière et un court message.

J'étais heureuse de simplement m'asseoir pour apprécier la tranquillité, l'odeur de la terre et des pins, et de ressentir la fraîcheur de l'air du matin sur ma peau. J'écoutais les oiseaux, les bruits dans les bois autour de nous et je goûtais le plaisir de me retrouver avec mes amis. Au lever du jour, le ciel s'est illuminé, et une boule orange incandescente est apparue comme si elle émergeait de la terre. L'instant d'avant, le panorama était grisâtre et, l'instant d'après, cette sphère rougeoyante, colorée d'orange, de jaune et de rose, remplissait le ciel. Puis, plus rapidement qu'à l'arrivée, la foule est repartie pour retourner dans le vrai monde. Et je me suis dirigée vers mon travail.

Je suis arrivée, me sentant paisible et prête à affronter la journée. La salle d'urgence était tout aussi calme. Comme il n'y avait pas de patients, j'ai commencé à nettoyer les lieux et à m'occuper du réapprovisionnement.

J'ai entendu l'annonce familière: « un patient dans la salle », puis le son de la voix désespérée d'une personne en état de panique appelant à l'aide. Je suis entrée dans la salle pour voir un homme qui transportait un petit enfant, mou, en difficulté respiratoire. Un côté de son visage pâle portait des traces de sang et de décoloration. Aucune autre blessure n'était visible. L'homme m'a tendu la petite fille, revêtue d'une robe à fanfreluches, de bas garnis de dentelle, de souliers en cuir verni et d'un chapeau de Pâques écrasé. Il a commencé à débiter son histoire. Il ne l'avait pas vue alors qu'il reculait la fourgonnette familiale dans l'allée. Elle était habillée et prête à aller à l'église. Elle a vu que son père partait et a couru derrière lui. Elle voulait seulement accompagner son papa.

J'ai envoyé l'enfant de toute urgence aux soins intensifs, laissant le père dans l'entrée. Quelqu'un viendrait le chercher pour l'emmener remplir la paperasserie et lui montrer la salle d'attente réservée à la famille – non pas la salle d'attente habituelle, mais la petite pièce privée, faiblement éclairée, où la famille et les amis attendaient les mauvaises nouvelles et priaient désespérément pour la vie de leurs êtres chers.

Comme l'appel du code bleu retentissait dans les haut-parleurs de l'hôpital, une équipe s'est rassemblée pour faire tout ce qu'il était possible pour sauver cette enfant. Nous avons coupé ses vêtements de Pâques et l'avons intubée. Nous avons commencé la réanimation cardiorespiratoire, posé une perfusion intraveineuse, et injecté des médicaments pour tenter de remettre en marche son cœur et ses poumons. Il est bientôt devenu évident que son cou avait été brisé. Nous avons continué la réanimation, faisant tout ce qui était dans le pouvoir de l'homme et de la médecine. Nous ne pouvions laisser aller la vie de cette petite enfant. Il arrive souvent que le savoir et la raison nous dictent qu'il n'y a rien à faire, mais le cœur va au-delà de cette connaissance, nous enjoignant de poursuivre nos efforts. Nous avons donc continué.

À la fin de cette tentative désespérée de réanimation, j'ai lentement enlevé les tubes. Les larmes coulaient de mes yeux, j'avais la gorge serrée, et la poitrine lourde. Nous nous sommes occupés des détails pour la préparation de son corps pour le dernier repos et pour sa famille qui viendrait se recueillir. Le médecin de garde à l'urgence est entré dans la salle d'attente familiale. Il s'est adressé au père en ces mots : « Votre petite fille est morte. Nous ne pouvions vraiment rien faire, mais nous avons essayé. » Il a parlé, tentant d'expliquer ce qui était arrivé. Il s'est tu un moment pour donner au père la chance de répondre.

Le cri que nous avons entendu venant de cet homme au moment où on lui apprenait la nouvelle me touche encore au plus profond de mon être. Certains d'entre nous ont vécu des malheurs dans la vie qui leur permettent de comprendre la douleur et la perte que cet homme a dû ressentir.

Vingt années se sont écoulées depuis ce dimanche de Pâques. Je suis maintenant mariée et j'ai quatre enfants à moi. J'ai troqué mon travail d'infirmière pour celui de mère et de maîtresse de maison à temps plein. Chaque jour de Pâques, je me souviens de cette petite fille dans les bras de son père. Je me rappellerai toujours la douleur et le supplice dans le cri de ce père apprenant la nouvelle de la mort de sa fille. Maintenant, en tant que parent, je comprends ce cri d'une façon qui m'était impossible autrefois.

Pour exercer leur travail, les membres du personnel médical doivent apprendre à traiter avec la douleur et la souffrance d'autrui. Nous sommes témoins de la misère humaine, de la perte de membres et de la vie, de la perte d'une famille et, à certains moments, de choses horribles et innommables que se font les gens entre eux. Mais ce qui me sauve, c'est que, chaque fois que je me rappelle la mort de cette petite fille, je me rappelle aussi l'intense expérience vécue lors de cet office au lever de soleil à Pâques. Je suis bien contente d'avoir fait cet effort de m'y rendre ce matin-là. Je me souviens de la magnificence de ce lever de soleil, là sur le flanc d'une montagne, et du respect mêlé d'admiration que j'ai ressenti en embrassant tout cela.

Ce jour-là, j'ai fait l'expérience de deux pôles du spectre des émotions humaines – l'émerveillement et le désespoir, la vie et la mort, la joie et la souffrance, la beauté à vous couper le souffle et l'intense tristesse. Je me suis enveloppée du merveilleux souvenir de l'office au lever du soleil pour me protéger de la douleur ressentie à la mort de cette petite fille. Ce souvenir du lever de soleil était l'armure que j'apportais pour la bataille ce jour-là, alors que je me rendais faire mon devoir à la salle d'urgence.

En tant qu'infirmière ou médecin, ou toute personne qui doit traiter avec la douleur et la souffrance, nous devons prendre soin de nous pour pouvoir servir les autres. Nous ne pouvons offrir de l'eau à un assoiffé si le puits est tari. Nous devons prendre le temps de remplir le puits – pour découvrir notre propre lever de soleil pascal.

Cindy Bollinger

La vieille femme

*Si quelqu'un possède un talent, il doit l'utiliser;
et quoi qu'il fasse, il doit le faire de toutes ses
forces.*

Marcus Tullius (Cicéron)

Lorsque j'étais étudiante infirmière, on m'avait donné comme tâche de donner un bain au lit pour la première fois. Ma patiente était une dame âgée qui souffrait d'emphysème et d'insuffisance cardiaque. On m'avait expliqué qu'elle était plus ou moins consciente et qu'il ne fallait pas trop m'inquiéter si j'étais incapable de communiquer avec elle.

J'ai rassemblé tout le matériel nécessaire pour lui donner ce bain, mais la dame ne bougeait pas, gardait les yeux fermés et semblait ne pas savoir que j'étais là. J'ai pensé que cette tâche ressemblerait à mes exercices en classe sur un mannequin. Alors que je lavais son visage paisible avec la débarbouillette, au contact de la chaleur de sa peau et à la vue des petites boucles de cheveux sur son front, j'ai rapidement compris que, même si nous ne pouvions communiquer verbalement, cette dame était toujours un être humain. Je l'ai lavée doucement comme je l'aurais fait pour un bébé.

J'avais presque terminé mon travail lorsque je l'ai entendue murmurer. « Vous faites ça avec cœur », m'a-t-elle dit d'une voix à peine audible. Je me suis penchée tout près de son visage, j'ai touché sa joue, et je lui ai demandé ce qu'elle avait dit.

Elle a dit de nouveau: « Vous faites ça avec cœur. » Ses yeux étaient ouverts. Elle avait la voix rauque et sa respiration était laborieuse, mais elle voulait me dire quelque chose : « La plupart des infirmières ne croient pas que je le remarque, mais je le fais. »

Ensuite, son visage s'est animé et elle s'est mise à me raconter des histoires de son enfance, et à me parler des bouffonneries de ses petits-enfants. Pendant que je terminais sa toilette, elle semblait avoir un tel plaisir à bavarder et à se rappeler ses souvenirs. Elle m'a donné des conseils au sujet de la vie, puis m'a tapoté la main en disant finalement : « Je suis fatiguée maintenant. »

J'ai ramassé le matériel qui avait servi au bain, et j'ai regardé son visage paisible et souriant. La conversation s'est terminée aussi doucement qu'elle avait commencé.

Mitzi Chandle

J'aime le rire qui ouvre à la fois les lèvres et le cœur, qui montre à la fois la sagesse et l'âme.

Victor Hugo

La communication, c'est la clé

Communiquer avec nos patients peut constituer un réel défi. Comprennent-ils vraiment ce que nous leur demandons?

Par exemple, ce nouveau patient de la clinique qui finissait de remplir sa fiche de santé. L'infirmière a noté qu'au-dessous de « sexe », il a écrit les deux lettres « L » et « V » – puis il a ajouté « et si je me sens assez fort, parfois aussi le mercredi! »

Il y avait aussi cet homme très obèse auquel le médecin avait imposé une diète. « Je veux que vous mangiez de façon régulière pendant deux jours, puis vous sautez une journée, et vous répétez cette procédure pendant deux semaines. La prochaine fois que je vous verrai, vous aurez perdu un peu plus de deux kilos. »

Quand l'homme est revenu voir son médecin, celui-ci était consterné de voir que son patient avait perdu près de neuf kilos. « C'est très étonnant!, s'est-il exclamé. Avez-vous suivi mes instructions? »

L'homme lui a répondu: « Je dois vous dire, cependant, que je croyais tomber raide mort le troisième jour. »

« De faim? » a demandé le médecin.

« Non, d'avoir sauté! »

Un autre jeune homme a appelé la réception de l'hôpital. « Vous devez nous aider! Ma femme commence son travail! »

L'infirmière a déclaré: « Restez calme. Est-ce son premier enfant? »

« Non!, a-t-il crié d'une voix pressante. C'est son mari! »

Pour communiquer plus clairement, nous devrions peut-être simplement demander ce dont nous avons besoin.

L'épouse d'un patient est passée devant le poste des infirmières en apportant une énorme et lourde boîte de carton. Quelques instants après, le voyant de la chambre de ce patient s'est allumé. Lorsque l'infirmière est entrée, il lui a demandé si elle voulait bien donner cette boîte à son médecin. L'infirmière a été interloquée de voir la boîte remplie de vieux disques de vinyle. Le patient a expliqué: « Le médecin a demandé à ma femme de lui apporter tous mes vieux "records". »

Peut-être que les patients ne peuvent simplement pas nous entendre.

Un homme s'est vanté: « J'ai une nouvelle prothèse auditive. »

« De quelle grosseur? »

« Treize heures. »

Karyn Buxman

GLOSSAIRE
MÉDICAL ILLUSTRÉ

Rhinorrhée

Reproduit avec l'autorisation de John Wise, R.N.

5

DÉFIS

*Les obstacles ne peuvent m'anéantir ; chaque
obstacle produit une ferme résolution.*

Léonard de Vinci

Maintenant nous parlons!

Il était tard ce soir-là quand ils l'ont emmené de la salle d'urgence à l'unité de soins intensifs du service de pédiatrie. Alors qu'il jouait à l'extérieur de la maison, il avait été heurté par une voiture et traîné sur le pavé – par l'un de ses parents, dans un tragique accident. Je me suis sentie infiniment triste pour ces parents que je ne connaissais pas.

L'enfant était meurtri et recouvert de bandages, et son petit corps de quatre ans semblait presque perdu dans la jaquette d'hôpital de taille adulte. Il était seul. L'horreur de l'accident et la culpabilité avaient fait fuir les parents qui étaient retournés à la maison. Je voulais le prendre dans mes bras, l'embrasser et l'assurer que tout irait bien. Mais au lieu de cela, j'ai tenu sa main gauche toute sale mais intacte dans la mienne et j'ai prié.

Pendant les deux semaines suivantes, il a supporté les changements de pansements et les débridements des plaies sur chaque membre blessé de son corps, sauf le bras gauche. On avait réservé ce dernier pour les prises de sang et les injections nécessaires aux nombreux traitements qu'il ne pouvait pas comprendre.

Et il était toujours seul. La travailleuse sociale a expliqué que ses parents bouleversés s'étaient séparés, à peine capables de faire face à la situation. Ils ne pouvaient tout simplement pas venir le voir. Il n'était pas étonnant que l'enfant n'ait pas prononcé un seul mot depuis son admission. Les médecins n'avaient trouvé aucune explication « médicale » à son silence, car jusqu'ici personne n'avait pu l'amener à parler.

Pour ajouter à nos soucis, son cinquième anniversaire était le lendemain. Est-ce que ses parents se manifesteraient? Heureusement, un jeune résident a par hasard entendu nos inquiétudes. Il nous a dit qu'il achèterait un cadeau au petit garçon, et que nous célébrerions ensemble demain soir.

Mais pourquoi, pour l'amour de Dieu, lui a-t-il acheté un pistolet à eau à grande portée? Nous aurions dû confier l'achat à une femme. Bel essai, mais ce jouet n'était pas vraiment pratique pour un enfant qui était traité à l'unité des soins intensifs. Mais était-ce bien le cas?

J'ai rempli d'eau le pistolet et je l'ai tendu à mon petit ami. « Si jamais tu dis un mot, n'importe quel mot, tu peux m'asperger. »

Il a souri, mais il s'est retourné et s'est endormi – le jour de son cinquième anniversaire – seul.

À 5 h le matin, j'ai commencé les routines matinales. Les bains, les prises de sang, le changement des draps et des pansements.

Lorsque je suis entrée dans sa chambre, il s'est réveillé facilement.

Puis, il a crié « Hi! », et m'a attaquée d'un jet d'eau au visage. Au début, je ne savais trop si je devais être contente ou fâchée.

J'ai bredouillé: « Comment t'appelles-tu? »

« Jason! » Un jet d'eau a mouillé mes cheveux.

« Quel âge as-tu? »

« J'ai cinq ans maintenant. » Il a aspergé ma blouse. « Est-ce qu'il y a autre chose que tu veux savoir? »

J'ai saisi une serviette et j'ai épongé mon visage. Maintenant nous parlons!

Denise Casaubon

Tu peux tout faire!

Laissez-moi vous révéler le secret qui m'a per-
mis d'atteindre mon but : ma force repose uni-
quement dans ma ténacité.

Louis Pasteur

En 1968, j'étais une étudiante infirmière de vingt ans et je me préparais pour une période de rotation dans le service de pédiatrie. Comparé à mon séjour au département de cardiologie ou à la salle d'opération, que pouvait-il y avoir de plus difficile? Après tout, j'avais toujours pris soin des enfants et joué avec eux. Cette rotation serait du gâteau! Je franchirais facilement cette étape et ce serait un pas de plus vers l'obtention de mon diplôme.

Chris était un paquet d'énergie de huit ans qui excellait dans tous les sports qu'il pratiquait. Désobéissant aux ordres de ses parents, il s'était aventuré sur un chantier de construction, avait grimpé à une échelle et était tombé. On avait trop serré le plâtre autour de son bras cassé, l'infection s'était installée, puis la septicémie et enfin la gangrène. L'amputation était malheureusement devenue nécessaire.

On m'avait assignée à son chevet comme infirmière des soins postopératoires.

Les premières journées se sont passées rapidement. J'ai donné à Chris tous les soins physiques nécessaires avec une gaieté forcée. Ses parents sont demeurés avec lui continuellement.

Comme il avait moins besoin de médicaments, son niveau de conscience a augmenté, et son humeur s'est ravivée. Lorsque j'ai constaté à quel point il semblait alerte pendant qu'il me regardait apporter du matériel pour sa toilette, je lui ai présenté une débarbouillette et je lui ai suggéré de continuer à son tour. Il a lavé son visage et son cou, puis il a abandonné. J'ai terminé moi-même.

Le jour suivant, je lui ai annoncé qu'il serait responsable de sa toilette au complet. Il a regimbé. J'ai insisté. Il avait exécuté plus de la moitié de la tâche quand il s'est effondré en disant: « Je suis trop fatigué. »

« Tu ne resteras plus très longtemps à l'hôpital, l'ai-je exhorté gentiment. Tu dois apprendre à prendre soin de toi. »

« Eh bien, je ne peux pas, a-t-il répondu d'un air renfrogné. Comment puis-je faire quoi que ce soit avec une seule main? »

Prenant mon visage le plus enjoué, j'ai cherché le bon côté de la chose. J'ai finalement répondu: « Certainement que tu le peux, Chris. Au moins, tu as ta main droite. »

Il s'est détourné et a marmonné: « Je suis gaucher. Du moins, je l'étais. » Il m'a lancé un regard furieux: « Et quoi encore? »

Soudainement, je ne me sentais plus aussi pleine d'entrain. J'avais l'impression de ne pas être très franche et très sincère, et pas tellement utile. Comment avais-je pu tenir pour acquis qu'il était droitier? Il m'a semblé que lui et moi avions beaucoup à apprendre.

Le matin suivant, j'ai adressé un large sourire à Chris tout en lui montrant un élastique. Il m'a regardée d'un air soupçonneux. Plaçant l'élastique lâchement autour de mon poignet, je lui ai dit: « Tu es gaucher et je suis droitière. Je vais mettre ma main droite derrière mon dos et la maintenir en place à l'aide de l'élastique enroulé autour de mes boutons d'uniforme. Chaque fois que je te demanderai de faire quelque chose avec ta main droite, je le ferai d'abord avec ma main gauche. Et je promets de ne pas me pratiquer avant de te voir. Qu'est-ce que nous devrions faire d'abord? »

« Je viens juste de me réveiller, a-t-il maugréé. J'ai besoin de me brosser les dents. »

J'ai réussi à dévisser le bouchon de son tube de dentifrice, puis j'ai posé sa brosse à dents sur la table de lit. Maladroitement, j'ai essayé de faire jaillir la pâte sur la brosse tremblotante. Plus je luttais, plus il semblait intéressé. Après presque dix minutes, et une bonne quantité de dentifrice gaspillé, j'ai réussi.

« Je peux le faire plus vite que ça! » a déclaré Chris. Et quand il y est parvenu, son sourire triomphant était tout aussi réel que le mien.

Les deux semaines suivantes ont passé rapidement. Nous nous sommes attaqués avec enthousiasme et un esprit de compétition à ses activités quotidiennes. Nous avons boutonné ses chemises, beurré ses tranches de pain et jamais vraiment maîtrisé le laçage de ses souliers. Malgré notre différence d'âge, nous jouions un jeu comme si nous étions des équipiers d'égale force.

Vers la fin de ma période de rotation, il était presque prêt pour son congé, et préparé à affronter le monde avec plus de confiance. Nous nous sommes dit au revoir en nous embrassant et en pleurant, comme de véritables amis.

Plus de trente années se sont écoulées depuis ces moments passés ensemble. Au cours de ma vie, j'ai vécu des hauts et des bas, mais je n'ai jamais laissé passer un défi d'ordre physique sans penser à Chris et sans me demander comment lui s'en sortirait. Quelquefois, je place ma main derrière mon dos, j'accroche mon pouce sur ma ceinture et j'essaie de relever le défi.

Et chaque fois que je m'apitoie sur moi-même pour un problème insignifiant ou autre, je me rends dans la salle de bain et j'essaie une fois de plus de brosser mes dents avec ma main gauche.

Susan M. Goldberg

J'adore ces petits enfants; et ce n'est pas
une mince affaire lorsque ceux-ci,
si près de Dieu, nous aiment.

Charles Dickens

Un sourire à la fois

La plupart des choses importantes dans le monde ont été accomplies par des gens qui ont continué de persévérer alors que les choses paraissaient sans espoir.

Dale Carnegie

Je travaillais dans l'unité de soins intensifs d'un service de pédiatrie quand j'ai appris l'existence de l'Opération Sourire, un organisme consacré à la réparation des fissures labiales et des palais fendus chez les enfants et jeunes adultes tant aux États-Unis que dans le tiers-monde. Un de mes patients avait été transporté de Colombie par un spécialiste local de chirurgie plastique. La malformation de ce petit garçon de deux ans était trop importante pour effectuer l'opération dans son pays natal. « J » est devenu l'enfant chéri de l'unité, et nous en avons pris soin tout au long de son rétablissement de ses multiples chirurgies.

Les objectifs de l'Opération Sourire et l'esprit des membres de cette équipe m'avaient touchée profondément: « sauver les visages » des enfants et leur donner une nouvelle chance dans la vie. Je me suis engagée dans la section locale de l'organisme et je suis rapidement partie au Vietnam du Nord avec trente-cinq autres professionnels de la santé, incluant des médecins, des infirmières et des anesthésistes.

Comme nous étions les premiers Américains à nous rendre dans la ville de Haiphong (à près de 100 kilomètres au sud de Hanoi) depuis la guerre du Vietnam, nous nous sommes sentis honorés par l'accueil royal que nous avons reçu. Deux des médecins de notre équipe et plusieurs médecins vietnamiens avaient servi durant la guerre en tant qu'ennemis. Maintenant, nous travaillions tous ensemble pour un objectif commun.

Une fois le travail amorcé, il s'est poursuivi sans arrêt. Six opérations se déroulaient simultanément. Je travaillais dans la salle de réveil. Les difficultés étaient intenses et constantes, et j'avais l'impression à la fois de contrôler la situation et de n'avoir aucune prise sur elle. Sur le plan personnel, nous devions faire face au décalage horaire, au manque de sommeil, à une nourriture inhabituelle et à des logements médiocres. D'un point de vue professionnel, la situation était plus critique. Il était fréquent de manquer d'électricité ou d'eau courante. Nous jouions à la roulette russe avec des bonbonnes d'oxygène non identifiées. Les conditions rudimentaires constituaient pour nous un aussi grand défi que la barrière de la langue. Comme le groupe ne disposait que de deux interprètes, nous sommes devenus très créatifs dans l'utilisation du langage des signes.

L'équipe des infirmières vietnamiennes de la salle de réveil était extraordinaire, alors qu'elles prenaient les signes vitaux et qu'elles essayaient de comprendre notre technologie. Ce travail était très éloigné de leurs tâches habituelles de frottage de planchers et de lavage de toilettes. Aucune d'entre elles ne connaissait l'anglais, mais elles pouvaient réconforter les enfants en leur parlant dans leur langue maternelle.

Ayant déjà fait partie des « Peace Corps », je prenais généralement les choses calmement. Mais j'ai commencé à ressentir les effets de travailler entre douze et seize heures par jour. Il ne me restait qu'une journée à passer, et je n'étais pas certaine que je pourrais m'en sortir. Je me sentais malade et je devenais émotive. Je suis allée aux toilettes, et j'ai pleuré comme une enfant, priant pour retrouver mon énergie. Peu après, on m'a retournée à l'hôtel pour que je puisse dormir quelques heures. On m'a rappelée le soir même pour surveiller un enfant en détresse respiratoire après un traumatisme dû à une intubation préopératoire. Fatiguée et tendue, je ne voulais *pas* être là. Par chance, l'anesthésiste en devoir à mes côtés avait des connaissances en hypnothérapie. Il m'a donné quinze minutes de son temps, et toutes mes peurs se sont dissipées. Je me suis détendue en accomplissant mes tâches, et la nuit s'est passée sans problèmes.

Le matin suivant était notre dernier à l'hôpital, et alors que nous emballions notre équipement, je me sentais comme un zombie, mais un zombie détendu. J'avais accompli mon travail. Je suis revenue dans la salle en plein cœur d'un tourbillon d'activités. On enlevait des points de suture, on prenait des photographies pendant que les enfants et les parents faisaient des adieux reconnaissants. Mon cœur se gonflait de tout cet amour qui remplissait l'atmosphère.

Lorsque je suis entrée, les parents ont souri et ont montré leurs enfants. Je suis passée d'un lit à l'autre pour leur dire au revoir. Il y avait deux enfants et deux parents pour chaque lit; certains d'entre eux pleuraient à cause de notre départ.

Une mère a encouragé son enfant à me dire quelque chose, l'aidant lorsqu'il hésitait. Il était évident qu'elle enseignait de nouveaux mots à son enfant de trois ans. J'ai compris l'essentiel de ses remerciements, mais Michelle, une de nos merveilleuses interprètes, est arrivée juste à temps pour me transmettre son riche message: « Je suis désolée de ne pouvoir vous parler en anglais, mais je veux vous remercier pour mon sourire. »

J'ai commencé à pleurer, puis quelqu'un m'a remis des fleurs qui leur avaient probablement coûté plus d'une journée de salaire. J'ai pleuré encore.

C'était un privilège de faire partie d'une initiative qui a transformé les vies et les espoirs de nombreuses familles. Nous avons réparé 141 sourires – ainsi que l'image de notre pays dans une opération de soutien remplie d'amour.

Rita Kluny

*« L'infirmière de l'école a examiné les cheveux
de chaque élève pour s'assurer que
nous sommes bien dépouillés. »*

Lucky

La vérité, c'est qu'il était quatre heures du matin, qu'il faisait froid et sombre, et que pendant que nous courrions vers l'hélicoptère, nous nous plaignions de notre fatigue. Nous ne pouvions deviner que ce serait un de ces vols que nous n'oublierions jamais.

Après le décollage, le répartiteur nous a dit de rejoindre le service médical local d'urgence (SMU) sur la scène d'un accident où un individu avait été « blessé au cou par un coup de feu ». Nos sensations de froid et de fatigue ont cédé la place à l'agitation des drapeaux rouges. D'abord, notre SMU était un service spécialisé et sophistiqué qui ne réclamait notre présence que lors d'événements exceptionnels. Ensuite, il fallait considérer les structures dans la région du cou. Une balle dans la colonne cervicale est terrifiante; une balle à travers la trachée plus terrifiante encore; une balle à travers l'artère carotide ou la veine jugulaire est des plus effroyables. Le patient était-il paralysé? Avait-on besoin d'une trachéotomie? Le sang giclait-il de l'artère? Une hémorragie interne bouchait-elle les voies respiratoires? Et où se trouvait l'arme? Le plus important, qui détenait cette arme?

Nous nous sommes posés dans la rue d'un quartier constitué de petites maisons anciennes. Après être sortis de l'appareil, nous nous sommes approchés de la scène de l'accident, avec l'impression qu'il n'y avait pas vraiment eu d'événement catastrophique. Les policiers avaient placé l'arme en lieu sûr. Notre patient se trouvait sous un arbre immense sur la pelouse avant d'une maison. Le SMU l'avait complètement immobilisé et avait installé deux intraveineuses de gros calibre. Le moniteur cardiaque indiquait un rythme sinusal normal, et le SMU rapportait des signes vitaux stables. La victime parlait à toute vitesse, ce qui nous fournissait une information immédiate sur son degré de conscience et sur l'intégrité des voix respiratoires. Un examen au moyen d'une lampe de poche ne révélait aucune paralysie. En fait, il faisait de larges gestes dans la mesure où quelqu'un en est capable lorsqu'il est immobilisé. Nous avons tenté de l'amadouer pour qu'il arrête de parler assez longtemps pour regarder dans sa cavité buccale, et c'était la partie la plus difficile de l'examen. Il n'y avait aucun saignement dans sa bouche. On pouvait noter que sa prothèse dentaire du haut était manquante, ce qui constituait sa seule plainte.

Dans l'ensemble, Lucky, comme nous avons fini par le nommer, paraissait assez en santé et alerte pour un monsieur de 89 ans. Il ne souffrait pas d'allergies, ne prenait aucun médicament, et n'avait pas la moindre idée du moment où on l'avait vacciné contre le tétanos la dernière fois. Comme nous nous préparions à le transporter, il a demandé au personnel du SMU et aux policiers de chercher la prothèse dentaire manquante parce que le « sacré dentier d'en haut lui avait coûté les yeux de la tête ».

Pendant le vol de dix minutes vers le centre de traumatologie, le rythme sinusal et les signes vitaux de Lucky sont demeurés stables. Aucun symptôme n'était évident, et il ne manquait certainement pas de souffle à l'entendre nous raconter son histoire avec animation. Un bruit étrange l'avait réveillé pendant que son chien dormait à côté de son lit. « Le maudit chien ne s'est jamais réveillé et n'a jamais jappé comme un chien de garde aurait dû le faire. » Lucky a attrapé son pistolet de calibre .22 qu'il gardait sur sa table de nuit et il s'est précipité dans la nuit. Il a couru, a franchi la porte d'entrée et, une fois arrivé dans la cour, il a trébuché sur une racine d'arbre proéminente. Dans sa chute, le coup du pistolet est parti, le blessant au cou. Durant la mêlée, il a perdu sa prothèse du haut : ce sacré dentier qui lui avait coûté les yeux de la tête – ce qui demeurait sa principale complainte.

Au service d'urgence, un examen effectué sous des lumières vives a révélé une blessure au cou à l'endroit où la balle était entrée, une écorchure à la voûte du palais, et une petite lacération sans saignement à la base de la langue. À l'étonnement de tous, la radiographie de la tête et du cou ne montrait aucun fragment de balle.

La nouvelle d'un tel événement mystérieux court toujours très vite. Une foule constituée des membres du « personnel de nuit » s'était déjà réunie dans le service d'urgence lorsque le SMU et les policiers sont arrivés de la scène de l'accident apportant la fameuse prothèse manquante. Un silence total s'est abattu sur les lieux, et la foule est demeurée bouche bée à la vue du dentier, dont une portion de la voûte du palais était incrustée d'une balle de calibre .22.

Habituellement, après avoir terminé de remplir notre rapport, nous disons au revoir et bonne chance à nos patients avant de retourner à la base. Dans le cas de Lucky, il nous a paru prudent d'éviter les souhaits de « bonne chance ». Notre dernière image de lui était celle d'un vieil homme petit sous une pile de couvertures avec une tignasse de cheveux involontairement hérissés (d'où probablement l'expression « une expérience à vous dresser les cheveux sur la tête ») émergeant d'une extrémité des couvertures. À l'autre extrémité surgissait une paire de petites pantoufles qui semblaient plus vieilles que lui.

En quittant le service, nous avons pu entendre Lucky raconter à personne en particulier que ce sacré dentier lui avait coûté les yeux de la tête – le meilleur investissement que Lucky ait jamais fait !

Charlene Vance

Poney

La foi regarde vers le haut et voit les choses éloi-
gnées; mais la raison ne peut découvrir que les
choses à proximité, et ne voit rien qui soit au-
dessus d'elle.

Francis Quarles

J'ai entendu ses pas avant de le voir. Chaussés de ses nouvelles pantoufles reçues à Noël, ses pieds traînants ne quittaient jamais le sol. Comme je le regardais traverser le couloir, j'ai soudainement vu l'image du petit moteur qui lui permettait d'avancer ainsi. C'était un homme de petite stature qui paraissait perdu dans son ensemble de jogging gris, un récent cadeau d'anniversaire. Une tignasse de cheveux blancs comme neige couronnait sa tête. Il avait l'air terriblement endormi et avait besoin de se raser – ce qui était normal à trois heures du matin.

Il s'est approché du poste d'infirmières et a demandé: « Qu'est-ce qu'ils vont faire avec ce poney? »

Sans réfléchir, j'ai demandé: « Quel poney? »

Il a ignoré ma question et a commencé à me dire qu'on devrait le conduire à l'autre bout de la prairie et le laisser manger les tiges de maïs jaunies abandonnées après la récolte de cette année.

J'ai souri tristement et essayé d'aider John à retrouver son sens de la réalité. Même si c'était inutile, j'avais une petite lueur d'espoir de pouvoir changer les choses, de faire voir à John la réalité du centre d'hébergement où il vivait. J'ai donc continué à lui expliquer patiemment qu'il vivait ici dans la chambre 114.

Finalement, je me suis tue, et comme je plongeais mon regard dans ses yeux bleus embrumés, j'ai soudainement compris à quel point sa réalité était bien plus agréable que la mienne. Il se trouvait dans une prairie avec un nouveau poney. Et moi, j'essayais de le ramener à l'intérieur des murs austères d'une institution.

J'ai tapoté l'épaule de John en disant: « Je crois que le poney serait parfaitement bien à l'autre bout de la prairie. »

Il a continué à se traîner les pieds dans le couloir, en souriant.

Mary Jane Holman

La seule chance que de nombreux grands hommes ont jamais eue, c'est de naître avec l'habileté et la détermination nécessaires pour surmonter la malchance.

Channing Pollock

Sadie, Sadie,
une dame très spéciale

*Avec les tensions terribles que je vis nuit et jour,
si je ne riais pas, je mourrais.*

Abraham Lincoln

Lorsque j'ai rencontré Sadie, elle avait 87 ans et était hospitalisée depuis deux semaines. Même si elle se rétablissait assez bien d'une attaque cardiaque, elle manifestait certains troubles de démence. Elle était toujours gentille et souriante, et m'appelait son « enfant chérie » lorsqu'elle parlait et me racontait de merveilleuses histoires d'autrefois. Nous avons passé des heures ensemble où elle parlait et moi j'écoutais. Exceptionnelle conteuse, elle déguisait sa voix pour imiter les personnages dont elle se rappelait avec tant d'amour. Ses expressions faciales explicites ajoutaient toujours du piquant à ses histoires.

La démence de Sadie n'était pas apparente, sauf lorsqu'elle posait des questions sur son passé récent ou qu'elle se révélait incapable de retrouver son chemin vers son lit en revenant de la salle de toilette. À quelques occasions, elle avait essayé de se glisser dans le lit de l'une de ses quatre compagnes de chambre, déclenchant un tumulte de protestations et beaucoup de confusion. Après ces épisodes, Sadie devenait maussade et repliée sur elle-même, et je me demandais souvent à quoi elle pouvait penser.

Un matin, j'ai commencé ma ronde comme à l'habitude, et j'ai noté que Sadie était très triste. Elle semblait vouloir me dire quelque chose, mais elle avait de la difficulté à trouver les bons mots. Après quelques minutes, j'ai constaté qu'elle avait eu un « accident » durant la nuit et qu'elle avait besoin d'un bon bain et d'un traitement pour les ongles. Ce matin-là, j'ai passé un bon moment à faire tremper ses mains dans de l'eau chaude savonneuse. Comme elle semblait embarrassée, j'ai voulu la mettre à l'aise en lui suggérant de s'imaginer qu'elle passait la journée à se faire dorloter dans un salon de beauté. Nous avons ri ensemble et sommes entrées dans le jeu jusqu'au moment de son hygiène intime. Comme je savonnais ses fesses, elle est redevenue silencieuse et ses yeux se sont arrondis comme des soucoupes. Je lui ai demandé si je faisais quelque chose qui la rendait inconfortable. Elle m'a regardée et m'a dit d'un air très innocent: « Mon enfant chérie, jamais on ne m'a fait ça auparavant à mon salon de beauté! »

Je me suis mordu la lèvre et je lui ai répondu que j'espérais certainement que ce n'était pas le cas; puis, je lui ai doucement rappelé qu'elle se trouvait toujours à l'hôpital. Nous avons ri aux larmes toutes les deux. Et le rire était justement le médicament dont Sadie avait besoin ce matin-là pour retrouver sa dignité.

Andrea Watson

La guérison de toutes les maladies
et de tous les maux, les préoccupations,
les chagrins et les crimes de l'humanité,
tout cela repose dans un seul mot « amour ».
C'est la divine vitalité qui produit
et redonne partout la vie.

Lydia Maria Child

Le coupe-plâtre

L'invention est le talent de la jeunesse,
comme le jugement est celui de la vieillesse.

Jonathan Swift

Après des années à travailler comme infirmière en milieu hospitalier, j'aimais mon nouveau travail en pratique familiale dans un bureau fort achalandé, où j'effectuais diverses tâches: phlébotomies, spirométries, électrocardiogrammes. J'acceptais chaque nouvelle tâche comme un défi et je les maîtrisais toutes avec confiance.

Bien… la plupart d'entre elles.

J'étais toujours nerveuse chaque fois que je devais couper un plâtre. Pour prouver aux patients (et à moi-même!) que la scie motorisée n'entamerait pas leur peau, je plaçais toujours le bout de mon doigt juste à côté de la scie circulaire rotative. J'expliquais ensuite comment le tampon de coton placé sous le plâtre s'accrochait à la lame et l'arrêtait avant qu'elle n'atteigne la peau. Mais, malgré mes propres paroles de réconfort, cette opération de sciage d'un plâtre me rendait encore un peu nerveuse, spécialement quand le patient était un petit garçon de quatre ans très remuant.

Quelques semaines auparavant, Danny s'était brisé le bras dans un accident survenu au terrain de jeu, et j'avais assisté le médecin pour lui installer son plâtre. Quand j'ai récompensé sa bravoure avec deux babioles provenant du coffret de jouets, Danny et moi sommes devenus des copains. Il avait une entière confiance en mon habileté à enlever son plâtre.

Il y en avait au moins un de nous deux.

Avec un sourire rassurant, j'ai démarré le coupe-plâtre et commencé l'opération, espérant que Danny croirait que le tremblement provenait de la vibration de la scie, non de mes mains.

Le moteur a bourdonné et des morceaux de plâtre ont volé dans les airs pendant que je pressais méthodiquement sur la scie dans un mouvement de va-et-vient sur la longueur du plâtre. Danny a commencé à s'impatienter sur la chaise et son visage est devenu rouge.

« Est-ce que ça va, Danny? » ai-je demandé.

« Ça va. » Il a souri docilement. « Ça ne fait pas mal. » Mais l'expression de son visage et son tortillement me disait que quelque chose le gênait.

Heureusement, juste à ce moment, la dernière partie du plâtre a cédé. J'ai séparé les deux parties à l'aide d'un écarteur de plâtre. Après lui avoir montré les ciseaux à bout plat et lui avoir promis qu'ils n'écorcheraient pas non plus sa peau, j'ai commencé à couper le tampon de coton et le jersey placé dessous. Danny s'est tortillé un peu plus et a même grimacé légèrement quand j'ai écarté encore plus le plâtre et que j'ai doucement dégagé son bras.

J'ai eu le souffle coupé en voyant une longue traînée violacée sur son avant-bras! Je me suis mise à imaginer un diagnostic. Phlébite? Nécrose? L'avais-je coupé? Il n'y avait pas de sang!

Là, à l'intérieur du plâtre ouvert, incrusté dans le rembourrage, il y avait un crayon violet.

Déconcertée, j'ai regardé Danny.

Il m'a répondu, d'un air penaud : « Ça piquait! »

LeAnn Thieman

194

« *Si vous avez une démangeaison, vous n'avez
qu'à tourner une de ces manivelles qui se trouve
la plus près de l'endroit qui démange.* »

La course

Je ne suis qu'un; mais je suis quand même un. Je ne peux tout faire; mais je peux quand même faire quelque chose. Et parce que je ne peux tout faire, je ne refuserai pas de faire quelque chose que je peux faire.

E. E. Hale

Il était venu pour une chirurgie mineure, un simple travail de rafistolage. C'était du gâteau, vraiment, à moins d'avoir des antécédents d'hémophilie et de sida, deux maladies qui sont l'héritage de sang contaminé. Ce qui a commencé par une simple « routine » s'est transformé en une escalade de complications – injections, intubation, ventilation – pour maintenir en vie un corps incapable de le faire par lui-même.

Il est venu à nous pour recevoir des soins destinés à des personnes en fin de parcours : pâleur de la peau, apparence voûtée, respiration haletante, sonde gastrique inutilement accrochée à son nez. Cinquante années de vie condensées dans une courbe graphique que seul le personnel médical pouvait comprendre : formulaire d'admission, bilan de santé, notes d'évolution. Données brutes : pronostic peu encourageant. Avons peu d'options. Avons peu de temps.

Les membres de sa famille sont venus le voir et se sont agenouillés à son chevet, le visage mouillé de larmes, car ils savaient. Ils le touchaient. Ils lui parlaient. Ils l'ont enveloppé de leurs paroles et de leurs bras dans un effort passionné pour le garder rattaché à ce monde.

« Je veux retourner à la maison, disait-il. Je veux retourner à la maison pour mourir. »

Les professionnels des soins de santé se servent souvent d'expressions comme les « soins de bien-être », une « intervention de soutien » et le « droit du patient à l'autodétermination ». Nous prononçons ces mots comme si nous connaissions leur signification. Mais que signifiaient-ils pour cet homme et pour cette famille?

« Je veux retourner à la maison. Je veux retourner à la maison pour mourir. »

Les membres de la famille se sont adressés à nous afin que nous les aidions à exaucer ce souhait. Ils savaient que ce serait difficile et nous le savions aussi. Ils savaient qu'aucun programme de soins à domicile n'était disponible. Ils savaient que sa tension artérielle était de 54 au-dessus de zéro. Ils savaient que la maison était située à une heure de l'hôpital : une courte distance dans une situation normale, mais un énorme trajet dans les circonstances. Ils savaient aussi qu'il pourrait même mourir dans l'ambulance.

« Ça ne fait rien, disait sa famille. Il saura qu'il est en route. » Peut-être que le fait de « savoir » représente les ultimes « soins de bien-être ».

Alors, l'équipe médicale dont il était entouré – infirmières, médecins, travailleurs sociaux et tous les autres – a conjugué ses efforts de planification. Nous participions tous à cette dernière étape de la course. Il fallait obtenir des autorisations de sortie, de la morphine, de l'oxygène, la visite d'une infirmière spécialisée en soins palliatifs. Il y avait urgence, pression et détermination. Des voix se sont élevées et de petits malentendus ont éclaté, mais malgré les accrochages, nous avons remporté une grande victoire.

Deux heures et quarante minutes après le début de nos efforts, l'ambulance est arrivée. Exceptionnellement, on a permis que deux membres de la famille se tiennent à ses côtés, au cas où la mort surviendrait plus vite que prévu.

Notre patient est arrivé à la maison à 14 h cet après-midi-là. Quatre heures plus tard, il mourait d'une mort paisible, dans sa propre maison, dans son propre lit, en présence de sa famille et de son chien recroquevillé à ses pieds.

Martin Gray a dit un jour: « Nous ne croyons jamais suffisamment en nous-mêmes. Nous ignorons toujours les ressources de la vie. Mais la vie, c'est oser se frayer un passage à travers les murs que nous érigeons devant nous. Pour transcender les limites que nous nous imposons à nous-mêmes. La vie consiste toujours à aller au-delà. »

Je crois que chacun de nous, professionnels des soins de santé, a la possibilité d'aider les gens afin qu'ils puissent vivre comme ils le veulent, et parfois afin qu'ils puissent mourir comme ils le désirent. Chacun de nous a un intérêt dans ce processus. Lorsque nous apportons notre contribution dans cette course et que nous la combinons à celle des autres, nous choisissons d'« aller au-delà ». Nous pouvons ainsi obtenir de puissants, d'extraordinaires résultats – parfois même des transformations – pour nous-mêmes, aussi bien que pour les gens que nous servons.

Anne Riffenburgh

Il l'a vaincu

*La conquête exige les conditions suivantes :
nous devons peiner un certain temps, endurer un
certain temps, toujours croire, et ne jamais
rebrousser chemin.*

William Gilmore Simms

Il existe des anges sur cette terre et ils viennent à nous
sous des formes subtiles. J'ai décidé que LaTrice Haney
en était un. De l'extérieur, elle ressemblait à n'importe
quelle autre infirmière, avec ses seringues, ses feuilles de
rapport et son uniforme empesé. Ses journées et ses nuits
de travail étaient très longues. Pendant ses jours de congé,
elle retournait vers son mari, Randy, un camionneur, et
leurs deux enfants, Taylor, âgé de sept ans, et Morgan, âgé
de quatre ans. Mais si elle était fatiguée, elle ne le laissait
jamais paraître. Elle semblait ne jamais nourrir même le
plus petit ressentiment, faisant preuve de la plus grande
assurance quant aux responsabilités qu'elle assumait et
aux bienfaits qu'elle prodiguait, et de la plus grande
détermination dans l'administration de ses soins. Si ce
comportement n'était pas celui d'un ange, j'ignore ce qui
pourrait l'être.

Vers la fin de l'après-midi ou de la soirée, j'aurais
souvent été seul si ce n'avait été de LaTrice, et si j'en
avais la force, nous causions sérieusement. Avec la plupart des gens, j'étais timide et laconique, mais je me suis
retrouvé à bavarder avec elle, peut-être parce qu'elle parlait si doucement et avec tellement d'expression. LaTrice
n'avait pas encore 30 ans; c'était une jolie jeune femme
au teint café au lait, avec une maîtrise de soi et une perspicacité hors du commun. Pendant que les autres gens de
notre âge se tenaient dans des boîtes de nuit, elle était déjà

l'infirmière en chef du département de recherches en oncologie. Je me demandais pourquoi elle avait accepté ce poste.

« Ma satisfaction est de rendre les choses un peu plus faciles pour les gens », m'a-t-elle expliqué.

Elle m'a posé des questions sur le cyclisme et je me suis mis à lui parler de mon vélo avec un sentiment de plaisir qui me surprenait. « Comment avez-vous commencé à faire du vélo? » m'a-t-elle demandé. Je lui ai parlé de mes premières bicyclettes et de mes premières sensations de liberté; je lui ai dit que le cyclisme avait été ma seule activité depuis l'âge de seize ans. Je lui ai parlé de mes différents coéquipiers au cours de ces années, de leur humour et de leur altruisme, ainsi que de ma mère et de ce qu'elle avait signifié pour moi.

Je lui ai raconté ce que le cyclisme m'avait apporté – des excursions en Europe, une formation exceptionnelle et l'aisance matérielle. Je lui ai fièrement montré une photographie de ma maison, et je l'ai invitée à me rendre visite. Je lui ai montré des instantanés de ma carrière de cycliste. Elle a parcouru les photographies de moi faisant la course, avec la France, l'Italie et l'Espagne en toile de fond, s'arrêtant sur l'une d'elles et me demandant en pointant du doigt : « À quel endroit vous trouviez-vous? »

Je lui ai confié que je m'inquiétais pour mon commanditaire et je lui ai expliqué mes difficultés avec eux. Je lui ai parlé de la pression que je ressentais. « Je dois rester en forme. Je dois rester en forme », lui ai-je répété plusieurs fois.

« Lance, écoutez votre corps, m'a-t-elle dit gentiment. Je sais que votre esprit veut s'envoler. Je sais qu'il vous dit : "Hé, allons faire une promenade." Mais écoutez votre corps. Laissez-le se reposer. »

Lorsque j'ai eu épuisé le sujet du cyclisme avec LaTrice, je lui ai parlé du vent. J'ai décrit les sensations sur mon visage et sur mes cheveux. Je lui ai raconté mes impressions d'être dans de grands espaces, avec le spectacle des Alpes élancées et majestueuses, et le miroitement des lacs dans les vallées qui s'étendaient au loin. Parfois, le vent soufflait comme si c'était un ami cher, parfois comme si c'était mon pire ennemi, parfois comme si c'était la main de Dieu qui me poussait. Je décrivais le sentiment de filer à fond de train, lors d'une descente en montagne, sur deux roues de quelques centimètres d'épaisseur.

« Vous êtes simplement là, libre », ai-je déclaré.

« Vous aimiez faire du vélo? », a-t-elle demandé.

« Ouais », ai-je répondu.

« Oh, je peux le voir dans vos yeux », a-t-elle ajouté.

Vers la fin d'une soirée, lors de ma dernière série de traitement de chimiothérapie, c'est là que j'ai compris que LaTrice était un ange. J'étais étendu sur le côté, m'assoupissant de temps à autre, surveillant le goutte-à-goutte régulier de l'appareil, à mesure que la solution pénétrait dans mes veines. LaTrice s'était assise à mon chevet pour me tenir compagnie, même si j'étais à peine capable de parler.

« Qu'est-ce que vous pensez, LaTrice?, ai-je demandé en chuchotant. Est-ce que je passerai au travers? »

« Ouais, répondait-elle. Ouais, vous allez passer au travers. »

« J'espère que vous avez raison », répondais-je en fermant de nouveau les yeux.

LaTrice s'est penchée sur moi.

« Lance, a-t-elle dit doucement, je souhaite un jour devenir seulement une création de votre imagination. Je ne suis pas ici dans votre vie pour le reste de vos jours. Lorsque vous sortirez d'ici, j'espère ne plus jamais vous revoir. Lorsque vous serez guéri, ô miracle, laissez-moi vous voir dans les journaux, à la télévision, mais pas de nouveau ici. J'espère vous aider tout le temps où vous aurez besoin de moi, et après j'espère que je ne serai plus là. Vous direz : "Qui était cette infirmière là-bas en Indiana? Est-ce que je l'ai imaginée?" »

C'était l'une des choses les plus merveilleuses qu'on ne m'ait jamais dite. Et je me rappellerai toujours chaque mot béni.

***

Trois ans plus tard, avec une ascension à Siestriere, j'ai pris la tête au Tour de France par six minutes et trois secondes. À Indianapolis, LaTrice Haney, le personnel du centre médical et tous les patients dans le service ont arrêté leurs occupations pour visionner l'enregistrement de l'événement. Comme je montais la colline, augmentant mon avance, ils ont regardé fixement le téléviseur. « Il l'a fait!, a dit LaTrice. Il l'a vaincu. Il l'a vaincu. »

Lance Armstrong

Monsieur Jackson
et l'épinglette en forme d'ange

M. Jackson voulait mourir. Son épouse, qui était décédée cinq mois auparavant, lui manquait terriblement. Ils avaient été mariés pendant 63 ans et avaient eu le bonheur d'avoir cinq enfants – des enfants occupés avec leur propre vie. Dans sa solitude, il avait perdu le désir de vivre. Il s'était fermé au reste du monde, avait cessé de manger, avait fermé les yeux et attendait la mort.

Plusieurs semaines plus tard, il était admis à l'hôpital. « Malnutrition », a-t-on diagnostiqué. Durant le changement de quart, l'infirmière de nuit a rapidement expliqué le cas à l'infirmière de jour, Freddie.

« Il n'a pas mangé depuis les deux journées qu'il est ici, a-t-elle dit doucement. Il n'a même pas dit un mot. Il regarde simplement au loin et fixe Dieu sait quoi. Le médecin va lui poser une sonde gastrique dans l'estomac s'il ne commence pas à manger. Bonne chance, Freddie. » Sur ces mots, l'infirmière de nuit est sortie en hâte.

Freddie a tourné les yeux vers la forme frêle étendue sur le lit. La chambre était plongée dans l'obscurité, sauf une douce lumière matinale pénétrant à travers les rideaux à demi ouverts. Les draps blancs accentuaient le contour de son corps, qui semblait n'avoir que la peau sur les os. Le patient a détourné la tête et s'est mis à fixer le mur, ses yeux dénués d'espoir, privés de la vie elle-même.

Freddie trouvait toujours une façon d'atteindre le cœur d'un patient. Elle trouverait bien la clé pour accéder à celui de M. Jackson. Prenant gentiment sa main délicate, elle l'a tenue dans la sienne. « M. Jackson? Que penseriez-vous d'un peu de lotion sur vos mains, il me semble que ça vous ferait du bien? »

Pas de réponse. Elle a marché vers l'autre côté du lit, s'est penchée sur lui et a murmuré: « M. Jackson? »

Les yeux de M. Jackson se sont agrandis comme il fixait des yeux l'épinglette qu'elle portait – un ange or et argent qu'on lui avait offert pour Noël. D'un geste impulsif, il a essayé de toucher le bijou, mais il a retiré sa main. Ses yeux ont commencé à s'embuer. « Si j'avais mes pantalons avec moi, je vous donnerais tout l'argent que je possède seulement pour pouvoir toucher cette épinglette. »

Freddie a rapidement concocté un plan. « Je vais faire un marché avec vous, M. Jackson. Je vous donnerai cette épinglette si vous mangez quelque chose dans chaque plateau que nous vous apporterons. »

« Non, madame, je ne pourrais pas la prendre. Je veux simplement la toucher. C'est la plus jolie épinglette que j'ai jamais vue. »

« Je vais vous dire ce que je vais faire. Je l'épinglerai sur un oreiller que je placerai près de vous. Vous pouvez la garder jusqu'à la fin de mon quart de travail, mais seulement si vous mangez quelque chose dans chaque plateau que je vous apporterai. »

« Oui, madame, je ferai ce que vous dites. »

Quand Freddie est venue vérifier son plateau du midi, elle a trouvé M. Jackson en train de toucher pensivement l'épinglette. Il s'est tourné vers elle et a dit: « J'ai tenu ma promesse, regardez. » Il avait pris quelques bouchées de la nourriture sur son plateau. On faisait du progrès.

Lorsque sa période de travail s'est terminée, Freddie est passée voir M. Jackson et lui a dit: « Je suis en congé pour les deux prochains jours, mais à mon retour je viendrai vous voir à la première heure. »

Il a froncé les sourcils et a baissé la tête.

Freddie a rapidement ajouté: « Je veux que vous gardiez cette épinglette et teniez votre promesse quand je serai partie. »

Son visage s'est éclairé un peu, mais le désespoir pesait encore lourdement dans la chambre.

« M. Jackson, pensez à toutes vos raisons d'être reconnaissant – vos enfants et vos petits-enfants pour commencer, l'a-t-elle encouragé. Ces tout-petits ont besoin de leur grand-père. Qui d'autre pourra leur parler de leur merveilleuse grand-mère? » Elle a donné une petite tape sur sa main, espérant un miracle.

Quand Freddie est revenue, l'infirmière de nuit lui a donné son évaluation: « Incroyable! » Freddie a souri et est allée vérifier les signes vitaux de M. Jackson.

« Voilà mon ange infirmière », s'est-il exclamé joyeusement.

« C'est vrai et vous m'avez manqué », a-t-elle répondu, remarquant la charmante femme qui se tenait à côté de son lit.

« Voici ma fille. Elle m'emmène pour que j'aille vivre avec elle, a-t-il dit. Je vais raconter chacune de mes histoires à mes petits-enfants. » Il a regardé Freddie et a souri. « Je leur parlerai aussi de l'ange qui a pris soin de leur grand-père. »

Maintenant, M. Jackson voulait vivre, et c'est ce qu'il a fait, grâce à un ange d'or et d'argent, et à un autre ange fait de gentillesse et de compassion.

Linda Apple

Sourira-t-elle de nouveau?

Je jette doucement un regard sur le petit visage violacé et enflé qui contraste grandement avec la blancheur éclatante de l'oreiller. Ses yeux sont fermés. Elle dort. Je lui prodigue silencieusement mes soins, habitée par le désespoir: Sourira-t-elle de nouveau, pourra-t-elle encore rire et courir avec ses amis?

Son univers s'est effondré; ayant été violemment battue par une personne qui avait pour tâche de l'aimer et de la protéger. Elle a perdu son innocence. Depuis quatre jours, elle repose tranquillement dans ce lit d'hôpital, muette, immobile, observant simplement ceux qui s'affairent autour d'elle. Sa mère dort à côté d'elle sur un lit improvisé.

Heureuse de voir cette enfant se reposer confortablement, je m'apprête à quitter la pièce lorsque ses yeux clignent et s'ouvrent. Deux petites fentes brunes et tristes apparaissent. Son regard se déplace à travers la chambre et finit par se poser sur moi. Elle ne dit rien, elle ne fait que regarder en silence. Je la salue en l'appelant par son nom et en lui rappelant le mien, puis je lui parle doucement de la magnifique journée à l'extérieur de sa chambre obscurcie. Comme au cours des quatre derniers jours, je fais de petites blagues, et je bavarde de tout et de rien pendant que je la soigne. Gardant un contact visuel avec elle, je souris et je continue la conversation, ne m'attendant pas réellement à ce qu'elle me réponde.

Je suis consciente qu'à l'extérieur de la chambre mes nombreuses autres responsabilités s'accumulent. Il y a beaucoup d'activité dans la salle, et j'ai d'autres enfants et d'autres familles sous mes soins. Je devrais partir, mais je suis attirée par cette petite fille silencieuse et triste, et par ses besoins non exprimés.

Doucement, je commence à laver ses yeux et son visage immobile, espérant apaiser et guérir beaucoup plus que la peau enflée et décolorée. Le temps passe, et je finis par lui expliquer que je dois partir, que je reviendrai bientôt la voir. Je m'assure qu'elle est capable d'atteindre sa sonnette et je lui explique qu'elle peut sonner si elle veut me voir, peu importe la raison, avant mon retour. Je lui lance une dernière petite blague au sujet de son chat resté à la maison et je me détourne pour ranger mon équipement.

Puis je l'entends. Je me retourne vers elle. Quel est ce bruit? Provient-il d'elle? Je n'en crois pas mes oreilles, mais encore une fois elle fait un minuscule, presque inaudible… petit rire.

Je demeure clouée sur place à la vue du plus petit et du plus beau sourire que j'ai jamais vu dévoilant les petites dents de travers qui lui restent.

« Dis-moi encore ton nom? » murmure-t-elle.

Doucement, je m'assois à côté d'elle et je prends sa main. Je chuchote mon nom.

« Seras-tu mon infirmière demain? »

Je souris et je lui réponds que j'aimerais beaucoup être son infirmière. Heureuse de ma réponse, elle se cale sur son oreiller et plonge de nouveau dans le sommeil.

En l'observant, je remarque que son visage semble en quelque sorte plus doux, plus paisible. Un mince sourire orne encore ses lèvres meurtries – ou est-ce moi qui l'imagine maintenant? Des larmes coulent sur mon visage pendant que je me glisse hors de la chambre.

La guérison avait commencé.

Ana Wehipeihana

« Est-ce que je peux obtenir une reconnaissance
de crédits pour des histoires qui n'ont
jamais cessé de m'étonner? »

Reproduit avec l'autorisation de Benita Epstein.

6

LES MIRACLES

*Un miracle est une œuvre qui dépasse
les pouvoirs de toute créature vivante
et qui est conséquemment accompli
par une puissance divine.*

Robert South

Accouchement tumultueux

C'était une journée tout à fait ordinaire. J'avais bordé nos trois enfants pour leur sieste, me rendant très bien compte que j'en avais beaucoup plus besoin qu'eux. M'enfouissant dans le fauteuil ultra-rembourré, je me suis mise à frotter mon ventre. Dans seulement trois semaines, je bercerais notre bébé dans mes bras, et non mon ventre. J'ai murmuré: « J'ai vraiment hâte. » Puis j'ai jeté un coup d'œil à la fenêtre pour regarder la tempête de neige et j'ai décidé qu'il n'y avait pas de presse.

De nouveau, j'ai massé mon abdomen, cette fois-ci pour soulager un imperceptible tiraillement utérin. *Ce n'est rien*, me suis-je dit. Le médecin m'avait examinée le jour précédent, et le col de mon utérus n'était pas encore dilaté. Les tiraillements subtils me tenaillaient. Mon premier travail avait duré seulement cinq heures. Mon deuxième, une heure et demie. Le troisième avait pris le même temps. Les médecins s'attendaient à ce que le quatrième accouchement brise ce record. C'est pourquoi on m'avait ordonné de téléphoner au premier signe de travail. Il y avait aussi le fait que je me trouvais à quarante minutes de l'hôpital.

Comme je regardais la neige s'accumuler dans les rues, quelque chose d'autre me tenaillait. J'ai appelé mon mari, Del, au travail et je lui ai parlé des tiraillements. « Ce n'est probablement rien, mais je crois que j'appellerai au bureau du médecin et que j'irai passer un examen avant que la tempête n'empire. Si ce n'est pas un travail prématuré, les enfants et moi en profiterons simplement pour dîner avec maman. »

Tanya, l'infirmière en fonction, a été merveilleuse comme d'habitude. Elle avait toujours tenu compte de mes inquiétudes, même si j'en soupçonnais plusieurs d'être injustifiées. Comme à l'accoutumée, toujours d'un grand soutien, elle s'était montrée d'accord avec mon plan prudent. J'ai donc réveillé les enfants, et je les ai emmenés en file indienne vers la voiture, tout en apportant quelques couvertures usées. Lentement, nous avions parcouru plus d'une dizaine de kilomètres à travers la tempête quand une première contraction a saisi mon abdomen. Deux minutes après, une deuxième contraction – puis une troisième – puis une quatrième, chacune plus intense que la précédente, m'ont forcée à me plier au-dessus du volant. La tête du bébé appuyait avec vigueur sur le canal utérin. Paniquée et envahie par la douleur, j'ai regardé dans le rétroviseur mes enfants recroquevillés sur le siège arrière.

J'ai dit à Timmy, mon fils de six ans : « Si quelque chose va mal et que notre bébé arrive, tu devras aider maman à l'attraper. »

« Et Danika », ai-je dit d'une voix rauque à ma fille de quatre ans, « tu presses simplement sur le klaxon sans arrêter jusqu'à ce que quelqu'un vienne nous aider. »

La petite Taylor âgée de trois ans était bravement assise, attendant de savoir quel serait son travail. « Mon amour, tu vas rester assise bien sagement et bien tranquille. »

Les trois enfants ont suivi la consigne donnée à Taylor, alors qu'ils regardaient mes mains s'agripper au volant pendant que je me concentrais péniblement sur mes respirations selon la technique de Lamaze.

À mesure que nous approchions de l'entrée de l'autoroute, j'ai compris que je ne pouvais, à la fois, concentrer mon attention sur le ralentissement d'un travail et sur l'accélération d'une automobile.

Je me suis arrêtée sur le bord de la route. « Mon Dieu, ai-je supplié tout haut, nous avons de gros problèmes ici. » J'ai serré les dents et haleté pour m'empêcher de pousser. « Nous avons besoin d'aide. S'il vous plaît, envoyez un policier sur notre chemin. »

À ce moment précis, une voiture de police est passée devant nous.

Timmy s'est exclamé. « Le voici, maman! Attrapons-le! » À ce moment, le policier de patrouille s'était engagé sur l'autoroute. J'ai alors remis la voiture en marche et je me suis élancée dans une poursuite serrée. Pendant que le reste de la circulation avançait à 30 kilomètres à l'heure, le policier filait à 50. Dangereusement, je fonçais derrière lui aussi vite que j'en avais le courage, klaxonnant, faisant clignoter mes phares avant, et haletant.

Le policier filait toujours.

J'ai appuyé sur l'accélérateur pour le rattraper, essayant de donner de petits coups avec mon pare-chocs sur le sien, ce qui a attiré son attention. Il s'est arrêté. Sautant de sa voiture en claquant la porte, il s'est approché à pas lourds de la mienne. Mais j'étais déjà sortie, hurlant après lui au milieu de la neige mouillée. « Contractions, deux minutes, bébé arrive! »

Il avait l'air plus terrifié que moi.

Il a expliqué qu'il se dirigeait sur les lieux d'un accident à quelques kilomètres de là. Il a téléphoné pour rapporter l'urgence, avec très peu d'espoir de recevoir une attention immédiate. Je me suis penchée sur le capot de la voiture et j'ai haleté pour éviter de pousser.

« Il y a une ambulance de plus sur les lieux de l'accident, s'est-il exclamé toujours au téléphone. Elle sera ici dans trois minutes! »

« Plutôt deux que trois! » ai-je hurlé, espérant que la neige glaciale pourrait apaiser la douleur aiguë qui me tenaillait l'abdomen.

« Puis-je téléphoner à quelqu'un pour vous? » m'a demandé désespérément le patrouilleur.

Je lui ai crié le numéro de téléphone de mon mari au travail, mais ses mains tremblaient trop pour pouvoir l'écrire. Il a griffonné encore et encore et, finalement, il a simplement composé le numéro alors que je le répétais pour la quatrième fois.

À ce moment, l'ambulance et un camion d'incendie ont traversé le terre-plein au son strident des sirènes pour nous venir en aide. Avant que les auxiliaires médicaux aient pu m'emmener dans l'ambulance, je suis allée vers mes enfants grelottant sur le siège arrière. « Restez avec les pompiers, les ai-je rassurés, incapable de forcer mon habituel sourire tout-ira-bien. Ils vont vous aider. »

J'ai respiré au rythme de la sirène d'ambulance, et j'ai remercié Dieu d'être dans les mains des services médicaux d'urgence. J'ai prié encore plus fort pour que nous atteignions l'hôpital à temps.

Bien sûr, je ne pouvais savoir que mon mari m'accompagnait par ses prières, alors qu'il conduisait trop vite sur la même autoroute. Prudemment, il a dépassé un camion d'incendie, puis a regardé – et regardé de nouveau – les trois petites têtes blondes sur le siège avant. Il a fait signe de la main au véhicule de s'arrêter. « Ce sont mes enfants! Où les emmenez-vous? »

La fenêtre baissée, le pompier a crié à Del de se diriger vers l'hôpital; il y emmènerait les enfants. Del a jeté un coup d'œil aux trois cadets pompiers rayonnants, saluant frénétiquement du siège avant. Il leur a envoyé un baiser puis est remonté dans sa voiture.

La sirène de l'ambulance retentissait comme nous nous approchions finalement de l'entrée de l'urgence.

« Le bébé arrive! » ai-je gémi. Sans hésitation, on m'a placée sur une civière, les ambulanciers courant de chaque côté et m'emmenant dans la salle d'accouchement. D'Hoffmann m'a accueillie avec un sourire nerveux.

« Alors, vous arrivez en livraison spéciale, hein, Debbie? » Je pouvais seulement gémir. Il a serré ma main. « Maintenant, allons accoucher ce bébé. »

À ce moment précis, Del est arrivé en courant dans la salle d'accouchement juste comme je me glissais sur le lit d'accouchement. Mes eaux ont éclaté et jailli. L'expression du visage de l'infirmière était aussi effrayante que ma douleur croissante. Le regard du D' Hoffmann était fixé sur le sien. Je savais que quelque chose n'allait vraiment pas.

« Debbie, le liquide amniotique est sérieusement souillé », a-t-il dit tout en s'activant fiévreusement sur la tête du bébé qui dépassait. « Ça veut dire que le bébé a fait une selle, dû à tout ce stress. Ce n'est pas un bon signe. » Il a grimacé pendant qu'il attrapait les ciseaux. « Et le cordon est enroulé serré autour de son cou. Ne pousse pas, Debbie. Ne pousse pas. » Il s'est tourné vers l'infirmière. « J'ai vu un pédiatre dans le couloir – emmenez-le ici – IMMÉDIATEMENT. »

Comme l'infirmière se précipitait, mes trois enfants et le pompier sont arrivés en courant. J'alternais entre le halètement et la prière pendant que le pompier parlait d'un ton feutré à Del avant de repartir.

D' Hoffmann a dit: « Del, je vais anesthésier Debbie localement avant la prochaine contraction. Peut-être pouvez-vous sortir les enfants de la pièce. »

Comme Del les escortait à la porte, j'ai entendu Tim dire: « Papa, pourquoi est-ce qu'on doit sortir avant le prochain avion à réaction? »

« Non, Timmy, a lancé Del, il a dit contraction, pas "avion à réaction". »

Alors maintenant, je haletais, je priais, et je riais.

Deux autres contractions, et Del était revenu à mes côtés, notre bébé se frayant un chemin dans notre monde. Et comme personne ne se trouvait là pour surveiller les enfants, ils ont assisté à la naissance de leur frère.

Je voudrais dire que c'était un moment joyeux, mais bébé Ty a commencé sa vie dans des conditions critiques. Danika l'a bien résumé par ces mots: « Papa, je ne savais pas que les bébés naissaient tout violets. »

Les six jours suivants, Ty a lutté pour sa vie aux soins intensifs. Le pédiatre hochait la tête, consterné. « Tout est allé si mal », a-t-il dit tristement.

« Je ne suis pas d'accord, docteur, ai-je soutenu. Dieu ne m'a-t-il pas délégué une infirmière en devoir qui a écouté mes préoccupations et m'a invitée à me rendre à l'hôpital? Et est-ce qu'il n'a pas envoyé un policier juste au moment où j'en demandais un? Et est-ce qu'il ne s'est pas arrangé pour qu'une ambulance supplémentaire soit disponible à seulement quelques kilomètres de là? Et n'a-t-il pas vu à ce qu'un camion d'incendie soit présent pour nos enfants? Et n'a-t-il pas fait que vous vous soyez trouvé dans le couloir quand nous avions besoin de vous? Et ne m'avez-vous pas dit que, si Ty était né hors de l'hôpital, il n'aurait jamais survécu? Au contraire, docteur, je dirais que tout est allé très bien. »

Le septième jour, nous avons emmailloté petit Ty dans sa couverture toute neuve, et nous l'avons ramené à la maison, fort et en santé.

Nous sommes encore émerveillés devant le déroulement de ce Plan divin. Nos enfants peuvent en témoigner comme ils ont si bien résumé les événements du jour : « Vous ne croirez jamais ce qui est arrivé ! Nous avons fait une promenade dans un camion d'incendie ! »

Debbie Lukasiewicz
Tel que raconté à LeAnn Thieman

Rien n'est ou ne peut être accidentel avec Dieu.

Henry Wadsworth Longfellow

La main de Dieu

En 1966, au tout début des transplantations de reins, j'ai été témoin d'une série d'événements où j'ai pu clairement voir la main de Dieu touchant la vie d'un homme.

J'étais membre de l'équipe de transplantation dans un très grand hôpital achalandé. On avait organisé un plan pour que le troisième jour du mois, un mercredi, un homme appelé Don fasse cadeau d'un de ses reins à son plus jeune frère, Ray.

Le matin du premier jour du mois, un lundi, quatre étages au-dessous du bloc chirurgical, Ray commençait sa dialyse rénale prévue. Le lundi était une journée très lourdement chargée pour les opérations. J'assistais un chirurgien dans une pièce alors qu'une autre infirmière effectuait une nouvelle stérilisation de l'équipement de transplantation utilisé pendant le week-end.

Au même moment, un homme d'environ 35 ans est entré dans la salle d'urgence victime d'un arrêt cardiaque. L'interne qui venait de passer le dernier mois dans l'équipe de transplantation a reconnu l'homme: c'était Don. Une semaine auparavant, il avait justement travaillé avec ce donneur. Ses efforts désespérés pour le sauver ayant échoué, l'interne a continué la réanimation cardio-respiratoire, espérant sauver le précieux rein jusqu'à ce qu'on puisse trouver son jeune frère. Son personnel a appelé notre bloc opératoire, et nous avons été étonnés d'apprendre non seulement que deux salles d'opération étaient soudainement disponibles, mais que le plus jeune frère se trouvait dans l'édifice en train de subir sa dialyse hebdomadaire.

Les infirmières de l'unité de dialyse ont eu la responsabilité d'expliquer à Ray que son frère était tombé

gravement malade au travail et qu'on n'avait pu le réanimer. Les deux frères reposant l'un à côté de l'autre dans
des salles d'opération contiguës, on a retiré le rein de
Don, que l'on a transplanté avec succès à Ray.

Seule la grâce de Dieu a pu faire que, dans un hôpital
d'une grande ville, deux salles d'opération soient disponibles par un lundi matin affairé, que l'équipe de transplantation rénale se trouve dans la salle d'opération, le
récipiendaire du rein dans l'hôpital, et que l'interne
reconnaisse le donneur au moment de sa mort.

Ce jour-là, chaque membre de l'équipe a senti qu'il
faisait partie de l'accomplissement de la volonté de Dieu
sur cette Terre.

Jo Stickley

Reproduit avec l'autorisation de Benita Epstein.

Pardonnée

L'humanité n'est jamais si merveilleuse que lorsqu'elle prie pour être pardonnée, ou mieux encore pour pardonner à quelqu'un d'autre.

Jean Paul Richter

Le véritable pouvoir de guérison ne consiste pas à simplement soigner des maladies. Cela m'a été révélé par un infirmier d'un centre d'hébergement et de soins de longue durée qui a passé beaucoup de temps avec une femme qui était incapable de marcher depuis six ans. Edward la soulevait pour la transférer de sa chaise au lit, et vice-versa, selon l'horaire de cette dame.

Elle voulait toujours parler de Dieu et du pardon. Comme Edward avait vécu une expérience de mort imminente, il se sentait à l'aise pour l'écouter.

Un soir, il était tellement tard qu'Edward avait quitté l'hôpital sans avoir installé lui-même sa patiente au lit pour la nuit. Il se dirigeait vers sa voiture dans le terrain de stationnement lorsqu'il a entendu l'appel de cette femme: « Edward! » Il est retourné à l'intérieur et est entré dans la chambre de sa patiente.

« Êtes-vous certain que Dieu nous pardonne tout? » lui a-t-elle demandé.

« Oui, j'en suis certain, de par ma propre expérience, a-t-il déclaré. Vous connaissez cette chanson gospel qui dit: "Il connaît tous les mensonges que vous et moi avons dits, et même si cela le rend triste de constater la manière dont nous vivons, il dira toujours *Je pardonne*. »

Elle a poussé un soupir. « Quand j'étais une jeune femme, j'ai volé l'argenterie de mes parents et je l'ai vendue. Je voulais avoir assez d'argent pour me marier. Je ne l'ai jamais dit à personne et personne ne l'a découvert. Est-ce que Dieu va me pardonner? »

« Oui, l'a rassurée Edward. Dieu vous pardonnera. Bonne nuit. »

Lorsque Edward est revenu au travail le matin suivant, on lui a dit d'aller voir l'administrateur qui lui a demandé ce qu'il avait raconté à la femme le soir précédent.

« Comme d'habitude, a expliqué Edward, nous avons parlé de Dieu et du pardon. Pourquoi? »

« À trois heures du matin, la femme est sortie de sa chambre et, sans aide, a traversé toute la longueur de l'établissement en marchant, a placé sa Bible et ses dentiers sur le bureau de l'infirmière et a dit: "Je n'en ai plus besoin." Puis elle est retournée en marchant à sa chambre, elle s'est couchée et est morte. »

Là se trouve l'âme de la profession d'infirmière, la raison pour laquelle Dieu a créé un monde où nous pouvons tous exercer notre profession en démontrant notre compassion et notre empathie pour ceux qui souffrent.

Bernie Siegel

Dieu ne vous demande pas si vous êtes habile ou maladroit; Il vous demande seulement si vous êtes disponible.

Mary Kay Ash

Peur de la nuit

La Mort arrivait le plus souvent aux petites heures du matin. Parfois paisiblement, prenant la vie de mon patient pendant qu'il rêvait. Parfois violemment, avec un râle venant du fond de la gorge. La Mort arrivait quelquefois comme une brise rafraîchissante et emportait mon patient en proie à d'atroces souffrances depuis longtemps, comme un cerf-volant léger relâché dans le vent, laissant sa douleur loin derrière. Quelquefois, c'était seulement après beaucoup de pompages et de battements frénétiques et de solutés et de médication et d'électrochocs que nous permettions à la Mort de faire son œuvre. Mais, je ne sais trop pourquoi, j'ai personnellement observé que la Mort répondait le plus fréquemment à l'appel aux petites heures du matin et, pour cette seule raison, j'en étais arrivée à appréhender le poste de nuit.

Jusqu'à ce que je rencontre Olga.

Olga était une patiente en phase terminale d'un cancer, et sa famille ne pouvait plus supporter l'épreuve de prendre soin d'elle à la maison. C'était la décision de la famille, avec à sa tête cette matriarche à la poigne solide, de la placer dans un des lits de notre minuscule hôpital consacré aux soins palliatifs de longue durée. Olga avait fermement insisté pour payer seulement pour trente jours, parce qu'elle avait choisi le 4 juillet comme son « jour de libération » – le jour qu'elle avait choisi pour mourir. Cela n'allait toutefois pas tout à fait dans le sens des pronostics de son médecin. Même si elle était en phase terminale, elle vivrait encore probablement de trois à six mois, et sa mort serait un processus lent et sans doute très douloureux. Son médecin avait donné des ordres pour lui procurer les soins nécessaires à la soulager et pour autoriser la famille à lui rendre visite à n'importe quelle heure.

La famille est venue fidèlement chaque jour, restant souvent pendant des heures à parler ou à simplement s'asseoir avec Olga, et à écouter la radio qui jouait perpétuellement la musique chrétienne qu'elle adorait. Lorsque la chanson *Je te donne l'amour* s'élevait, Olga esquissait un large sourire et déclarait : « C'est ma chanson favorite. C'est la dernière que je veux entendre lorsque je mourrai. »

Le soir du 3 juillet, j'étais en devoir comme infirmière en chef de l'équipe de nuit. D'après le rapport, les membres de la famille d'Olga étaient venus la voir ce soir-là et avaient laissé des instructions aux infirmières de ne pas les appeler si « cela arrivait », puisqu'ils lui avaient tous dit au revoir. « S'il vous plaît, permettez au révérend Steve de s'asseoir avec elle, ont-ils demandé. Il veut l'accompagner dans son passage. » Avec l'humour morbide que seules les infirmières peuvent comprendre, le personnel de l'équipe de nuit a blagué : « Les signes vitaux d'Olga sont stables et il n'y a aucune indication physiologique que sa mort est imminente. Bande de chanceux. Vous devrez faire face à Olga au matin et, bon sang, comme elle sera furieuse d'être encore là ! »

Mais la nuit, les choses se passent différemment. Nous sommes plus proches de nous-mêmes, et plus près de nos pensées et de nos vertus cardinales. J'ai jeté un coup d'œil sur Olga et, tout en plaçant ses couvertures autour de ses épaules, j'ai murmuré : « Bonne nuit, merveilleuse dame. »

Olga a souri et chuchoté à son tour : « Bonne nuit et au revoir. Vous savez, demain est mon jour de libération. » Une douce sensation de calme s'est posée sur mes épaules. Une forte mais étrangement réconfortante impression qu'Olga pourrait avoir raison, même si cela allait à l'encontre de toute logique, de toute raison et de toutes prévisions éclairées. Même si ses signes vitaux ne s'étaient pas modifiés, j'ai quitté la chambre avec le sentiment qu'Olga était très en contrôle de son destin.

Tout au long de la nuit, Mary, l'autre infirmière en devoir, et moi avons prodigué des soins à Olga. Le révérend Steve est demeuré assis, lui tenant la main, et ensemble ils ont écouté la radio qui diffusait des chansons les unes après les autres. À notre mi-période de travail, lorsque nous sommes retournées dans sa chambre, Olga ne s'est pas réveillée pendant que nous la retournions doucement.

À 6 heures, au moment où le soleil jetait une chaude lueur rosée à travers les fenêtres, Mary et moi sommes retournées à sa chambre. Le révérend Steve nous a demandé d'attendre encore quelques minutes, car il sentait que Olga était « presque rendue à son passage ». Me tenant au pied de son lit et à la vue du jeune ministre qui accompagnait Olga jusqu'à la porte ouvrant sur l'éternité, j'ai été remplie de crainte mêlée d'admiration et d'un sentiment d'envie devant la maîtrise de cette femme forte et merveilleuse sur sa propre vie. Par habitude, j'ai vérifié ma montre et je me suis mise à compter ses respirations, un, deux, trois. À ce moment, la radio a commencé à diffuser une chanson et un sourire s'est déposé sur le visage endormi d'Olga. *Je te donne l'amour*, quatre, cinq, six…

Olga avait réalisé non seulement une, mais deux de ses dernières visées dans la vie. Le 4 juillet *a été* son jour de libération face à la souffrance de sa maladie. Et la dernière chanson qu'elle a entendue à jamais était sa préférée.

Au cours des années, je me suis souvent souvenue de cette nuit-là et j'ai senti qu'il fallait raconter l'histoire d'Olga. Parce que cette forte et merveilleuse femme avait choisi de ne pas « être furieuse contre la lumière qui s'éteignait », mais de l'accepter – même de l'accueillir – comme une invitation à entrer dans la lumière. Olga m'a transmis une appréciation plus profonde pour les fins et les commencements, pour les cycles de la vie et de la mort.

Et, grâce à Olga, je ne crains plus la nuit.

Nancy Harless

Et les anges ont chanté

Nous nous jugeons d'après ce que nous croyons être capables de faire, pendant que les autres nous jugent d'après ce que nous avons déjà fait.

Henry Wadsworth Longfellow

Le surveillant de fin de semaine de notre agence de soins à domicile a donné ses instructions : « Vous devrez procéder à une admission tôt ce matin. Le nom du patient est M. Flood et il devra être admis à temps pour lui administrer son antibiotique en intraveineuse de dix heures. »

C'était mon week-end de garde et j'avais prié pour qu'il soit calme. Mon groupe musical préféré était en ville et inscrit pour chanter dans mon église, ce matin-là. C'étaient des amis personnels avec qui j'avais chanté plusieurs années auparavant. J'avais vraiment envie de les revoir et de les entendre de nouveau.

J'avais téléphoné au surveillant à 8 heures, espérant qu'il n'y aurait pas d'appels. À ma grande consternation, il y en avait eu deux autres en plus de cette admission. Et l'épouse et les filles de M. Flood voulaient me voir immédiatement. J'ai passé en revue les directives concernant son admission, l'administration de son antibiotique en intraveineuse et le nettoyage de sa plaie. Il me fallait aussi enseigner aux membres de sa famille sa médication contre la douleur et leur montrer comment lui procurer les soins pour le soulager et s'occuper de son hygiène personnelle. On avait diagnostiqué un cancer. La chirurgie, la chimiothérapie et la radiothérapie n'ayant pas réussi, le patient avait donc choisi de retourner à la maison pour passer ses derniers jours avec sa famille.

Espérant terminer cette visite d'admission en moins de temps que les deux heures habituelles et pouvoir encore me rendre à l'église, j'ai placé une enregistreuse dans ma poche afin d'enregistrer l'entrevue de manière à pouvoir remplir la plupart de la paperasserie plus tard. Je verrais les deux autres patients dans l'après-midi et je passerais plus de temps avec M. Flood lors de la prochaine visite.

Je me suis dirigée vers la maison du patient, me sentant de plus en plus contrariée à chaque kilomètre. Pestant contre le diable lui-même pour avoir contrecarré mes plans, j'ai demandé à Dieu de m'aider à terminer à temps pour voir mes amis. Je suis arrivée à destination et suis restée assise dans la voiture assez longtemps pour réprimer mon mécontentement et faire appel à toute l'attitude professionnelle que j'avais appris à maîtriser au cours de mes trente années de métier. En contrôle et souriante, j'ai pressé sur la sonnette.

Mme Flood a ouvert la porte et s'est immédiatement effondrée en larmes dans mes bras. « Je ne suis pas capable de faire ça, a-t-elle sangloté. Je n'ai jamais eu à m'occuper de quoi que ce soit auparavant. Je ne suis pas capable de le faire! Vous devez m'aider! »

Pleurant toujours, elle m'a emmenée dans la chambre où son mari reposait paisiblement dans son lit, dégageant une grande dignité et une maîtrise de soi malgré la douleur qui devait certainement le tenailler.

Le rapport de l'hôpital précisait que M. Flood était conscient de l'imminence de sa mort. Il avait accepté son sort avec une foi paisible et confiante. D'un autre côté, son épouse et ses filles étaient apeurées et remplies de déni. Elles avaient refusé de l'envoyer en soins palliatifs. L'acceptation de cette démarche aurait signifié la reconnaissance que la mort du mari et du père était proche.

Elles cherchaient quelqu'un qui pourrait provoquer une guérison miraculeuse. La sœur de M. Flood, une ancienne infirmière, était venue les aider pour les soins personnels, mais la famille s'attendait à beaucoup plus des infirmières de soins à domicile qui, à cette étape, ne pouvaient rien faire de plus que de prodiguer un certain soulagement.

Je suis allée dans la salle de bain pour me laver les mains avant de commencer et je me suis dit qu'il fallait que je sois bienveillante et compatissante. J'ai aussi rappelé à Dieu que j'avais besoin de terminer rapidement, *la musique, vous savez!*

De toute évidence, la paperasserie requise pour l'admission, les questions et les signatures étaient une source de frustration pour Mme Flood. Elle nous implorait plutôt, sans l'exprimer: « Au diable tout cela, sauvez-le pour moi maintenant! Je ne peux pas continuer sans lui! » J'ai constaté sa détresse, la reconnaissant comme étant de la peur et du déni, deux étapes normales dans le processus de deuil, et j'ai dû composer avec ses interruptions et ses pleurs pendant que j'essayais d'interviewer et de traiter mon patient. M. Flood, aussi, a tenté de l'apaiser tout en signant les papiers requis et en répondant à mes nombreuses questions.

Je n'ai pas démarré l'enregistreuse. J'avais toute la coopération de M. Flood dans mes efforts pour rester concentrée sur lui et, finalement, après quatre heures exténuantes, la première évaluation était terminée.

Je suis allée me relaver les mains avant de continuer ses traitements. Seule dans la salle de bain, j'ai rappelé à Dieu que j'avais manqué mes chers amis et que je n'avais aucune idée quand j'aurais une autre chance de les revoir. J'étais frustrée de la faiblesse de Mme Flood devant les besoins de son mari et je suis tombée dans une sorte d'apitoiement sur moi-même d'avoir raté une telle chance en raison de tout ce temps passé à fournir à cette femme des réponses qu'elle refusait d'accepter.

Cinq heures après mon arrivée, j'avais finalement terminé mon travail. Alors que je rassemblais mon matériel, M. Flood m'a demandé: « Travaillez-vous toujours le dimanche? »

Je lui ai expliqué notre rotation de garde les fins de semaine, lui disant que j'allais habituellement à l'église le dimanche matin, mais qu'aujourd'hui, c'était différent.

Il a dit: « C'est ce que je pensais. »

Puis, même si cela ne m'était jamais arrivé auparavant avec un autre patient, j'ai demandé s'il aimerait que nous priions avant mon départ. Il a fait signe que oui de la tête et a fermé les yeux, attendant que je commence. J'ai prononcé une courte mais sincère prière pour demander réconfort, force et paix pour lui-même ainsi que pour sa famille.

Pendant que je me préparais à partir, son épouse a persisté dans ses questions et ses supplications, pleurant pour de l'aide dans une situation qu'elle ne pouvait supporter. M. Flood lui a dit: « Chérie, arrête ça maintenant, et laisse-moi dire quelque chose. » Prenant ma main il a parlé, avec des larmes dans les yeux alors qu'il plongeait son regard dans le mien: « Je suis content qu'on vous ait envoyée aujourd'hui. Pas n'importe quelle infirmière, mais vous, tout spécialement. Je ne vous connais pas, mais je me sens comme si Jésus avait été ici ce matin. »

Je me suis retrouvée face à face avec l'indignation que j'avais ressentie d'avoir manqué le concert du matin. Je suis demeurée là, calme et immobile, me rendant soudainement compte de ce qui venait tout juste d'arriver. Au lieu de m'accorder la grâce que j'avais demandée, Dieu avait choisi d'offrir, à travers moi, une grâce à quelqu'un qui en avait beaucoup plus besoin que moi. Un cadeau bien plus grand m'attendait là, à travers cet homme mourant, et j'avais bien failli le rater.

Dans ma voiture, j'ai accepté le fait que c'était le service que Dieu avait en tête pour moi ce jour-là. En reculant dans l'entrée de garage, je me suis imaginé entendre les anges commencer à chanter. Je me suis engagée sur le chemin vers la maison du prochain patient et me suis mise à chanter une chanson joyeuse en unisson avec ces anges, laissant les automobilistes que je croisais se demander pourquoi je chantais, je souriais et je pleurais tout à la fois.

Mary Saxon Wilburn

Le vœu de Lori

Lori était arrivée à l'hôpital avec une merveilleuse attitude. Le cran extraordinaire de cette petite fille de 12 ans aurait presque pu faire oublier son petit corps frêle, et ses lèvres et ses ongles bleus. Cette chirurgie cardiaque ne constituait pour Lori qu'une autre étape à franchir sur son chemin pour devenir une adulte. Elle avait rempli son sac de toutes les choses indispensables à une préadolescente, et une couverture de laine qu'elle était en train de crocheter. Vraiment, un très beau tricot, mais loin d'être terminé!

Avec un cœur incroyablement brave bien que présentant des anomalies, Lori est partie pour la salle d'opération. Tard dans l'après-midi, elle est revenue à l'unité de soins intensifs du département de pédiatrie, avec toute la médication et l'équipement postopératoires usuels. Nous savions qu'elle risquait de saigner à cause de ses nombreuses opérations récentes et du temps qu'elle a passé branchée à un cœur-poumon artificiel. Nous avons bientôt remarqué qu'une quantité anormale de sang s'écoulait de son drain thoracique. Après une heure sans changement dans sa condition, le chirurgien n'a eu d'autre choix que de la renvoyer en salle d'opération. Auparavant, nous avons amené ses parents à son chevet pour une visite avant que Lori soit renvoyée rapidement en chirurgie. Deux heures plus tard, elle est revenue à l'unité et le saignement s'est arrêté. Le soulagement sur le visage de ses parents m'a permis de retourner à la maison, fatiguée mais rassurée.

Le jour suivant, le cœur de Lori fonctionnait raisonnablement bien, et ses lèvres et ses ongles étaient roses. Mais son rétablissement était loin d'être terminé. Les membres de sa famille demeuraient à son chevet aussi longtemps que possible, considérant les heures de visite qui étaient plutôt restreintes à cette époque. Mais la condition de Lori a rapidement décliné, et ses reins ont commencé à défaillir. Elle avait besoin d'un respirateur. Le tube installé dans son nez et ses voies respiratoires l'empêchait certes de parler, mais assurément pas de communiquer. Elle faisait toujours preuve d'une grande détermination. Elle avait très soif, mais elle ne pouvait évidemment rien boire. Lorsque j'ai trempé un bout de tissu dans un peu de punch aux fruits, simplement pour mouiller sa bouche, j'ai pu lire sa gratitude manifeste dans ses yeux.

Quand l'infirmière responsable est venue me voir au chevet de Lori pour me demander si je pouvais rester pour le poste du soir, Lori a entendu nos paroles. Je l'ai regardée comme elle articulait en silence : « S'il vous plaît, restez. » Ce que j'ai fait. Son débit urinaire diminuait de plus en plus et, cette nuit-là, à mon retour à la maison, je me sentais fatiguée et inquiète.

Le matin suivant, Lori était en dialyse. Nous avons tous continué à espérer que ses reins recommenceraient à fonctionner, mais chaque heure passée sans débit urinaire faisait son œuvre dévastatrice. À mesure que le liquide s'accumulait dans son corps, son cœur et ses poumons étaient soumis à davantage d'efforts et Lori devenait boursouflée. Elle dormait de plus en plus. Son énergie combative s'amenuisait.

Pendant les deux jours suivants, sa condition a continué à décliner. Cela semblait si injuste : elle avait maintenant un cœur en bon état, ses lèvres étaient plus roses que jamais, mais le reste de ses organes avaient souffert du processus.

Sa couverture de laine inachevée était posée là, comme pour nous rappeler sa vie inachevée.

Pourtant, ses parents se tenaient fidèlement à ses côtés. Sa mère, enceinte de cinq mois, était très fatiguée mais si dévouée. Elle nous disait que le plus grand désir de Lori était de tenir sa petite sœur dans ses bras. Elle était si certaine que ce serait une fille que Lori avait nommé ce bébé Mary Christine puisqu'il devait naître au temps de Noël.

Mais Lori a continué à s'affaiblir. L'impuissance que nous ressentions nous accablait tous. Par une superbe journée ensoleillée du mois d'août, nous lui avons tous dit au revoir, et elle est décédée. Comme ses parents quittaient l'hôpital, je leur ai remis, les larmes aux yeux, les effets personnels de Lori et la couverture de laine inachevée.

Le printemps suivant, alors que je marchais dans le couloir, j'ai vu la mère de Lori. Joyeusement, j'ai lancé: « Comment va le nouveau bébé? » Le cœur brisé, j'ai appris que la petite Mary Christine âgée de quatre mois souffrait aussi d'une cardiopathie congénitale. Le vendredi de cette semaine-là, le Vendredi saint, on a opéré le cœur fragile et mal formé de Mary. Tristement, les choses se sont déroulées comme pour Lori – un saignement postopératoire persistant, de l'insuffisance rénale, et ainsi de suite. Le matin du dimanche de Pâques, les perspectives que Mary puisse s'en sortir étaient sombres. Je me suis rendue à la chapelle avec ses parents.

Pendant que nous étions tranquillement assis là, un papillon a volé silencieusement autour de nous. J'étais intriguée. Dans cette chapelle, il n'y avait pas de fenêtres sur l'extérieur. D'où pouvait provenir ce papillon? La mère a souri à travers ses larmes et a dit: « Lori est avec nous. » Elle s'est interrompue, puis a repris son explication: « L'été dernier, au cimetière, après les funérailles de Lori, un papillon s'est posé sur mon épaule et est demeuré là avec moi et j'ai senti la présence de Lori. Puis, lorsque nous avons emmené Mary de l'hôpital à la maison en un jour de froid hivernal de Noël en Indiana, un papillon est entré dans la maison avec nous! Encore, nous savions que Lori était là. Et maintenant, elle est ici pour Mary! »

Ces parents, qui faisaient face à la mort d'une autre fille, ont dépassé leur chagrin et ont trouvé la paix, sachant que leurs deux filles seraient maintenant ensemble. Nous sommes retournés au chevet de Mary et, en quelques minutes, elle s'est doucement éteinte.

Le vœu de Lori s'était réalisé. Elle tenait sa petite sœur dans ses bras.

Gwen Fosse

La mort n'est pas un échec de la science
médicale, mais bien le dernier geste de la vie.

Patch Adams, M.D.

Par accident

Notre plus grande gloire ne consiste pas à ne jamais tomber, mais à nous relever chaque fois que nous tombons.

Confucius

Dès l'instant où mon cheval a commencé à se cabrer, je savais que j'allais mourir. Pendant que les rênes s'arrachaient de mes doigts, j'ai senti que je passais violemment par-dessus la tête de l'animal pour être projetée sur le sol. Avec une clarté horrible, j'ai entendu mes os se briser. J'ai pensé à Christopher Reeve.

« Aidez-moi!, ai-je crié. S'il vous plaît, quelqu'un, aidez-moi! » Une douleur fulgurante dans ma poitrine et dans mon dos a transformé mes mots en un murmure. *Je suis seule,* ai-je pensé. *Personne ne m'a entendue*. J'ai levé la tête, et le mouvement a envoyé un choc électrique qui a traversé mon bras droit. Puis mon bras est devenu engourdi.

Hébétée, je me suis levée avec peine et je me suis traînée jusqu'à la clôture de l'arène. *Tu es forte*, me suis-je dit, *et tu peux y arriver*. La douleur déformait ma posture, mais je me suis obligée à marcher la distance qui me séparait de la maison du ranch. Les médecins m'ont dit plus tard que j'avais fait tout cela avec sept côtes cassées, une fracture de la colonne vertébrale, une hémorragie pulmonaire et un cou cassé.

« Mary, je suis tombée en bas de "Nate", ai-je gémi au téléphone. Je crois que c'est grave. Je ne sens plus mon bras droit. » J'avais appelé mes collègues de travail à l'hôpital, sachant qu'ils seraient mes bouées de sauvetage.

Une heure plus tard, j'étais étendue, attachée au tomoscanner, avec un collet de polystyrène rigide autour de mon cou et des tubes d'oxygène dans mes narines. Je n'étais plus une infirmière; j'étais une patiente de mon propre service d'urgence. Une vague inattendue de peur m'a envahie. La confusion se mêlait à la douleur – de la peur? *N'avais-je pas surmonté ma peur?* Soutenue par la morphine, j'ai laissé ma mémoire lentement retourner quatre semaines en arrière.

« D'accord, sors en roulant tout simplement », a ordonné Duke. Comme je m'accroupissais dans l'embrasure de la porte de l'avion, le vent fouettait mon visage. J'ai regardé en bas vers le sol, 4 000 mètres plus bas. Aujourd'hui, je prouverais à quel point j'étais forte. Aujourd'hui, je serais une parachutiste en chute libre, non plus une épouse laissée pour compte et une mère dont le nid est vide.

« Allons-y! » ai-je crié de la porte ouverte de l'avion. J'ai levé les pouces en direction de mon instructeur pour dire que tout allait bien et j'ai sauté.

L'arrêt brusque de la table du tomoscanner a interrompu l'afflux de mes souvenirs. J'ai laissé l'équipe médicale – mes amis – effectuer leur travail pendant que je me sentais contrainte d'effectuer ma propre évaluation personnelle. *Pourquoi cela devait-il m'arriver à moi?* Depuis les dix-huit derniers mois, j'avais survécu à l'anéantissement d'un mariage de vingt-quatre ans à cause de l'infidélité, ainsi qu'aux ravages d'une inondation qui a menacé de détruire ma maison. Était-ce une sorte de triple tragédie incommensurable pour me prouver la puissance de ma force? Ou trois prises et je suis retirée? Encore une fois, cette peur mystérieuse m'étreignait le cœur. *De quoi avais-je peur?*

J'ai fait l'inventaire : j'étais une mère célibataire, une infirmière chevronnée d'une salle d'urgence, et une solide femme de ranch qui pouvait tirer une remorque pour chevaux, faire les foins et aider à la naissance d'un poulain. Les infortunes des deux dernières années m'avaient obligée à garder la tête plus haute, à prendre de l'assurance et, lorsque nécessaire, à encaisser les coups.

Et maintenant, cette brave personne était immobilisée dans un collet de mousse rigide, et on parlait à voix basse de « blessure à la moelle épinière, d'atteinte permanente ». J'ai commencé à me rendre compte de la nature de cette peur glaciale, inexprimable – je perdais le contrôle. Une femme forte garde le contrôle et n'a pas à remettre totalement sa confiance en quelqu'un d'autre. Après tout, j'avais eu confiance en mon mari, et il m'avait quittée. J'avais eu confiance dans la sécurité de ma maison, et les eaux de crue sont arrivées. Je devais me poser la grande question maintenant : Est-ce que j'avais confiance en Dieu ? Je l'avais prié, je l'avais vénéré, mais m'étais-je vraiment permis de dépendre de lui ? Une petite carte posée sur le miroir de ma commode se lisait ainsi : « Lâche prise et laisse faire Dieu. » Pourtant, à quel point n'avais-je pas combattu désespérément pour conserver les rênes de la vie dans mes propres mains. Maintenant, ces rênes m'avaient été arrachées.

Au cours des mois suivants, lors de mes exercices de physiothérapie destinés à retrouver l'usage complet de mes bras, j'ai eu le temps de méditer et de prier. J'ai réfléchi à mon besoin de me sentir forte. Était-ce simplement une armure pour chasser d'autres blessures insoupçonnables ? Mon saut de l'avion en parachute, en solo, ne m'avait certainement pas éloignée suffisamment de la peur qui me talonnait. J'ai commencé à établir de nouvelles priorités, à voir le succès et la survie d'un œil différent. Avec un grand soulagement, j'ai laissé Dieu se charger du fardeau posé sur mes épaules endolories; j'ai recommencé à faire confiance.

Je n'étais pas seule ce jour-là dans mon arène d'équitation, et quelqu'un m'a entendue lorsque j'ai appelé. À cause de cet accident, j'ai dû cesser d'être forte, assez longtemps pour découvrir la vraie force qui m'habitait.

Des mois plus tard, je suis retournée au travail à l'hôpital pour découvrir que j'étais devenue une légende locale. On ne finissait pas de raconter l'histoire. « Elle est entrée dans l'hôpital avec le cou cassé », disait-on. Un jour, un nouvel employé a entendu l'histoire – que j'étais seule dans l'arène d'équitation – et il m'a demandé, incrédule: « Qui vous a aidée à vous relever après votre chute? »

Je me suis vue prendre une grande respiration – c'était chaud et vivant dans ma poitrine. « Qui m'a relevée? » Un sourire assuré a illuminé mon visage. « Vois grand, lui ai-je répondu, vraiment grand. »

Candace L. Calvert

Béni soit celui qui porte en lui un Dieu et un idéal, et qui lui obéit – un idéal d'art, de science ou de vertus évangéliques. C'est là que réside la source des grandes idées et des grandes actions.

Louis Pasteur

Réanimation cardiorespiratoire

Un dimanche matin, j'ai entendu mon ministre du culte expliquer que, si nous voulons obtenir des résultats de la prière, il faut prier sans arrêt pendant trente jours. Je ne comprenais pas le pourquoi des trente jours, mais j'étais prête à tenter l'expérience. Les paroles suivantes sont devenues ma prière quotidienne.

Je suis disponible pour vous, Seigneur,
pour que vous m'utilisiez chaque jour.

Guidez-moi, cher Seigneur, et dirigez
mes paroles et mes actes.

Que mes paroles et mes gestes soient les témoins
que vous vivez en moi.

Pour celui qui est seul, je veux être une amie.

Pour ceux qui portent de lourds fardeaux,
aidez-moi à combler leurs besoins.

Seigneur, je ne veux ni gloire ni fortune.

Ma prière est que vous m'utilisiez pour glorifier
votre nom.

Je sais que je n'ai pas grand-chose à offrir,
mais je vous donnerai tout de moi.

Guidez-moi afin que je sois ce que vous voulez
que je sois.

Amen.

Le vingt et unième jour de la récitation de cette prière, la réanimation cardiorespiratoire a pris une nouvelle signification pour moi.

Je travaillais pendant un poste de soir de douze heures extrêmement occupé par des accouchements. Je venais juste de m'asseoir pour ma première pause quand j'ai reçu un appel téléphonique de mon amie qui travaillait à la salle d'urgence. J'ai à peine reconnu sa voix insistante. Un jeune garçon de 18 ans avait été emmené à l'urgence pour un excès d'alcool et une surdose de drogue. Le jeune homme était presque mourant, et l'équipe avait fait tout en son pouvoir pour le sauver. Le père de ce garçon réclamait un prêtre ou un ministre du culte, et le personnel avait de la difficulté à en trouver un qui puisse arriver rapidement à l'urgence. Mon amie m'a dit: « Nous savons que tu es chrétienne, et nous avons besoin que tu viennes et que tu essaies de réconforter ce père. S'il te plaît, aide-le. »

À contrecœur, j'ai répondu que je descendrais. Pendant que j'attendais l'ascenseur, mes pensées sont devenues très critiques et j'ai senti la frustration monter en moi. Puis je me suis rappelée ma prière quotidienne. Je suis entrée dans la salle d'urgence et me suis approchée du père. Prenant sa main, je l'ai emmené à la chapelle en silence. Avant que j'aie pu lui dire « Je ne suis pas ministre », cet homme de 1 mètre 80 et de 100 kilos s'est effondré sur la chaise tel un enfant au cœur brisé.

À travers ses sanglots ininterrompus, il a parlé: « Chrétienne, priez pour Raymond. Je me souviens du premier moment où j'ai tenu mon fils dans mes bras. Je me sentais tellement fier, et je ne faisais que dire "J'ai un fils". À mesure que les années ont passé, ces minuscules pieds sont devenus plus grands, et ils l'ont éloigné de l'amour de sa famille et l'ont emporté vers un monde étrange, endurci et destructeur. Aujourd'hui, un excès d'alcool et une surdose de drogue sont en train de prendre sa vie. On dirait qu'il veut se rebeller contre tout ce que sa famille représentait. Il savait que ce qu'il faisait était mal. Quelquefois, il semblait effrayé, mais il n'arrêtait pas. Maintenant, il est trop tard. Chrétienne, vous devez prier pour Raymond. »

Ces énormes mains tremblaient dans les miennes, et comme je plongeais mes yeux dans les siens, j'ai pleuré avec lui. Le silence est tombé entre nous pendant que je cherchais les mots qui pourraient réconforter cet homme qui ressemblait à une tour prête à s'écrouler. Je me sentais tellement incompétente. Je voulais crier: « Seigneur, j'ai commencé cette prière il y a seulement vingt et un jours et je ne suis pas prête pour cela! »

Le temps passait, et je savais que je ne pourrais continuer à gagner du temps. J'ai tenu fermement ses mains, maintenant mouillées de larmes, et j'ai commencé à prier. À ma grande surprise, les mots sont venus aisément.

Une fois notre prière terminée, nous sommes revenus au chevet de Raymond. J'ai pris la main froide et sans vie du jeune homme et, encore une fois, j'ai repris mes prières. « Seigneur, je demande un miracle et je sais que vous en êtes capable. »

Je suis demeurée avec eux jusqu'à ce qu'on emmène Raymond aux soins intensifs. Je l'ai visité quotidiennement et j'ai continué à prier pour lui. Huit jours ont passé et la situation s'est un peu améliorée. Le neuvième jour, je suis entrée dans l'unité de soins intensifs pour constater qu'un miracle s'était produit. Raymond était éveillé et parlait avec son père.

La réanimation cardiorespiratoire avait pris une nouvelle signification pour moi: Chrétienne, prie pour Raymond. En quittant l'unité avec des larmes qui coulaient sur mon visage, j'ai compris. *Aujourd'hui est le trentième jour de ma prière.* Maintenant, non seulement je crois aux miracles, mais je compte sur eux.

Johnnie Dowdy

Une voix dans la nuit

L'espoir est comme un oiseau qui se perche sur l'âme.

Emily Dickinson

Lorsque j'avais 19 ans, mon amie Hanneke Boogaard étudiait pour devenir infirmière au Beatrix Hospital, aux Pays-Bas. À cet endroit, les étudiantes infirmières travaillaient pendant leurs études, tout comme le personnel régulier. Au cours de son travail sur l'équipe de nuit, Hanneke était étrangement attirée par une patiente en particulier, une dame de 40 ans qui était dans le coma. Puisque Mme Groensma n'avait jamais de visiteurs, Hanneke restait à son chevet plus longtemps qu'avec les autres patients. Au début, elle a refusé de l'admettre car, pour elle, tous les patients devaient recevoir le même traitement. Mais cette femme la fascinait.

Lorsque Hanneke a entendu dire que cette patiente n'avait aucun parent vivant, elle s'est mise à passer encore plus de temps avec elle. Elle avait appris que les personnes dans le coma pouvaient parfois entendre si on leur parlait. Personne ne pouvait le faire pour cette femme. Ainsi, chaque soir, Hanneke lui parlait tout doucement. Elle ne savait pas quel sujet aborder avec cette femme qu'elle ne connaissait pas, alors, elle lui a parlé d'elle-même. Elle a expliqué que ses parents étaient morts dans un accident de voiture quand elle était jeune. Pendant des heures, elle lui a raconté des souvenirs qu'elle avait d'eux. C'était tout ce qui lui restait dans la vie auquel se raccrocher maintenant. Elle aurait tellement souhaité posséder un objet personnel spécifique en guise de souvenir – le médaillon doré en forme de trèfle à quatre feuilles que sa mère portait toujours. On ne l'avait jamais retrouvé après l'accident, même si des parents avaient fouillé les lieux de la collision et les fossés à proximité. Nuit après nuit, elle a parlé et parlé encore, et elle s'est encore plus attachée à Mme Groensma.

Comme elle pouvait ne jamais sortir de ce coma, et qu'elle n'avait personne au monde pour prendre soin d'elle, il a été décidé que le temps était venu de la transférer dans un centre de soins prolongés où elle mourrait éventuellement. Lorsque Hanneke s'est objectée à ce transfert, elle a été fortement réprimandée pour s'être départie de son attitude professionnelle, et on lui avait défendu tout contact avec la patiente dans le centre de soins prolongés. Hanneke comprenait tout à fait la logique de ses superviseurs, mais elle ne pouvait pas s'empêcher de penser souvent à Mme Groensma.

Le temps a passé, et Hanneke est devenue infirmière et a trouvé du travail au Beatrix Hospital. Un jour qu'elle était en poste, elle donnait des instructions à un patient lorsqu'une dame qui s'informait auprès d'une autre infirmière s'est retournée et a délibérément marché vers elle. C'était Mme Groensma! Elles ont trouvé une pièce vide où il était possible de parler en privé, et Mme Groensma lui a expliqué la raison de sa visite.

Elle se rappelait s'être retrouvée seule dans un endroit obscur et isolé jusqu'à ce qu'une voix qu'elle croyait être celle d'un ange a commencé à parler, attirant son attention. Plus tard, lorsque cette voix s'est éteinte, elle s'était tant languie de l'entendre qu'elle a commencé à se battre pour retourner à l'endroit d'où la voix lui était parvenue. Elle est sortie du coma et a pris un long moment pour se rétablir. Pendant ce temps, elle a cherché à obtenir des informations auprès des membres du personnel du centre de soins prolongés. Ils ont fini par lui dire qu'ils avaient reçu l'ordre de garder éloignée d'elle une certaine infirmière qui avait fait l'erreur de trop s'attacher à elle.

Aussitôt que cela lui a été possible, Mme Groensma s'est rendue à l'hôpital pour tenter de trouver cette infirmière. Lorsqu'elle a entendu Hanneke converser avec son patient, elle a reconnu la voix qui lui avait parlé durant son coma.

Mme Groensma a pris la main d'Hanneke. « J'ai quelque chose à vous donner pour vous remercier. Il y a quinze ans, je l'ai trouvé dans un fossé, et j'ai d'abord voulu y placer les photographies de mon mari décédé et de moi, et de l'offrir à ma fille. Quand celle-ci est morte, j'étais seule et j'ai voulu me débarrasser du médaillon, mais je n'en ai jamais été capable. Maintenant, je veux vous le remettre. »

Mme Groensma a tendu une petite boîte à Hanneke. À l'intérieur, étincelant de mille feux au soleil, il y avait un médaillon doré en forme de trèfle à quatre feuilles. Le cœur battant, Hanneke l'a ouvert pour voir les photographies de ses parents.

Hanneke porte maintenant le médaillon nuit et jour, et rend visite à Mme Groensma aussi souvent qu'elle le veut.

Et elles parlent et parlent, et leur attachement l'une pour l'autre continue de grandir.

Carin Klabbers

243

« *Pour vous aider à mieux comprendre le concept
du bon et du mauvais cholestérol, les infirmières
Béatrice et Suzanne vont vous faire
une petite mise en scène.* »

7

UNE QUESTION
DE PERSPECTIVE

*Celui qui souhaite protéger
le bien des autres doit avoir déjà
protégé le sien.*

Confucius

Avoir un impact
sur le cours des événements

Au tout début de ma carrière d'infirmière, j'ai travaillé dans une unité de soins intensifs en compagnie d'une travailleuse sociale. Devant les tragédies accablantes ou les accidents absurdes qui frappaient nos patients, cette femme à la foi paisible rappelait à l'équipe de soins infirmiers que, même si le dénouement de chaque situation reposait sur Dieu seul, nos soins pouvaient avoir un impact puissant sur le cours des événements. Je me sentais privilégiée de travailler parmi un personnel qui endossait un tel modèle de soins infirmiers.

M. Nolan était un patient de l'unité de soins intensifs de notre centre médical régional. J'adorais mon travail et j'étais heureuse de lui administrer toute sa gamme de traitements complexes et difficiles. Il nous était très agréable de connaître sa grande famille qui le soutenait tellement et qui manifestait tant de reconnaissance pour les soins prodigués, même lorsqu'il leur fallait affronter une nouvelle difficulté liée à sa condition déclinante. De cet homme se dégageait une dignité tranquille, confirmant les propos de sa famille : il était un mari, un père, un grand-père adoré, un ami précieux et un homme vraiment admirable.

Il avait récemment pris sa retraite d'un emploi de cadre dans une banque et avait été victime d'une attaque cardiaque pendant qu'il attendait de subir un pontage coronarien. Il s'était suffisamment rétabli pour pouvoir subir l'opération et il avait été admis comme un cas de « routine » dans notre unité. Mais, peu après son arrivée, des complications se sont présentées.

Une hypotension persistante avait provoqué une insuffisance rénale, et on a dû lui administrer une dialyse péritonéale toutes les heures. Pour lui permettre de survivre, il a fallu pratiquer une nouvelle opération au cœur. Pour soutenir ses fonctions cardiaques, on lui a finalement inséré une pompe à ballonnet. Le cathéter de cette pompe a été introduit dans l'aine, mais, malgré tous nos efforts pour le repositionner, la circulation dans sa jambe droite avait été entravée, et de la gangrène s'était développée dans plusieurs orteils. On a finalement retiré la pompe, mais son pied entier était déjà devenu froid et noir.

À chaque nouvelle période de travail, le maintien de la stabilité de M. Nolan devenait de plus en plus problématique. Même si tous étaient d'accord qu'il représentait un « mauvais » risque chirurgical, nous savions qu'il ne pouvait survivre longtemps sans une amputation du pied. En salle d'opération, les médecins ont découvert que la gangrène s'était propagée dans toute sa jambe. À son retour à l'unité, nous avons été stupéfaits de constater l'amputation de toute sa jambe droite. Mais nous étions encouragés par l'amélioration de ses signes vitaux, une fois éliminé l'effet toxique de la gangrène.

Durant la semaine suivante, l'état de M. Nolan s'était légèrement stabilisé, mais les trop nombreuses complications médicales et les chirurgies avaient causé de sérieux dommages. Pour le personnel médical, pour M. Nolan et pour sa famille, il était devenu évident que sa condition se détériorait et qu'il ne survivrait pas. J'ai imaginé un plan qui laisserait un souvenir durable à la famille accablée, tout en préservant la dignité de M. Nolan.

Quand les membres de la famille ont téléphoné plus tôt au début du quart de travail, je les ai prévenus qu'ils auraient à attendre un peu plus longtemps pour le voir lorsqu'ils viendraient lui rendre visite cet après-midi-là. Pendant ce temps, en plus de la gamme de soins infirmiers exigeants, je me suis mise à la tâche d'apporter à M. Nolan les soins d'hygiène réservés aux périodes de travail plus calmes le soir. Je lui ai donné un bain, j'ai lavé ses cheveux et je l'ai rasé. J'ai aussi taillé et coiffé ses cheveux pour qu'il ressemble à la photographie que sa famille m'avait montrée. J'ai coordonné les soins pour lui permettre plus de repos, espérant qu'il serait plus alerte à leur arrivée. Entre-temps, je me suis assurée que le personnel et l'équipement nécessaires étaient prêts pour que nous puissions réagir au moindre signal.

À l'annonce de l'arrivée de la famille, l'équipe s'est mise à l'œuvre et a installé M. Nolan dans une chaise gériatrique. Des draps couvraient les tubes du respirateur et l'équipement de dialyse; les rideaux de lit étaient placés de manière stratégique afin d'empêcher la famille de voir la panoplie de pompes intraveineuses, de tubes, de moniteurs et d'équipements. Je lui ai mis ses lunettes, puis j'ai invité sa famille à entrer dans sa chambre.

Assis sur une chaise pour la première fois depuis des semaines, M. Nolan a accueilli son épouse et sa famille le visage animé d'un sourire et les yeux pétillants. Tous riaient et pleuraient abondamment pendant que je surveillais les appareils derrière les rideaux. J'avais consacré à la préparation de cette brève visite toutes les minutes libres dont je disposais en dehors du temps que prenait l'administration de ses soins complexes. Pourtant, le souvenir des sourires partagés par cette famille me suivra toute ma vie.

M. Nolan est décédé durant mes journées de congé suivantes. Quelques périodes de travail plus tard, j'ai été surprise de voir l'une de ses filles m'attendre à mon arrivée à la porte d'entrée de l'unité des soins intensifs. Elle m'a expliqué que la famille lui avait demandé de venir me dire à quel point la vue de M. Nolan assis, ressemblant à « Papa » plutôt qu'à un « patient hospitalisé », leur avait laissé un souvenir agréable, rendant plus supportable l'épreuve de son hospitalisation et de sa mort.

Maintenant, comme professeure en soins infirmiers, j'enseigne à mes étudiantes que toute infirmière doit faire preuve de compétences dans des techniques complexes, avoir des connaissances approfondies et de bonnes capacités de jugement. Mais plus encore, je leur conseille vivement de viser plus loin que cette connaissance et ces compétences. Je leur rappelle que, si le dénouement, pour chacun de leurs patients, ne dépend que de Dieu seul, elles peuvent, par les soins qu'elles dispensent, avoir un puissant impact sur le cours des événements. Je les encourage à prodiguer des soins infirmiers qui tiennent compte des souvenirs que conservent à jamais les patients et leur famille.

Catherine Hoe Harwood

Faites de votre mieux chaque jour,
et progressivement votre vie s'épanouira
dans une plénitude gratifiante.

Alexander Graham Bell

Regarde-toi simplement

Au cours de ma vie professionnelle, j'ai travaillé en étroite collaboration avec des infirmières et j'ai été extrêmement enrichie par leur compétence et leur expertise, aussi bien que par les amitiés et les affinités que nous avons partagées.

La première infirmière qui a eu une influence significative dans ma vie travaillait dans la pouponnière du Tripler Army Hospital à Hawaï. Alors âgée de vingt ans, je faisais des études préparatoires à la médecine, j'étais mariée à un officier de la marine et j'ai accouché à cet hôpital de mon premier bébé en 1968. Larry, mon marin de mari, était revenu à la maison quelques jours plus tôt après une affectation de six mois dans l'ouest du Pacifique pendant la guerre du Vietnam. Nos parents les plus proches demeuraient à des milliers de kilomètres de là. Nous étions débordés par notre nouvelle situation de parents et nous manquions totalement d'expérience dans les soins à donner à un nouveau-né.

Après sa naissance, même si tout semblait être de la routine, Peter a bientôt développé une jaunisse en raison d'une incompatibilité entre son groupe sanguin et le mien. Le matin suivant leur naissance, les bébés des trois autres femmes de notre chambre commune étaient amenés dans un berceau pour qu'ils demeurent avec leur mère. Quand j'ai demandé des nouvelles de mon bébé, on m'a informée que Peter devrait être gardé sous observation à la pouponnière afin de tester régulièrement son taux de bilirubine (le produit chimique qui cause la décoloration de la peau lors d'une jaunisse). Puisque je dépendais des forces armées, j'avais vu un médecin différent à chaque visite prénatale; je n'avais donc pas de médecin personnel désigné pour répondre à mes questions et calmer mes angoisses.

À cause de mes études prémédicales, je possédais un Manuel Merck qui présentait un bref synopsis des diagnostics médicaux courants. Larry a apporté le volume à l'hôpital pour que je puisse lire les paragraphes consacrés à la jaunisse du nouveau-né. J'y ai appris qu'un taux élevé de bilirubine pouvait être toxique pour le cerveau d'un enfant et qu'un taux excédant 20 mg/l était éventuellement susceptible de causer des dommages au cerveau (une croyance médicale de l'époque). Malheureusement, il peut être dangereux d'avoir trop peu de connaissances : j'ai alors exagéré la gravité de la condition de Peter et j'étais rongée par l'anxiété. Les résultats de chaque analyse médicale m'obsédaient. J'avais une fixation sur le chiffre 20, maintenant relié dans mon esprit à certains dommages au cerveau. Pour empirer les choses, l'usage concernant les visites à cette époque ne me permettait pas d'entrer dans la pouponnière ni de tenir mon bébé dans mes bras.

Chaque jour, pendant une brève heure, je pouvais regarder à travers une baie vitrée et observer les infirmières compétentes qui prodiguaient des soins à Peter, sans qu'il ne me soit vraisemblablement possible de faire quoi que ce soit pour mon fils. Alors qu'il n'avait que deux jours, le taux de bilirubine de Peter a grimpé pour se rapprocher du chiffre fatidique et, le troisième jour, il a culminé à 22 mg/l. On m'a demandé de signer une permission pour que l'on puisse procéder à une transfusion d'échange afin de réduire rapidement le taux de bilirubine du bébé à un degré plus sécuritaire. J'étais folle d'inquiétude et terrorisée. Même si Peter survivait à ce que je supposais être une procédure dangereuse pour sa vie, son cerveau serait sûrement endommagé puisque son taux de bilirubine avait déjà dépassé le chiffre alarmant de 20.

Pendant toute cette épreuve, une infirmière en chef compatissante, qui s'était spécialement intéressée à notre situation, est devenue notre soutien moral et notre source d'espoir. Alors que débutaient les préparatifs pour la procédure, cette ange d'infirmière nous a gentiment rassurés, Larry et moi, que Peter irait bien. Après la transfusion, elle est venue rapidement dans ma chambre pour être la première à m'informer que tout s'était bien déroulé. J'ai découvert plus tard qu'elle avait même baptisé notre fils avant la transfusion, dans un acte d'amour sans bornes.

Une fois la crise médicale passée, je me suis sentie exaltée pour un moment, mais une pensée lancinante a bientôt étouffé ma joie. Qu'en était-il des risques de dommages au cerveau?

Même si j'étais jeune et que les risques étaient peu élevés, j'avais réfléchi pendant ma grossesse à la possibilité bien réelle que mon bébé puisse souffrir d'une malformation congénitale ou d'autres problèmes médicaux. J'avais décidé que je pourrais l'aimer quoi qu'il arrive. Maintenant, je me demandais si j'étais une mauvaise mère de vouloir connaître les pronostics à son sujet.

J'ai rassemblé tout mon courage et j'ai demandé au pédiatre de garde: « Croyez-vous que mon bébé puisse avoir souffert de dommages au cerveau à cause de son taux élevé de bilirubine? »

Sa réponse m'a anéantie. « Il nous est impossible de répondre à cette question avant un an. »

Je ne pouvais affronter cette incertitude. Après l'angoisse des quatre premiers jours de la vie de Peter, j'avais besoin de paroles d'espoir. Le médecin a quitté ma chambre, sans se rendre compte à quel point sa réponse m'avait assommée.

Peu de temps après, la merveilleuse infirmière qui m'avait rendue si optimiste la veille est revenue dans ma chambre. Son visage bienveillant reflétait une véritable préoccupation, et je me suis hasardée à lui poser la même question.

« Croyez-vous que mon bébé puisse avoir souffert de dommages au cerveau? »

« Absolument pas », m'a-t-elle lancé.

« Comment le savez-vous? » ai-je riposté.

« Voyez-vous, lorsque je frappe sur son berceau, il est surpris et il étend ses bras, et ce réflexe prouve qu'il est normal. »

J'avais précisément besoin de son assurance inébranlable. Je suis devenue aussitôt follement heureuse. Stimulée par ses paroles encourageantes, j'ai triomphalement emmené mon bébé à la maison et je l'ai traité comme un enfant normal.

Quelques années plus tard, pendant ma formation en pédiatrie, j'ai appris que la réaction décrite par l'infirmière – les bras qui battent l'air – est en fait le réflexe de Moro, un réflexe archaïque propre au nouveau-né, présent même lorsque son cerveau fonctionne de façon minimale. Pourtant, mon infirmière avait, Dieu merci, mentionné ce réflexe comme une preuve irréfutable que mon bébé irait bien, et je l'ai crue. J'ai repensé à la réponse du pédiatre, et je me suis rendu compte que son ambivalence reflétait sa préoccupation de bien agir, sans mesurer l'impact de sa réponse sur moi. Même si sa réponse était techniquement correcte, je me suis demandé ce qui serait arrivé si j'avais emmené Peter à la maison en conservant des doutes sur son développement. Aurais-je communiqué différemment avec lui? Aurais-je créé une prédiction qui se serait réalisée?

La réponse de l'infirmière était fondée sur de bons motifs, au risque qu'un jour les faits prouvent qu'elle avait tort. Je lui serai toujours reconnaissante de m'avoir permis de m'engager dans la maternité avec un espoir et un optimisme sans bornes.

Aujourd'hui, Peter est un psychiatre hautement compétent et compatissant, et souvent lorsque je suis avec lui, je souris et je lui dis en blaguant : « Imagine simplement ce que tu serais devenu s'il n'y avait pas eu ces dommages au cerveau. »

« D^{re} Mom » Marianne Neifert

Toutes douleurs étant égales

La douleur est ce qu'il y a de plus profond dans notre nature, et l'union à travers la douleur et la souffrance a toujours semblé plus réelle et plus sainte que toutes les autres.

Arthur Hallam

L'heure approchait. Nous le savions tous.

« Qu'a dit le médecin ce matin? » ai-je calmement demandé à maman, assise à côté du lit de papa qui dormait par intermittence. C'était une question quotidienne, mais avant que maman n'ouvre la bouche pour parler, je pouvais lire les mauvaises nouvelles dans ses yeux. Elle a tourné vers moi son visage fatigué et a répondu en chuchotant pour ne pas le déranger.

« Il a contracté une pneumonie. Un des poumons est complètement blanc sur la radiographie. » Elle a commencé à pleurer doucement. Mon cœur s'est serré. Je me cramponnais encore à l'espoir naïf que, si je le désirais très fort, tout cela disparaîtrait. Le cancer, les médicaments, le corps dépérissant, la souffrance et l'attente. L'attente déchirante. Je ne voulais plus regarder mon père mourir. Et je ne voulais pas voir une partie de ma mère mourir en même temps que lui. J'ignorais jusqu'où je pourrais en supporter davantage.

J'ai inspiré profondément et j'ai fait un geste l'invitant à me suivre à l'extérieur de la chambre. Elle a hoché la tête et s'est levée pour partir, mais elle s'est arrêtée un moment. Regardant le visage creusé de son mari, elle a doucement caressé sa joue de sa main tremblante. Il n'a pas émergé de ses rêves provoqués par les médicaments.

« Allons prendre un peu d'air », ai-je suggéré comme je plaçais mon bras autour des épaules de maman. Nous sommes passés devant le poste des infirmières et, pour un moment, j'ai été frappée d'émerveillement à la vue de ces hommes et de ces femmes. La chambre de papa était placée juste en face de la vaste section cloisonnée et, au cours du dernier mois, j'avais fini par reconnaître la plupart des visages. Des sourires chaleureux s'élevaient derrière le poste et cette seule vue me stupéfiait. Des sourires. Toujours des sourires. Sur un étage complètement consacré aux mourants et aux affligés.

Maman et moi sommes allées prendre une tasse de café, et elle a bientôt voulu revenir dans la chambre de papa. Elle ne partait jamais longtemps. En fait, les infirmières lui avaient installé un lit de camp pour qu'elle puisse passer ses nuits aussi près de lui que possible. Je l'ai accompagnée sur le chemin du retour et j'ai décidé de regagner le couloir pour me promener encore un peu.

Ce matin-là, je n'allais pas très bien. J'avais mal. Pourtant, ma propre affliction semblait si insignifiante et si peu importante comparée à celle de papa et même à celle de maman. J'ai lutté contre les larmes qui m'envahissaient et me suis promis de demeurer forte pour elle.

Plus tard ce soir-là, après être rentrée à la maison pour me reposer un peu, je suis retournée à l'unité de soins. J'ai remarqué une infirmière que j'avais vue en poste le matin même et j'ai été surprise de la revoir presque douze heures plus tard. Comme je m'approchais, je pouvais surprendre sa discrète conversation avec une collègue de travail. Je n'ai pas saisi l'objet de leurs propos, mais j'ai compris qu'un patient ne passerait probablement pas la nuit. Je savais qu'il ne s'agissait pas de mon père, mais je me suis pourtant sentie ébranlée par cette nouvelle, même si la mort constituait presque une réalité quotidienne à cet endroit.

Une autre vie se terminait.

Lorsque je suis entrée dans la chambre de papa, j'ai été heureuse de voir qu'il était éveillé et volubile. Maman était habillée, elle avait lustré et coiffé ses cheveux et s'était légèrement maquillée. Même si elle ne pouvait dissimuler sa profonde tristesse et son épuisement, elle paraissait tellement belle. Tendrement, elle a relevé les couvertures et tenu délicatement le pied enflé de papa dans une main, en même temps qu'elle étendait doucement de la lotion avec l'autre.

Profondément émue par cette démonstration de force, d'amour et de dévouement, j'ai écouté leur bavardage. Pour un court moment, ils ont semblé oublier tous leurs problèmes. Je me suis excusée et je suis sortie de la chambre. Une fois la porte refermée, je me suis appuyée contre le mur du couloir pour éviter de m'écrouler. La douleur me tenaillait par grandes vagues, et je ne pouvais nier plus longtemps mon propre chagrin.

Je n'avais pas remarqué que l'infirmière avait quitté son poste et s'était approchée de moi. C'était la même que le matin. Elle s'est placée devant moi, et j'ai regardé son visage fatigué. Sans un mot, elle m'a enlacée. J'ai sangloté, et toute ma peur, ma douleur et ma fatigue sont remontées à la surface. Je me suis accrochée à la force et au réconfort dont elle m'entourait.

« Je... je suis désolée », ai-je commencé à dire.

« Il ne faut pas. Nous sommes là pour ça », a-t-elle répondu tendrement.

J'ai esquissé un petit rire à travers mes reniflements. « Comme si vous n'aviez pas assez de prendre soin de ces gens mourants. »

« Toute douleur mérite tout le réconfort que nous pouvons donner – incluant la vôtre. »

Si peu de mots, mais tellement significatifs. Elle m'a tenue dans ses bras pendant encore quelques instants et, lorsque nous nous sommes séparées, je me suis sentie si fatiguée que j'aurais pu m'effondrer. Mais je ressentais également autre chose. Quelque chose en moi s'était transformé. Pendant ces instants passés dans le couloir, elle m'avait fait cadeau du courage et de la force nécessaires pour faire face à la mort de mon père deux semaines plus tard. Ce cadeau m'a accompagnée durant les funérailles et pendant les semaines qui ont suivi, alors que nous nous demandions tous ce que serait la vie maintenant qu'il était parti.

Mais plus que tout, ce cadeau m'a permis d'admettre que, même si toutes les douleurs ne sont pas égales, elles méritent tout le réconfort que nous pouvons donner.

Corinne Pratz

Le meilleur remède

On a tellement parlé des soins infirmiers comme d'une « profession gratifiante », que c'en est presque devenu un cliché. Mais plus encore, cette profession vous met à l'épreuve et exige plus de vous que vous n'auriez jamais cru possible. Généralement, le personnel infirmier connaît bien sa valeur personnelle. C'est à travers notre reflet dans les yeux de nos patients que nous parvenons à cette connaissance.

Ce sont nos patients, plus que nos collègues, qui ont fait de nous ce que nous sommes, en nous obligeant à être à la hauteur des circonstances.

Vous vous tenez au chevet d'une jeune fille prénommée Maria. Elle est couchée sur une civière et elle est très déprimée. Elle ne parle pas, dort très peu, et il faut la nourrir à la cuillère. Son médecin lui a prescrit un traitement par électrochocs. C'est le premier traitement de Maria, et c'est aussi la première fois que vous y assistez. Vous voudriez être ailleurs; il paraît que les électrochocs sont terrifiants. Le médecin appuie sur un bouton, et le corps de Maria se soulève au-dessus de la table pendant que vous lui tenez le bras. Elle commence à avoir des convulsions et vous voulez détourner la tête. Doit-on traiter la maladie mentale de cette façon?

Qu'est-ce qui m'a fait croire que je voulais être infirmier?

Six semaines plus tard, les traitements de Maria sont terminés. Elle est maintenant prête à quitter l'hôpital. Elle mange et dort normalement. Elle parle. Elle sourit aussi, et rit d'un de ces rires de petite fille qui vous touchent au cœur. Elle est belle – elle va bien. Elle s'approche et vous prend la main. « Merci de m'avoir aidée. » Puis vous pensez : *Peut-être que je suis au bon endroit, après tout*.

La tête de cet enfant de six ans est plus large que tout son corps. Vous avez trouvé difficile de faire face à cette maladie monstrueuse qu'on nomme hydrocéphalie. Vous voulez partir, vous cacher même. Vous placez plutôt votre main sous sa tête gigantesque et vous portez une cuillère à sa bouche. À quoi bon tout cela? Quel genre de vie vit-il? Puis, le jour des visites, sa mère arrive. Vous voyez l'amour entre un parent et son enfant. Puis vous comprenez. Vous êtes heureux de ne pas avoir fui.

Manny est un colosse qui regarde droit devant lui, toujours immobile : il est catatonique. Chaque jour, vous poussez et tirez pour tenter de le faire bouger. Durant sa douche, vous devenez aussi trempé que lui. Son expression terne ne change jamais. Il semble complètement inconscient de tout. Sait-il seulement que vous êtes là? Vous pouvez accumuler de telles frustrations à force de prendre soin d'un homme qui ne vous aide absolument pas. Est-ce que ça changerait quelque chose si vous vous détourniez simplement et vous partiez?

Mais alors arrive ce jour tout à fait particulier en compagnie de Manny, une journée dont vous vous souviendrez tout le reste de votre vie. Vous vous retrouvez face à un autre homme qui tient une patte de table ; un homme qui est décidé à vous détruire.

Du coin de l'œil, vous remarquez un mouvement. Un énorme poing arrête l'homme qui tient la patte de table. Une épaule massive s'écrase sur la poitrine de celui qui aurait pu vous tuer. Des semaines plus tard, lorsque Manny s'apprête à quitter votre service, vous lui demandez : « Manny, ce jour-là – pourquoi? »

Une main costaude touche votre épaule. Manny sourit. « Vous m'avez aidé – il était temps pour moi de vous rendre la pareille. » Vous passez le reste de la journée à digérer les paroles de Manny. Puis vous dites à quelqu'un qui passe par là : « J'aime mon métier d'infirmier. »

Allan est schizophrène et autodestructeur. Vous passez heure après heure à tenter de comprendre son univers. Vous en êtes incapable. Tout cela semble tellement désespéré. Parfois, la situation est tellement décourageante que vous pensez qu'Allan serait bien mieux mort. Mais alors – ô merveille des merveilles – vous parvenez à communiquer avec lui.

Sa conversation devient lucide – ses paroles ont du sens! Un de ses sujets favoris : « Vous savez, Donnie, quand je partirai d'ici, je vais me procurer un petit chiot. » Il vous rend presque fou avec cette conversation à propos des petits chiots; il ne s'arrête jamais d'en parler – mais au moins il est sorti de son monde des ténèbres.

Deux ans après, vous marchez sur le terrain de l'hôpital. Un klaxon retentit. Vous levez les yeux pour voir une décapotable rutilante s'arrêter sur le bord de la route, un énorme chien sur le siège arrière. « Comment aimez-vous mon petit chiot, Donnie? » Allan rit. « Du moins, c'en était un, il y a deux ans! » Vous suivez des yeux la voiture d'Allan qui s'éloigne, et vous pensez: *Dire que j'avais presque perdu espoir pour lui.*

Harry est maniaco-dépressif, un homme physiquement puissant et violent qui passe le plus clair de son temps dans une chambre d'isolement. Vous travaillez de nuit, vous êtes assis à une table à la cuisine, et vous mangez un bol de céréales. Harry approche. Votre gorge se serre. Il jette un œil à votre bol. « Est-ce que je peux en avoir un peu? Vous lui donnez un bol, une cuillère et vous poussez la boîte de céréales et le lait vers lui. Il engloutit le tout. Cela devient un rituel du soir. Plus d'isolement, plus de violence. Harry sera réadmis à plusieurs autres reprises. Vos céréales ne sont pas un remède miracle. Mais tout le monde demande: « Comment se fait-il qu'Harry ne vous cause jamais de problèmes? » Vous souriez. Comment pouvez-vous expliquer le pouvoir d'un bol de céréales?

Vous êtes maintenant assis et vous revoyez vos quarante-cinq années. Vous êtes heureux, comblé; vous avez été « gratifié ». Ce résultat dépend-il entièrement de vos propres efforts? Non. Alors, vous remerciez Maria, l'enfant hydrocéphale, Manny qui vous a sauvé la vie, Allan et son chiot, Harry et son bol de céréales.

Ils étaient vos patients, et vous, leur infirmier.

Qui a aidé l'autre le plus?

Difficile à dire.

Don Haines

Toujours infirmière

Certaines personnes attribuent leur décision de devenir infirmière à un événement qui a transformé leur vie. Pas moi. J'ai toujours su que je voulais pratiquer ce métier. Dès mon plus jeune âge, j'utilisais mes sœurs – quelquefois volontaires, parfois récalcitrantes – comme patientes. Mes poupées étaient constamment recouvertes de bandages et marquées de petits points de « piqûres » à l'aide de stylos à bille.

J'ai adoré mon cours de soins infirmiers et j'étais remplie de fierté la première fois où j'ai revêtu mon uniforme. J'aimais même la coiffe!

Le jour de la remise des diplômes est l'un des jours les plus heureux de ma vie, comme l'a aussi été celui où j'ai ouvert l'enveloppe m'annonçant que j'avais réussi l'examen de l'Ordre. Mon rêve s'était finalement réalisé. J'étais infirmière!

Après avoir obtenu mon diplôme, j'ai travaillé dans un hôpital psychiatrique, un centre d'hébergement et de soins de longue durée, une unité de télémétrie et j'ai fait de la pratique privée auprès d'enfants malades.

La satisfaction et la confiance ressenties à faire des examens, à installer des perfusions, à apprendre tout ce qui touche à la médication et à établir de bonnes relations avec les patients et leur famille ont confirmé mon choix de carrière.

À la naissance de notre premier enfant, j'ai cessé de travailler à l'extérieur de la maison. J'adorais me retrouver avec mon nouveau bébé. Puis, il y a quelques mois, je me suis rendu compte que je n'avais pas travaillé en tant que « vraie » infirmière depuis près de trois ans. J'ai effectivement continué à lire des revues spécialisées sur la profession et j'ai participé à des ateliers sur les soins infirmiers. Mais il y avait eu de tels progrès et de tels changements dans la technologie, les procédures et la médication. Pourrais-je retrouver un jour ma place comme infirmière?

J'ai commencé à douter de mon choix de carrière. Peut-être avais-je commis une erreur en ayant consacré tant de temps, sans compter l'aspect financier, à préparer une carrière que je pratiquerais seulement quelques années? Ce que j'avais appris il y avait si longtemps à l'école avait-il tellement d'importance? Pourrais-je redevenir une « vraie » infirmière?

Quelques jours plus tard, notre enfant de trois ans est tombé dans l'escalier avant. Le cœur battant, j'ai vérifié si sa chute n'avait pas causé une blessure à la tête. Ses pupilles étaient de même dimension, il était alerte et ennuyé par mon examen, et ses habiletés motrices paraissaient normales alors qu'il pourchassait sa petite sœur à travers la cour.

J'ai poussé un soupir de soulagement, et plusieurs autres événements des derniers jours ont surgi dans mon esprit. Je me suis rappelé l'appel téléphonique de ma mère, et mes explications sur ce qu'est une attaque cérébrale et sur la façon dont cette maladie pourrait affecter son amie.

J'ai pensé au soir précédent alors que j'ai rassuré notre voisine, dont le mari venait de revenir de l'hôpital à la maison après avoir subi une sérieuse attaque cardiaque. Je lui ai expliqué qu'elle pouvait m'appeler n'importe quand, et que je serais toujours là. Nous nous sommes embrassées et, à travers ses larmes, elle a déclaré: « Je suis tellement heureuse d'avoir une infirmière comme voisine! »

Et je me suis rappelé cet autre jour où j'ai conseillé mon beau-père sur l'importance de prendre tous les médicaments antibiotiques qu'on lui avait prescrits, et de ne pas cesser la médication dès qu'il se sentirait mieux.

En y repensant, je me suis rendu compte que je n'avais pas à travailler dans un grand hôpital ou à connaître tous les détails des plus récentes technologies de pointe pour être infirmière. J'utilise ma formation tous les jours, et je continuerai à m'en servir chaque jour de ma vie. Mon choix de carrière était le bon.

Je suis, et je serai toujours, infirmière.

Shelly Burke

Une infirmière nommée Gloria

*Celui qui fait rire ses compagnons
mérite le paradis.*

Le Coran

« C'est un garçon », a déclaré le médecin d'une voix faible et inquiète.

Après sa triste déclaration, le silence s'est installé. Pas de commentaires sur la beauté du bébé, aucune question sur le prénom qui lui serait attribué.

Même le bébé était silencieux.

Même si je savais qu'il y avait un problème, je n'ai pas osé poser de questions. Les médecins et les infirmières se sont réunis à l'autre bout de la salle d'accouchement. Ils étaient terriblement efficaces, brandissant tout un attirail d'équipement médical destiné à déclencher la respiration de mon bébé. Après quelques minutes, ils ont rapidement emmené Ethan aux soins intensifs. Bientôt, les médecins ont prononcé le diagnostic : méningite, pneumonie très grave, infection possiblement mortelle.

Mon mari et moi avons débuté ce qui deviendrait une routine – les visites à l'unité de soins intensifs pour passer du temps avec notre fils. Assis à son chevet, nous ne pouvions que constater qu'il n'était pas le bébé que nous avions imaginé. Ses petits bras étaient attachés, et on avait rasé sa tête pour permettre l'introduction des aiguilles intraveineuses. Emmailloté dans un treillis de tubes et d'aiguilles, il respirait artificiellement au rythme du bruit du respirateur. D'autres machines bipaient et ronronnaient une étrange berceuse.

L'équipement relié à Ethan nous empêchait de le tenir dans nos bras. Les calmants qu'on lui avait administrés ne nous permettaient même pas d'apercevoir ses yeux. Nous y allions quand même, et les premiers jours précaires ont fait place aux semaines. Ethan était notre fils et nous n'aurions pas pu l'aimer plus s'il avait été le bébé rose Gerber de nos rêves.

Malgré notre amour, l'unité néonatale de soins intensifs était un endroit sinistre. Nous, les parents, nous promenions dans les corridors, mais ne nous adressions pourtant que rarement la parole. Nous avions les yeux cernés de noir et arborions l'expression *Pourquoi moi?* au visage. Au lieu de bavarder entre nous, nous parlions aux médecins, nous armant de courage pour entendre des propos déprimants où on utilisait avec une indifférence alarmante des mots comme « dommages au cerveau » et « attaque cérébrale ».

Pour m'évader, j'ai pleuré et j'ai bouffé d'énormes sacs de bonbons. Et j'ai prié comme jamais auparavant, ma foi étant renforcée par mon besoin que se produise un miracle. Essentiellement, j'attendais et j'espérais que mon enfant aille mieux, alors que les jours se distillaient les uns dans les autres.

Une journée, toutefois, s'est révélée différente. Comme chaque jour, j'ai commencé ma visite à l'hôpital en nettoyant mes mains avec du savon désinfectant rose. Pendant que je les séchais, j'ai noté qu'elles étaient à vif et qu'elles saignaient à cause des fréquents lavages avec des antiseptiques corrosifs. Ensuite, j'ai saisi une chemise d'hôpital en coton stérilisé et je l'ai enfilée par-dessus ma tête. La chemise semblait rêche et les manches trop serrées sur mon chandail d'hiver. Même la couleur m'agaçait – le jaune ensoleillé paraissait trop gai pour des mères de bébés malades et mourants. Je me serais sentie plus confortable dans du gris terne ou du bleu verdâtre.

J'ai marché en me traînant les pieds dans le couloir familier, notant à peine l'odeur piquante – un mélange d'alcool et de poudre pour bébé. Je détournais mon regard des murales couvertes de lapins souriants, qui semblaient mal assortis à ce lugubre environnement. J'ai marché le long des rangées d'isoloirs avec leurs petits occupants : des enfants prématurés bien enveloppés pour les garder au chaud, des nouveau-nés souffrant de malformations congénitales, et des bébés plus vieux qui ne sortiraient jamais de l'hôpital.

À la porte de la pouponnière, je me suis préparée à voir Ethan et à entendre le rapport quotidien sur sa condition, que je pressentais décourageant. À deux semaines, Ethan était toujours branché au respirateur, toujours secoué par des attaques, toujours empoisonné par une bactérie menaçante.

Puis, je l'ai entendu. Un son que je n'avais pas entendu depuis le jour où Ethan était né. *Des rires*. Ce n'était pas le rire poli et métallique des visiteurs qui essaient de dissiper la tension, mais un véritable rire. Exubérant, robuste et fort. Il provenait de la pouponnière où se trouvait Ethan. Le son était tellement étranger que je n'étais pas certaine de devoir m'en réjouir ou si je devais me sentir menacée. Pourquoi quelqu'un rirait-il ici, surtout en cet endroit?

J'ai jeté un coup d'œil furtif à travers la porte pour découvrir, à l'extrémité de la pouponnière, un groupe de parents et d'infirmières réunis autour d'une infirmière prénommée Gloria.

« Bonjour! » a lancé Gloria comme je me tenais à la porte. « C'est formidable de vous voir. Comment allez-vous aujourd'hui? »

« Ça va bien », ai-je répondu avec une voix fade, encore perplexe par l'atmosphère joyeuse.

Gloria m'a souri et m'a fait signe d'entrer tout en continuant son spectacle solo. Je connaissais Gloria; elle avait pris soin d'Ethan. Elle m'avait impressionnée par sa compétence, sa sensibilité et sa jovialité. Mais, ce matin-là, elle paraissait vraiment radieuse pendant qu'elle régalait son auditoire d'histoires drôles sur la vie d'hôpital.

Je me suis d'abord posé des questions concernant la sécurité des bébés, puisque toutes les infirmières semblaient faire l'école buissonnière. Mais je savais qu'elles entendraient le plus subtil bip ou la plus infime sonnerie, gardant un œil sur Gloria et l'autre sur les petits dont elles étaient responsables. J'ai rejoint le groupe et j'ai écouté la performance impromptue de Gloria. Bien que je ne puisse me rappeler aucune des histoires qu'elle racontait, je me souviens de ma sensation alors que je l'écoutais. Au début, j'ai souri. Puis, lentement, j'ai osé esquisser de petits rires. En peu de temps, je riais avec tout le groupe.

Au départ, une pointe de culpabilité m'a percé le cœur. Comment pouvais-je rire alors qu'Ethan était en train de lutter pour sa vie? Mais à mesure que j'observais Gloria, cette impression s'est dissipée. Ses larges épaules se soulevaient, et ses boucles frisées et foncées rebondissaient pendant qu'elle nous divertissait. Ses yeux noirs étincelaient et ses lèvres se retroussaient en un sourire engageant. Il était impossible de ne pas être ravi par sa joyeuse énergie.

Plus je riais, plus je me sentais légère. Ma dépression a disparu, libérant mon esprit d'une tristesse étouffante. J'ai accueilli la lumière dans tout son éclat, l'espoir dans toute sa vivacité. Rien n'avait changé pour Ethan, pourtant je savais que, quoi qu'il arrive, je pourrais y faire face.

Le festival solo de rires de Gloria a marqué un point tournant dans l'hospitalisation d'Ethan. Après cette soirée, je suis allée trouver Gloria chaque fois que je me rendais à l'hôpital. S'il y avait de mauvaises nouvelles, je voulais les entendre de Gloria. Lorsque des résultats d'examen sont arrivés du laboratoire, j'ai voulu que Gloria en déchiffre les données pour moi. Quand est venu le temps de tenir Ethan dans mes bras, de le nourrir et d'en prendre soin, j'ai réclamé l'aide de Gloria.

Gloria m'a assistée dans ces tâches, et bien plus encore. Elle a aidé Ethan à se libérer des intrus microscopiques qui ravageaient son corps, et le miracle pour lequel je priais est devenu réalité. Mais Gloria a contribué à ma guérison autant qu'à celle d'Ethan. Par le pouvoir salutaire de l'humour, Gloria m'a donné le goût de sourire et le courage d'espérer.

Lisa Ray Turner

Dumbo

De toutes les joies qui éclairent notre Terre souffrante, quelle joie est mieux accueillie que celle d'un enfant nouveau-né?

Caroline Norton

J'étais l'infirmière qui devait prendre soin du premier-né d'un couple, après sa naissance par césarienne. Alors que la mère se trouvait sous anesthésie générale, le pédiatre et moi avons emmené notre minuscule paquet directement à la pouponnière des nouveau-nés où nous avons présenté à son papa le bébé né depuis quelques minutes. Comme il embrassait son enfant, il a immédiatement remarqué les oreilles du bébé bien en évidence chaque côté de sa tête. Il s'est dit préoccupé que certains enfants puissent se moquer de lui, et le traiter de « Dumbo », le nom de l'éléphant légendaire aux oreilles exceptionnellement grandes.

Le pédiatre a examiné le bébé et a rassuré le nouveau papa que son fils était en santé – ses oreilles ne représentaient qu'un problème esthétique mineur qui pourrait être aisément corrigé pendant la petite enfance.

Le père a finalement retrouvé son optimisme à propos de son fils, mais il était encore inquiet de la réaction de sa femme à la vue de ces grandes oreilles décollées.

« Elle ne prend pas les choses aussi bien que moi », a-t-il dit avec une certaine angoisse.

Durant ce temps, la nouvelle maman était installée dans la salle de réveil et prête à recevoir son nouveau bébé. Je m'y suis rendue avec le père pour lui prêter main-forte au cas où cette mère inexpérimentée soit contrariée par les grandes oreilles de son bébé. Pour le protéger pendant le court voyage à travers le couloir frais et climatisé, l'enfant a été emmailloté dans une couverture, la tête couverte. J'ai placé le minuscule paquet dans les bras de sa mère et j'ai relevé délicatement la couverture afin qu'elle puisse contempler son enfant pour la première fois.

Elle a jeté un regard sur le visage de son enfant et s'est retournée pour regarder son mari en balbutiant: « Oh, chéri! Regarde! Il a tes oreilles! »

Laura Vickery Hart

« *Nous menons une étude sur le pouvoir guérisseur de l'humour. Pendant que Boppy exécute sa prestation pour vous, laissez-nous savoir le moment précis où vous sentirez passer la pierre au rein.* »

La crise d'aujourd'hui

La crise d'aujourd'hui est le rire de demain.

H. G. Wells

En tant que nouvelle infirmière diplômée, j'avais été assignée pour travailler le soir dans l'unité des soins intensifs d'un petit hôpital rural. À cette époque-là, comme aujourd'hui, il y avait pénurie de personnel, et j'étais la seule infirmière diplômée en poste pendant cette période de travail. La soirée s'annonçait paisible avec seulement cinq patients, qui tous dormaient ou se reposaient. J'ai dit aux deux infirmières auxiliaires d'aller prendre leur repas à la cafétéria et de me ramener quelque chose à manger. Laissant l'unité sous ma seule responsabilité, elles sont parties à toute vitesse avant que j'aie eu le temps de reconsidérer ma décision malheureuse.

Je me suis plongée dans mes paperasses, le rythme du bip des moniteurs jouant leur air familier en toile de fond. Mais voilà que mon radar d'infirmière a repéré un bruit inhabituel, attirant mon attention. *Qu'est-ce que ça pouvait bien être?*

J'ai levé les yeux de mes graphiques vers la chambre de l'autre côté du couloir et j'ai vu un patient cardiaque qui se tenait debout à côté de son lit. *Hmmmmm, ce n'est pas une bonne idée...* Soudain, avant que j'aie pu poursuivre ma réflexion, *whoom!* Les pieds lui sont partis, sa chemise a volé dans les airs, et il est disparu de ma vue!

Aïe! J'ai bondi de ma chaise, je me suis précipitée dans le couloir et j'ai foncé à toute allure vers la porte de sa chambre. Comme je faisais mon entrée théâtrale, j'ai remarqué une immense flaque de liquide brun verdâtre

273

qui se répandait sur le plancher. *Diagnostic de l'infirmière : liquide brun verdâtre… liquides organiques… oh non! du caca!*

Trop tard! J'étais déjà en train de faire de l'aquaplane sur le déversement accidentel, mes bras et mes jambes s'agitant dans les airs pour éviter une fâcheuse chute. Toujours optimiste, mon cerveau a commencé à émettre des idées positives: *Je vais glisser à travers cette saleté, atterrir sur mes deux pieds et sauver la situation!*

Malheureusement, ce n'est pas arrivé. Au lieu de cela, mes pieds ont glissé dans le liquide et puis, *whoom!* J'ai atterri si durement sur les fesses que ma tête a rebondi sur le linoléum. *Ouch!* J'ai retrouvé mes esprits et me suis retournée vers mon patient. Cet alerte gaillard essayait de se relever. *Boom!* Il est tombé de nouveau. J'ai essayé de me lever d'un bon pour l'aider. *Wham!* J'ai encore glissé. Il a réessayé de se lever. *Whoom!* Je me suis démenée pour retrouver mon équilibre. *Wham!* Avec les bras et les jambes écartés dans toutes les directions, nous ressemblions à Bambi et Tumper dérapant sur la glace.

Après ce qui a semblé une éternité, nos yeux se sont croisés et je me suis rendu compte qu'il riait. « Ce n'est probablement pas ce que vous pensez », a-t-il dit en faisant un clin d'œil et un signe en direction de notre dégoûtante flaque, à côté de laquelle était renversé un verre de polystyrène.

Totalement déconcertée, je ne pouvais pas comprendre ce qu'il essayait de me dire. « Hein? »

Il a hoché la tête comme pour s'excuser. « J'espérais cacher mon jus de tabac avant que vous fassiez votre ronde. »

Cela m'a pris une minute pour comprendre. *Était-ce la bonne ou la mauvaise nouvelle? Du jus de tabac ou du*

caca : dans lequel des deux était-il préférable de tomber ?
À ce jour, je n'en suis pas encore certaine. Mais une fois que j'ai compris que mon patient allait bien, j'ai pu saisir le comique de la situation, et nous avons tous les deux ri de bon cœur.

Première leçon : Les aléas de la vie, avec le temps, deviennent de l'humour. Si vous croyez qu'il est possible de rire plus tard d'un événement, essayez d'en abréger la période d'attente. Efforcez-vous d'en rire le plus rapidement possible.

Deuxième leçon : Il vous sera certainement profitable de rire de vous-même avant que les autres ne le fassent. Au moment où je suis sortie de cette chambre avec un dépôt gluant brun verdâtre répandu partout sur mon uniforme blanc fraîchement nettoyé, tous ont immédiatement compris le côté loufoque de la situation. Comme j'étais déjà en train de rire, mes collègues ont ri avec moi au lieu de rire de moi !

Troisième leçon : Plus vous frôlez la tragédie de près, plus votre humour devient singulier. Les infirmières doivent être capables de rire dans certaines situations pénibles, ou bien elles seront vaincues à l'usure et quitteront cette merveilleuse profession.

Les infirmières peuvent trouver le bon côté des choses et de l'humour dans les endroits les plus bizarres – Dieu merci !

Karyn Buxman

L'examen

En vérité, je vous le déclare, si vous ne changez et ne devenez comme les enfants, non, vous n'entrerez pas dans le Royaume des cieux.

Matthieu 18, 3

Pendant vingt-trois ans, j'ai travaillé comme infirmière dans une variété de secteurs de la profession, et une histoire m'a toujours hantée, celle de cet enfant que je nommerai « Tommy ».

J'étais en poste dans un refuge temporaire pour les enfants victimes de négligence et de violence, de la naissance à 17 ans. Assise sur le plancher du hall, j'écoutais les vagues informations transmises par l'officier de police. Tommy se cachait derrière lui, avançant prudemment la tête chaque fois qu'il entendait prononcer son nom. Il serrait le doigt du policier d'une main et tenait de l'autre un ourson de peluche miteux.

J'ai ouvert un pot de bulles et je les ai soufflées autour de moi, tout en observant Tommy du coin de l'œil. Lentement, il a émergé de son point d'observation derrière l'officier pour regarder les bulles qui cascadaient dans les airs et qui éclataient silencieusement sur le tapis. Tommy a esquissé deux petits pas, mais il tenait toujours le doigt de son protecteur. Il a balayé du regard les adultes qui se tenaient près de lui et a semblé surpris que personne n'ait remarqué son mouvement. Il a lâché le doigt de l'officier et serré contre sa poitrine, avec ses deux mains, l'ourson en lambeaux. Il a ensuite traversé la pièce furtivement et s'est mis à genoux à un mètre de moi. Son visage était retourné alors qu'il se concentrait sur les bulles flottant dans les airs.

C'était ma première occasion d'examiner sa condition physique. Je savais que sa confiance en moi ne durerait que le temps de sa fascination pour les bulles.

Les joues rouges de Tommy étaient marbrées de poussière et de larmes. Je me suis rendu compte que cette rougeur sur ces joues avait la forme et la grandeur d'une main – les marques de la colère émergeant lentement sous la forme de doigts. Mi-rouge, mi-violet, son œil gauche était presque fermé sous l'enflure. Souligné par de longs cils épais foncés, l'autre œil immense et brun regardait toujours intensément les bulles qui virevoltaient autour de lui. Sous sa lèvre inférieure, craquelée et œdémateuse, était incrustée une gale, vestige d'une récente coupure. Une mince écorchure linéaire croûteuse encerclait son cou. Pendant que Tommy essayait d'attraper une bulle avant que celle-ci n'atterrisse sur le sol, j'ai remarqué dans la paume de sa main droite une petite ampoule en forme de cercle, marque d'une brûlure apparemment causée par une cigarette.

J'étais silencieusement assise avec Tommy au milieu des bulles, essayant de masquer l'émotion qui me tenaillait à la vue de ses souffrances passées et ma colère contre l'homme responsable de ses blessures. Pour le reste de l'examen, il fallait attendre que Tommy ait enlevé ses vêtements pour prendre un bain, chose que l'enfant n'était pas encore prêt à faire.

D'un air gêné et d'une voix à peine plus forte qu'un murmure, il m'a demandé de souffler lui-même les bulles. Bientôt, la pièce entière était remplie de sphères flottant dans les airs et du rire de Tommy, la simple joie de ce jeu lui faisant temporairement oublier tout et tout le monde.

L'officier de police s'est approché, a posé un genou par terre devant Tommy et il lui a expliqué qu'il lui fallait partir. Il a épinglé une insigne-jouet sur la chemise de l'enfant et a annoncé que Tommy était maintenant promu sergent honoraire parce qu'il avait été un homme si courageux aujourd'hui. J'ai regardé Tommy. L'enfant s'est raidi et, encore une fois, il s'est réfugié dans le silence. Des larmes ont brillé dans ses yeux pendant que le policier lui serrait la main.

Oubliant les bulles, Tommy s'est jeté au cou de l'officier en lui disant: « Dis à Papa que je l'aime. »

Rebecca Skowronski

« Elle écoute les bips du cœur de PJ. »

Prends soin de Joey

Les tonalités de la voix humaine sont plus fortes que les cordes ou les cuivres pour émouvoir l'âme.

Friedrich Klopstoch

Il était 15 heures. La jeune infirmière assise au poste a quitté des yeux ses dossiers pour voir le préposé aux bénéficiaires de la salle d'urgence amener en fauteuil roulant son patient nouvellement admis à la chambre 107. Elle aurait espéré avoir eu le temps d'enregistrer les données et d'écrire son rapport avant cette arrivée. *Et* elle devait encore recueillir une dernière fois les signes vitaux de son patient opéré pour une amygdalectomie. *Et* il fallait remplacer les sacs de glace sur le genou du 104. C'était bien d'avoir préparé la chambre un peu plus tôt. Celle-ci était prête pour l'admission – les draps du lit rabattus, la cruche d'eau remplie, les chemises de nuit pédiatriques posées sur le lit.

L'infirmière a apposé sa signature sur le rapport inachevé et s'est précipitée au 107 pour accueillir son patient. Le rapport de la salle d'urgence indiquait que le petit Joey âgé de six ans avait été retiré cet après-midi-là d'une situation de violence au foyer et qu'il avait été admis pour une évaluation des blessures résultant de l'abus physique. Elle a été soulagée de voir le petit garçon marcher du fauteuil roulant jusqu'au bout de son lit. C'était un bon signe – ses blessures ne semblaient pas trop graves.

L'infirmière s'est penchée sur le visage de Joey et a souri. « Bienvenue en pédiatrie, Joey. Nous allons vraiment bien prendre soin de toi ici. » Le petit garçon a esquissé un sourire forcé et hésitant.

« J'ai quelques petites choses à terminer très rapidement, ensuite je reviendrai pour finir de t'installer. » Joey s'est assis très raide sur le bord du matelas, les mains croisées sur ses genoux. La jeune infirmière l'a rassuré avec un autre sourire. « Ce ne sera pas long. » Après ces mots, elle s'est dépêchée de sortir de la chambre, suivie du préposé aux bénéficiaires qui lui tendait deux pages de consignes provenant du médecin de Joey. Radiographie IMMÉDIATEMENT… tests de laboratoire IMMÉDIATEMENT.

Au poste des infirmières, elle a composé d'une main le numéro du service de radiologie pendant qu'elle remplissait de l'autre les formulaires destinés à la pharmacie. L'infirmière en chef est arrivée. « Avez-vous remarqué que votre patient nouvellement admis se trouve dans la chambre 107? »

La jeune infirmière a pris une profonde respiration. « Oui, je l'ai vu. Mais avant que j'aie pu commander les radios, les médicaments de la pharmacie et le matériel du service central, je ne peux pas prendre soin de lui, qu'en pensez-vous? » Elle a esquissé un léger sourire. « Et je dois aussi prendre les signes vitaux post-opératoires du 110; et je dois aussi dicter mon rapport de fin de période de travail. »

L'infirmière en chef a répondu: « Je vérifierai les signes vitaux. Vous pourrez donner verbalement votre rapport plus tard. Pour le moment, établissez vos priorités et allez d'abord au plus important. »

Le récepteur appuyé sur son épaule, la jeune infirmière a composé le numéro du laboratoire tout en estampillant les réquisitions à transmettre au service central. À ce moment-là, sa collègue lui a tendu l'autre appareil téléphonique. « C'est l'admission. Les commis nous font part qu'il existe une divergence en ce qui a trait à l'âge de votre nouveau patient du 107. Le formulaire du service social indique qu'il a six ans et le rapport de police mentionne cinq. »

L'infirmière a poussé un grognement. « Quand je ferai son admission, je le demanderai à Joey. »

« Ils disent qu'ils ne peuvent pas compléter l'admission, ce qui signifie qu'ils ne peuvent exécuter les ordres du médecin avant d'être renseignés sur l'âge de l'enfant. »

La jeune infirmière a poussé un soupir et a appuyé sur le bouton de l'interphone.

« Joey? »

Il n'a pas répondu.

« Joey? »

Silence.

« Joey. Je sais que tu es là. » Avec une patience affectée, l'infirmière a dit sévèrement: « Joey, réponds-moi. »

À peine a-t-elle pu entendre la petite voix tremblotante: « Qu'est-ce que tu veux, Mur? »

La gorge nouée, l'infirmière a déposé l'appareil téléphonique, les formulaires et son stéthoscope, et s'est rendue à la chambre 107 pour accomplir le plus important. Prendre soin de Joey.

Donna Strickland
Tel que raconté à LeAnn Thieman

Prenez un numéro, s'il vous plaît

Il est facile de trouver des raisons pour les-
quelles les autres devraient être patients.

George Eliot

Les infirmières et les aides-soignantes couraient partout dans la maternité pour aider les mères à mettre au
monde leurs bébés. Puis, d'autres patientes sont arrivées.
Il y avait plus de travail que le personnel pouvait en prendre; on a alors déplacé certaines d'entre nous de la salle
de réveil pour prêter main-forte à l'équipe.

Nous avons aidé à faire l'admission des patientes et
avons participé à leur travail préliminaire, tout en nous
occupant des futurs pères. Un jeune homme, entre autres,
était non seulement nerveux, puisque c'était leur premier
enfant, mais plutôt impatient. À plusieurs reprises, il nous
a demandé combien de temps encore prendrait l'accouchement. Il faisait constamment les cent pas, ce qui rendait nerveuse la future jeune mère. Finalement, nous
avons pu le convaincre de se rendre dans la salle d'attente
pour prendre un breuvage et se détendre, car son épouse
ne serait pas prête à accoucher avant un bon moment.

Peu après, je me suis rendue à la salle d'attente pour
donner au futur père les dernières nouvelles sur l'état de
son épouse. Pendant que je parlais avec lui, une autre
infirmière est arrivée dans la pièce et a annoncé au mari
de sa patiente que sa femme était sur le point d'accoucher.

Le jeune homme avec lequel je parlais s'est dirigé
vers l'infirmière et lui a déclaré: « Excusez-moi. Je ne
voudrais pas être impoli et j'ai essayé d'être patient, mais
j'étais ici bien avant lui. »

Naomi Follis

« McGuire! Une équipe de deux! »

Reproduit avec l'autorisation de Benita Epstein.

Une résignation raisonnable

Quand j'étais administratrice des soins infirmiers dans l'hôpital d'une petite communauté, j'avais pris l'habitude de suivre un adulte ou un enfant tout au long de son hospitalisation, ou du moins pendant une partie de son séjour. Généralement, je choisissais quelqu'un parce que sa condition était inhabituelle, ou parce qu'une infirmière me le demandait, ou parce que cette personne éprouvait des problèmes sur le plan relationnel. Mary répondait à tous ces critères. Elle avait une voix forte, la chevelure teinte au henné, et était une femme agressive qui se répandait en injures. Peu après sa première admission à l'hôpital, j'ai entendu parler d'elle et du désespoir du personnel qui essayait de prendre soin d'elle.

À ma première visite à Mary, j'ai dû demeurer sur le pas de la porte, car, dès qu'elle a aperçu mon visage, elle a crié: « Je ne veux aucun visiteur! » Quand je lui ai demandé si elle avait besoin de quelque chose, elle m'a servi un « Non! » tranchant. Je ne pouvais m'aventurer dans son territoire au-delà d'une certaine limite qu'elle m'imposait. Ce n'est qu'après une semaine de rondes quotidiennes qu'elle m'a finalement autorisée à m'approcher de son chevet.

Mary souffrait de dyscrasie; son avenir était donc incertain et précaire. Déniant sa maladie, elle affirmait avec colère qu'elle retournerait à la maison et qu'elle reprendrait sa vie normale. L'époux et la fille de Mary la visitaient avec amour mais aussi avec anxiété, et ils souffraient de ses explosions émotives.

Progressivement, Mary a commencé à parler avec moi. Environ deux semaines après notre première rencontre, elle m'a invitée à m'asseoir à côté de son lit. Pendant que nous parlions de son histoire, elle m'a raconté sa carrière d'écrivaine, et je l'ai vue s'animer et paraître presque bien. Un jour, elle a partagé avec moi une expérience qui est devenue le point tournant de notre relation. Pendant la Seconde Guerre mondiale, Mary s'était rendue au Japon pour visiter un camp d'internement japonais. Elle devait écrire un article pour un grand journal new-yorkais, portant sur les conditions qui y régnaient. Au camp, elle s'est retrouvée à l'extérieur de la cabane d'un des internés. Elle s'est arrêtée pour observer un vieux monsieur qui labourait patiemment le sol d'un petit jardin où de superbes fleurs s'épanouissaient et des légumes poussaient. Sur le visage de cet homme ravagé par le temps, elle a remarqué l'expression paisible, méditative et calme.

Mary l'a interviewé et elle a appris que, avant la guerre, il avait été un homme d'affaires prospère. Elle n'a pu s'empêcher de lui demander comment il lui était possible de conserver une telle quiétude à la lumière des circonstances. Il lui a répondu calmement: « Je ne contrôle pas la situation, mais je peux tirer le meilleur de ma vie en me procurant pour moi-même beauté et travail. J'accepte la vie avec une résignation raisonnable. » Mary se rappelait cette histoire d'un air pensif. Jusqu'à présent, a-t-elle dit, elle avait oublié toute cette partie de son expérience. Pourquoi s'en souvenait-elle maintenant? Elle a cessé de parler pendant quelques minutes, puis a demandé si elle pouvait se reposer.

Durant les deux mois suivants, Mary est retournée deux fois à la maison. Chaque fois qu'elle revenait, j'allais lui rendre visite quotidiennement. Il était facile de remarquer le changement dans son comportement. Maintenant, elle jurait beaucoup moins et elle parlait de ses écrits. Chaque fois qu'elle se sentait écrasée par la dépression, elle discutait de la « résignation raisonnable », et sa ténacité à toute épreuve lui revenait.

Au cours de sa quatrième admission, la brave femme aux cheveux roux, jadis agressive et fanfaronne, perdait nettement des forces. Maintenant plus douce et plus calme, elle prenait l'initiative de notre conversation quotidienne, qui incluait les gens, Dieu et la mort.

Chaque vendredi, j'avais pris l'habitude de lui dire au revoir jusqu'à mon retour le lundi. Si je quittais la ville pour une longue réunion, j'en informais Mary. Quand j'ai dû assister à un séminaire de quatre jours, je lui en ai parlé une semaine à l'avance. Le jour avant mon départ, je suis passée la voir. J'ai frappé à sa porte et je suis demeurée sur le seuil pendant que deux infirmières prenaient soin d'elle, leur visage marqué par la peine. Mary m'a vue. « Je n'ai plus besoin de vous. » J'ai à peine réussi à dire : « Je vous reverrai », et j'ai refermé la porte doucement.

Le séminaire se tenait dans un endroit idyllique du centre de la Californie, et ma chambre était située sur une falaise donnant sur l'océan Pacifique. Après une pluie qui avait duré toute la nuit, le calme soudain de la tempête m'a réveillée le lundi à 4 h 30. Quelque chose me poussait à sortir sur le balcon. Comme j'atteignais la rampe de la véranda, les nuages se sont dispersés et le clair de lune a troué les nuages. J'ai ressenti un énorme sentiment de délivrance. Tout était d'une beauté à couper le souffle et, pour la première fois de ma vie, j'ai pleuré de joie.

Quand je suis retournée au travail le mercredi matin, j'ai découvert – comme je le savais certainement dans mon cœur – que Mary était morte tôt le lundi matin. Elle avait laissé derrière elle non seulement une famille attristée, mais aussi un personnel d'hôpital consterné par sa mort – consterné parce que tous étaient à la fois bouleversés en raison de leur incompréhension initiale et éblouis par la courageuse résignation raisonnable de Mary.

Sylvia C. Chism

La paire de bas noirs

Chaque génération rit des modes anciennes, mais suit religieusement les nouvelles.

Henry David Thoreau

Je détestais très peu de chose en ce monde autant que les bas de couleur noire. Et pourtant, je les ai endurés pendant trois longues années, alors que j'étais étudiante infirmière à Milwaukee au début des années 1940. Notre uniforme d'infirmière était aussi attrayant qu'un linceul. Informe, de couleur sable, collet blanc, manches courtes et ceinture, la robe tombait à mi-chemin entre les chevilles et les genoux, contrastant avec les jupes à hauteur du genou que les autres filles de dix-huit ans portaient. Les deux poches plaquées étaient toujours déformées par les stylos, les ciseaux et les carnets de notes dont elles étaient bourrées. Nous devions même revêtir des sous-vêtements de coton pour éviter de provoquer une explosion de gaz anesthésique dans la salle d'opération. Je tolérais les dessous de coton, mais je détestais les bas noirs. Ceux-ci, de même que les souliers noirs que nous, étudiantes, devions porter avec notre uniforme, constituaient pour nous l'outrage suprême.

Sœur Emma nous avait dit que nous devions nous procurer les bas noirs avant notre sixième semaine où nous commencerions à travailler sur les étages de l'hôpital. Pendant nos temps libres, nous avons fouillé les magasins, mes parents et moi. Mais les bas de couleur noire étaient aussi rares que des tablettes de chocolat pendant la guerre. À la fin de la cinquième semaine, ma quête se révélait toujours infructueuse. Désespérée, ma mère a fini par teindre en noir six paires de bas de coton de couleur brun clair. J'étais prête.

Comme premier contact avec les patients, j'ai été assignée de soir aux soins de trois d'entre eux. Cela consistait à les aider lorsqu'ils avaient besoin d'aller aux toilettes, de se laver les mains et le visage, et de se brosser les dents. Nous, qui n'avions jamais touché à un inconnu, devions leur laver le dos et les frictionner avec de l'alcool à friction et de la poudre de talc. Pire encore, nos filets à cheveux au lieu d'une coiffe d'infirmière renseignaient tout un chacun que nous n'étions que des « stagiaires ». J'ai essayé d'accomplir mes tâches à la perfection, mais certains patients actionnaient leur voyant lumineux, et les médecins m'arrêtaient dans le couloir pour me poser des questions. J'étais tellement nerveuse que mes aisselles étaient trempées de sueur. Mes trois premières heures en devoir m'ont paru trois années. Je ne sais pas comment j'y suis arrivée, mais tous mes patients ont mangé, et j'ai réussi à terminer ma ronde de soins. L'infirmière en chef a examiné la salle, a trouvé de la poussière à la base d'une table de lit, mais m'a informée que j'étais à la hauteur et m'a donné congé pour la soirée. Je me suis dépêchée de retourner à la résidence des infirmières.

En sécurité dans ma chambre, j'ai enlevé mes souliers noirs. Les doublures étaient humides. J'ai détaché mon porte-jarretelles et j'ai enlevé mes bas. Mes pieds étaient aussi noirs que du charbon! J'ai essayé de les frotter pour enlever la couleur mais sans succès. Il me restait seulement cinq minutes pour me rendre à la salle d'études. J'ai séché mes pieds grisâtres, enfilé en vitesse quelques vêtements, des bas courts et des chaussures confortables et me suis précipitée au rez-de-chaussée.

Pendant deux mois, la couleur de mes pieds a oscillé entre le noir suie et le gris cendré. La teinture noire des bas déteignait sur mes pieds et sur la doublure des souliers, résultant en une couleur vert-de-gris sale.

En décembre, les choses se sont stabilisées, mais la vie d'une étudiante infirmière dans le milieu des années 1940 était loin d'être celle d'une star. L'essentiel des repas était composé de féculents, et la quantité de nourriture n'était jamais suffisante pour satisfaire l'appétit d'une jeune fille en croissance; j'ai donc caché des pots de beurre d'arachide dans ma commode et j'en mangeais à la cuillère. Il était d'usage de travailler pendant huit heures, de me rendre ensuite en classe pour trois ou quatre heures supplémentaires, puis d'étudier. Pendant mes deux demi-journées de congé, je dormais ou j'étudiais, vivant dans la peur continuelle de ne jamais apprendre suffisamment pour être une bonne infirmière. Mais je devenais de plus en plus habile avec les patients, ayant d'abord pratiqué sur notre mannequin, et mes pieds se sont lentement décolorés.

Pendant ce temps, mon père faisait le tour des magasins durant ses heures de lunch jusqu'à ce qu'il trouve, dans une lingerie du centre-ville, trois paires de bas noirs en rayonne qu'il m'a offertes comme cadeau de Noël. Combien je les adorais, ces bas: ils ne déteignaient pas sur mes pieds.

Pendant notre deuxième année d'études, nous avons rencontré des étudiantes d'autres hôpitaux, la plupart d'entre elles devant aussi porter des horribles bas noirs, sauf celles provenant d'un hôpital chic du quartier est de la ville, qui portaient des bas et des souliers blancs. Toutes les étudiantes de notre classe s'entendaient sur le fait que notre uniforme serait beaucoup plus attrayant sans les souliers et les bas noirs, et nous avons présenté une pétition à la directrice des soins infirmiers. Elle a refusé d'écouter. « C'est la tradition », a-t-elle tranché.

Nos 1095 jours d'études s'égrenaient lentement, et nous attendions avec impatience la remise des diplômes, rêvant de bas blancs et de jupes courtes à la mode.

Un soir, un visiteur m'a tendu un paquet et m'a remerciée d'avoir pris soin de son épouse atteinte de pneumonie. Il a remis un paquet semblable à chaque étudiante de l'unité, et l'infirmière en chef a accepté que nous le conservions. À l'intérieur de la boîte, il y avait trois paires des premiers bas de nylon que j'avais jamais vus – de couleur noire, mais fins comme une toile d'araignée, et arborant une couture tout le long à l'arrière de la jambe. Notre visiteur reconnaissant était propriétaire d'une boutique de lingerie. Chaque dimanche, j'ai porté mes précieux bas jusqu'à la remise des diplômes. Le temps s'écoulait, et notre classe a acheté des uniformes ajustés à jupe courte et les tant désirés bas et souliers blancs, les réservant pour le grand jour.

Le 28 août 1947, notre classe de vingt et un élèves a défilé fièrement dans des uniformes blancs, impeccables et ajustés, portant des bas et des souliers blancs, des coiffes blanches empesées, et, en ce jour de remise des diplômes, nous avons reçu notre épinglette de fin d'études.

Le mois suivant, un jeune Français nommé Christian Dior a lancé sa première collection: le « New Look », qui proposait des jupes plus longues, à mi-chemin entre le genou et la cheville. Ses mannequins ont paradé sur la scène en portant des bas fins de couleur noire avec leurs escarpins à talon.

Parfois, il n'y a rien à faire.

Elsie Schmied Knoke

8

AU-DELÀ DE L'APPEL
DU DEVOIR

*Il y a des coûts et des risques
inhérents à un programme d'action.
Mais ils sont bien moindres que
les coûts et les risques à long terme
d'une inaction confortable.*

John F. Kennedy

Ma mission d'espoir

Ne doutez jamais qu'un petit groupe de citoyens
engagés puisse changer le monde. En fait, c'est
de cette seule façon qu'on y arrive.

Margaret Mead

J'avais alors presque vingt ans lorsqu'un jeune prêtre
m'a remis une carte de prière où étaient écrites les paroles
du cardinal John Henry Newman, un ecclésiastique du
XIXe siècle. Intitulée « J'ai ma mission », on pouvait y lire
ce passage :

Dieu m'a créé afin de lui rendre un service
  particulier :

Il m'a confié une certaine tâche, à moi et à personne
  d'autre.

J'ai ma mission… Je suis le maillon d'une chaîne,
  un lien de contact entre les gens.

Il ne m'a pas créé pour rien. Je dois faire le bien.
  Je dois accomplir son œuvre.

Ces paroles m'ont profondément impressionnée.
Cette carte est devenue l'un de mes biens les plus précieux, et je l'ai conservée avec moi durant des années. Le
prêtre m'a aussi parlé de mère Teresa, cette religieuse qui
travaillait en Inde avec les « plus pauvres parmi les plus
pauvres », et je rêvais de faire quelque chose qui donne-
rait un sens à ma vie.

Quelques années plus tard, après m'être mariée, j'ai
commencé à suivre des cours du soir dans un centre universitaire de notre localité. D'abord des études en psycho-

logie, puis un cours soi-disant de sociologie mais fortement axé sur la guerre au Vietnam. Pendant un semestre, j'ai travaillé très fort, et je me suis mérité un A, comme dans la plupart des autres cours, mais j'en ai retiré beaucoup plus qu'une bonne note.

Je me suis bientôt engagée dans des manifestations pacifistes et dans les campagnes présidentielles menées par des candidats contre la guerre. Pour tenter de trouver un sens à l'implication américaine au Vietnam, j'ai lu tout ce qui me tombait sous la main sur le sujet, mais plus je lisais, moins je comprenais.

À cette époque, j'avais deux enfants et j'étais enceinte d'un troisième; l'éducation et la maternité sont alors devenues mes deux passions. J'ai continué d'étudier et, dans un élan de confiance, j'ai suivi un cours intensif en biologie. L'idée de devenir infirmière germait en moi. La réussite de ce cours m'a fait comprendre que j'avais choisi le bon chemin. J'ai ensuite entrepris un cours de chimie et j'ai obtenu la deuxième meilleure note de la classe. En bout de ligne, j'ai obtenu mon diplôme d'infirmière.

Pendant ce temps, la guerre du Vietnam traînait en longueur. Je me sentais impuissante, me battant pour une cause dont la plupart des gens semblaient n'avoir aucun intérêt. Progressivement, une pensée a émergé en moi. Avec une simple petite contribution personnelle, peut-être serais-je capable de changer les choses dans la vie d'une autre personne. J'avais lu un article de magazine traitant de la détresse des enfants pauvres et non désirés au Vietnam. Je m'en suis souvenu et j'ai demandé à mon mari comment il entrevoyait la possibilité d'adopter l'un d'eux.

Nous n'en avons pas seulement adopté un, mais nous avons fait une deuxième puis une troisième demande.

Mais à un certain moment, les démarches d'adoption ont stagné, et il m'a semblé qu'on ne nous remettrait jamais les enfants. Après plusieurs mois d'attente frustrante, j'ai décidé de me rendre au Vietnam pour tenter de démêler les questions administratives.

Arrivée là en novembre 1973, j'ai été immédiatement captivée par ce pays étonnamment dynamique et son peuple. Le deuxième jour, j'ai été invitée à travailler avec une infirmière au To Am (« nid chaud ») Nursery, fondé par Rosemary Taylor, une travailleuse sociale australienne, en poste au Vietnam depuis 1967. Ce soir-là, j'ai été accueillie chaleureusement par Elaine Norris, une infirmière américaine volontaire.

Elaine était manifestement épuisée. Un nombre croissant d'enfants orphelins et abandonnés arrivaient chaque jour et le centre débordait. Il n'y avait plus de chambres disponibles et on devait loger les bébés supplémentaires dans des endroits de fortune, même dehors sur la véranda à ciel ouvert.

La salle de séjour est devenue une unité de soins intensifs improvisée, bondée de bébés très malades. Plusieurs d'entre eux recevaient leur solution intraveineuse au moyen de bouteilles accrochées à des clous plantés dans les murs. Rien dans ma formation ne m'avait préparée à un tel spectacle, et l'énormité de la tâche m'a prise au dépourvu. Nerveusement, j'ai confié à Elaine que je n'étais pas certaine d'avoir les compétences nécessaires pour aider à soigner autant de bébés. Elaine a souri et elle m'a assurée que j'apprendrais rapidement. Nous bavardions toutes les deux pendant que nous changions des couches, nourrissions les enfants et en prenions soin. À la fin de la journée, morte de fatigue, je me suis traînée jusqu'à mon lit. Alors que je sombrais dans le sommeil, j'écoutais la sérénade nocturne des bébés en pleurs, des fusillades dans la rue, et des explosions au loin.

Je me suis réveillée avant l'aurore pour trouver Elaine au travail dans l'une des chambres. Calmement, elle a montré un minuscule bébé garçon et m'a expliqué qu'elle était demeurée debout toute la nuit pour en prendre soin. L'enfant devait quitter le centre pour rejoindre sa nouvelle famille, mais il ne ferait pas le voyage. La vue de cette réalité a été traumatisante pour moi. Avant cet instant, je n'avais jamais vu mourir un bébé. Je suis demeurée avec Elaine, et avec amour nous avons réconforté le minuscule garçon jusqu'à ce qu'il décède. À ce moment-là, je pleurais tellement que j'étais certaine de ne pas pouvoir continuer à travailler. C'était trop d'émotion pour moi. Mais je ne pouvais quitter la pouponnière, car Elaine était épuisée après une nuit entière de travail. Elle avait besoin de moi pour reprendre le contrôle.

Je lui ai vivement conseillé d'aller se reposer et je lui ai dit que je la remplacerais pendant qu'elle dormirait. Une fois seule, j'ai jeté un regard autour de la chambre, paralysée par l'énorme responsabilité que je venais d'accepter. Soudain, j'avais la charge d'une maison remplie de bébés. Il n'y avait ni médecins ni autres infirmières, seulement le personnel vietnamien, qui parlait très peu l'anglais. Je n'avais personne vers qui me tourner pour me conseiller ou me guider; j'étais celle qui devait prendre les décisions.

Une préposée aux soins des enfants s'est bientôt approchée de moi avec un enfant dans les bras et m'a montré son front. J'ai remarqué son visage rougi et j'ai touché son front brûlant de fièvre. Ensemble, nous avons éponge l'enfant avec de l'eau froide et, lentement, la fièvre a diminué. Lorsqu'il s'est endormi à poings fermés, la femme l'a doucement déposé dans un lit d'enfant.

Je suivais les membres du personnel pendant leur ronde, et je me suis rapidement rendu compte à quel point ces femmes connaissaient les petits êtres qui leur étaient confiés. Même si nous étions incapables de converser, nous communiquions par le biais des besoins des enfants. Une infirmière m'a montré un bébé dont la perfusion s'était infiltrée. La région autour de l'aiguille était rouge et boursouflée. Je savais ce qu'il fallait faire, mais aucun médecin n'était présent pour y voir; je devrais donc m'en charger seule. Mes mains tremblaient pendant que je retirais l'aiguille et que je la réinsérais correctement dans la veine minuscule du bébé. C'était ma première intraveineuse, et j'ai été soulagée lorsque j'ai vu le liquide commencer à s'écouler dans sa veine. L'inquiétude me tenaillait, et je vérifiais la perfusion toutes les deux minutes. J'étais ébahie de voir que tout continuait à bien fonctionner.

J'allais voir les bébés les uns après les autres, et peu à peu mes habiletés d'infirmière ont ressurgi, et je savais ce qu'il y avait à faire. Je n'en avais pas sitôt terminé avec un enfant qu'un autre réclamait mon attention. Les heures s'égrenaient dans la ronde constante de soins à apporter à chacun des bébés. J'ai commencé à saisir l'individualité de chacun d'eux, et j'ai bientôt pu les reconnaître comme les petits êtres uniques qu'ils étaient.

Finalement, j'ai levé les yeux pour voir une Elaine souriante qui m'observait, paraissant reposée et revigorée. « Vous êtes une infirmière-née », m'a-t-elle dit.

« J'ai ma mission. »

Enfin, j'avais découvert le « service particulier » pour lequel j'avais été créée. Je suis retournée aux États-Unis juste assez longtemps pour récupérer mes enfants et mon mari, et je ne suis jamais retournée en Amérique pour y vivre de nouveau. Le travail au Vietnam de 1973 était le commencement de mon engagement à vie envers les enfants du Vietnam et de l'Inde. J'ai finalement fondé mon propre organisme – International Mission of Hope.

Cherie Clark

NOTE DE L'ÉDITEUR: *Cherie Clark a joué un rôle-clé dans la réalisation de l'Opération Babylift qui a aidé à sauver 3000 orphelins vietnamiens en 1975. De là, elle a voyagé en Inde où elle a travaillé avec mère Teresa. Elle est retournée au Vietnam en 1988, où elle continue aujourd'hui de donner des soins aux enfants dans le besoin.*

Un cœur compatissant

Vous devez donner du temps à vos semblables.
Même s'il s'agit de peu, faites quelque chose
pour les autres – un geste pour lequel vous ne
recevez aucune rémunération mais plutôt le pri-
vilège de l'accomplir.

Albert Schweitzer

Mon mari travaillait comme préposé aux bénéficiaires dans un centre d'hébergement et de soins de longue durée d'une ville voisine. Les patients ne quittaient son unité de soins que pour deux raisons : être hospitalisés ou mourir. La plupart ne recevaient pas de visiteurs; mon mari tentait donc de combler ce vide en adressant un mot gentil ou un sourire à chacun des patients sur son étage.

Pâques approchait. Mon mari se sentait triste de constater que très peu d'activités significatives avaient été organisées pour ses patients afin de souligner cette fête. Il se demandait de quelle manière nous pourrions faire notre part. Avant d'obtenir ce poste, il avait été en chômage pendant une bonne période, et les questions financières étaient une préoccupation de tous les instants pour nous. Pourtant, nous nous demandions comment il nous serait possible de rendre Pâques un peu plus agréable pour ces patients. Que pourrions-nous leur apporter?

J'ai jeté un coup d'œil dans notre appartement où il y avait des plantes dans chaque fenêtre ensoleillée. « Donnons une plante à chaque patient », ai-je suggéré.

Nous avons acheté des verres de polystyrène et avons placé dans chacun d'eux quelques pierres au fond, du terreau, puis une bouture d'une plante. À la fin, nous disposions de trente plantes en pots, et mes fenêtres étaient toujours remplies de verdure.

Après la messe pascale à l'église, nous nous sommes dirigés vers le centre d'hébergement et de soins en compagnie de notre petit garçon. Une des infirmières nous a déniché un chariot dans lequel nous avons déposé la boîte remplie de plantes. Nous avons parcouru les corridors, nous arrêtant à chaque chambre, et appelant chaque patient par son nom. Revêtu de ses vêtements de Pâques, notre fils distribuait les plantes. Il nommait respectueusement les patients du nom de grand-papa ou de grand-maman, même s'il savait qu'ils n'étaient pas ses véritables grands-parents. Ils ont tous souri comme nous prenions quelques minutes avec chacun d'eux pour leur souhaiter de Joyeuses Pâques. Il est possible que certains ne célébraient généralement pas cette fête, mais nous avions le sentiment d'avoir transcendé l'aspect religieux. Notre petit garçon a adoré se faire tapoter la tête et recevoir des baisers sur la joue. Cette journée pascale a été la plus belle de notre vie.

Plus tard cette semaine-là, le personnel infirmier a déclenché une grève. Une équipe réduite de personnel et des infirmières de jour assuraient le fonctionnement de l'étage. Mon mari et les autres préposés aux bénéficiaires étaient surchargés. À la fin de la période de travail, il était épuisé. C'est alors que l'une des infirmières remplaçantes est sortie précipitamment d'une chambre. « M. Peterson est mourant », l'a-t-il entendu dire par hasard à l'infirmière en chef. Il n'y avait plus grand-chose à faire pour ce vieil homme, sauf de voir à son confort. L'infirmière lui a administré sa médication et elle est retournée à son poste. S'il s'était agi d'une journée régulière, une personne parmi les infirmières ou infirmiers auxiliaires se serait assise avec ce patient mourant et lui aurait apporté le réconfort dont il avait besoin. Cette journée-là, personne n'était disponible pour poser ce geste humain.

« Je resterai avec M. Peterson », a offert mon mari.

« Votre période de travail est terminée, et nous ne pouvons vous payer de temps supplémentaire », a répondu l'infirmière en chef.

« Je resterai. Pas de problème », a répété mon mari.

Il a mis un long moment avant d'être capable de me raconter le reste de l'histoire. Il s'est assis à côté de M. Peterson. La plante que nous lui avions donnée à Pâques était placée sur la table de nuit et avait fleuri. L'homme a reconnu mon mari. « Je meurs, mon fils », lui a-t-il dit d'une voix faible.

Mon mari a lutté contre des larmes qui mouillaient ses yeux. « Je resterai avec vous un moment. »

Le vieil homme a demandé: « Pouvez-vous prier avec moi? »

Mon mari ignorait quelle religion M. Peterson pratiquait, mais il a pris les mains noueuses de l'homme dans les siennes et il a prié avec lui pour que Dieu lui accorde ses grâces. Il est demeuré ainsi pendant des heures, parlant et priant, jusqu'à ce que l'homme s'éteigne doucement, le visage illuminé d'un sourire.

« J'ai senti l'esprit du Seigneur dans cette pièce, m'a-t-il confié. Je sais que M. Peterson est avec Dieu. »

Mon mari n'était pas un infirmier diplômé, mais sûrement que cet après-midi-là il en avait le cœur.

Beatrice Sheftel

L'infirmière Chat botté

Accomplis toutes choses avec amour.

Og Mandino

En 1979, je relevais d'une « chirurgie de femme » dans un hôpital de Virginie, et Noël approchait. Comme si ma situation n'était pas assez éprouvante, j'étais aux prises avec une infirmière bizarre et méchante comme une vipère. Chaque jour, son petit corps potelé arrivait en valsant dans ma chambre et elle me réveillait en criant : « Il est temps de vous lever, ma petite demoiselle! Levez-vous et laissez ce lit avant d'attraper une pneumonie. Vous devez bouger, sinon! »

Je ne l'aimais pas beaucoup et je le lui ai fait savoir. D'ailleurs, il était clair qu'elle ne m'aimait pas non plus. Elle plaisantait souvent : « Je fais seulement mon travail et j'ai l'intention de le faire selon les règles, ma petite demoiselle. Selon les règles. »

À l'extérieur, la tempête faisait rage, la neige continuait à s'accumuler et la moitié du personnel n'avait pu se rendre au travail. Mais, bien sûr, l'infirmière Chat botté en avait été capable. Je l'appelais ainsi parce qu'elle arrivait chaque jour avec ses bottes blanches couvertes de neige, et toute la journée elle se promenait d'un pas lourd, chaussée de ces mêmes bottes. Je pouvais l'apercevoir de ma fenêtre, trottinant à travers les flocons blancs chaque jour à 14 h 30 précises. *Pourquoi cette infirmière m'intrigue-t-elle tellement?*, me suis-je demandé.

J'étais certaine qu'elle n'avait pas de vie personnelle en dehors de l'hôpital. Autoritaire et méchante, elle était toujours pressée de commencer sa période de travail, comme si c'était tellement merveilleux d'être retenue prisonnière chaque soir dans un hôpital pour prendre soin de personnes malades. D'une humeur plutôt maussade, j'ai demandé à Dieu: *Est-ce que Noël doit arriver cette année? Et est-ce que je dois le passer avec cette infirmière bourrue?*

La veille de Noël est arrivée et j'étais anéantie que mon mari et mon tout jeune fils soient immobilisés à la maison, à une heure de l'hôpital. Il était absolument impossible de conduire la voiture sur l'autoroute recouverte de neige. J'étais couchée dans mon lit, profondément mélancolique, imaginant comment le « petit Bradley » réagirait lorsqu'il ouvrirait la boîte contenant son train.

Comme si ce n'était pas assez, Chat botté est entrée dans la chambre et a remarqué ma tristesse. « Bien, ma petite demoiselle. Vous devez faire mieux que ça. Vous devez prendre les choses comme elles viennent », a-t-elle insisté. Je lui ai fait une grimace comme elle se retournait et sortait de la chambre. Je pouvais l'entendre au poste des infirmières. « C'est bien ça – selon les règles, toujours selon les règles. » J'ai grogné et j'ai recouvert ma tête avec mon oreiller.

À 19 heures précises, j'ai entendu le chœur de chansons de Noël dans le couloir, chantant: « Ô Sainte nuit ». J'ai souri malgré moi et j'ai marché jusqu'à la porte pour l'ouvrir. Abasourdie, j'ai balbutié: « Je rêve! La vieille Chat botté a mis quelque chose dans mon jus d'orange! »

« Non, tu ne rêves pas, a dit mon mari, le visage rayonnant. Grâce à ton infirmière, je demeure dans une chambre d'hôtel à une rue d'ici. » L'infirmière Chat botté avait tout organisé pour que son mari conduise sa jeep jusque chez nous le jour précédent et ramène mon mari jusqu'ici. Non seulement me l'avait-elle emmené, mais elle avait payé sa chambre d'hôtel pour quelques jours, jusqu'à ce que je puisse obtenir mon congé. Je suis demeurée là à contempler la méchante infirmière, maintenant transformée en héroïne. Elle me souriait même, alors que je demeurais bouche bée, émerveillée.

J'ai appris que cette infirmière extraordinaire et son riche époux faisaient des actions généreuses pour de nombreuses personnes. Elle n'avait même pas besoin de travailler, mais elle avait choisi de combler sa vie en pratiquant cette profession. Mon mari l'adorait. « Elle est stricte, comme mon ancien sergent instructeur, m'a-t-il déclaré. Nous avons besoin de plus d'infirmières comme elle. »

Aujourd'hui, je travaille comme infirmière et je trottine dans la neige à travers le stationnement de l'hôpital, des bottes blanches aux pieds en l'honneur de mon infirmière préférée. J'ai téléphoné à son hôpital pour prendre de ses nouvelles et pour lui dire combien elle m'avait inspirée. On m'a répondu qu'elle était décédée dans son sommeil à la maison, son cœur généreux avait cessé de battre.

Comme je connais l'infirmière Chat botté, elle se tient aux portes du Paradis juste à côté de saint Pierre, avec sa plume et sa feuille de rapport. Elle attrape chaque âme perdue qui essaie d'y entrer sans autorisation en déclarant : « Selon les règles, ma petite demoiselle ! Selon les règles ! »

J. C. Pinkerton

La remise d'épinglette

Le destin d'un enfant est toujours le travail de la mère.

Napoléon Bonaparte

**Le Northern Oklahoma College
vous invite à assister à la cérémonie
de remise d'épinglette des infirmières
le vendredi 7 mai 1999**

J'étais la première de ma famille à obtenir mon diplôme d'études universitaires et j'avais attendu toute ma vie cet instant. Pendant que nous étions rassemblés dans l'auditorium, je faisais des blagues avec ma famille et mes amis sur le fait que j'avais fini par obtenir mon diplôme. J'avais mis dix années pour terminer mon programme universitaire de deux années, tout en élevant une famille et en travaillant comme infirmière auxiliaire.

Les dernières semaines de classe avaient été tellement occupées, et la vie tellement mouvementée. Je pouvais difficilement croire que ce moment était enfin arrivé. Vêtue d'une nouvelle robe et chaussée de nouveaux souliers, je ne paraissais pas trop mal si je me comparais à toutes ces infirmières plus jeunes. Puis, ma meilleure amie Alice est arrivée avec la nouvelle – Ronnie n'arriverait peut-être pas à temps. Comment se faisait-il que mon époux, qui m'avait soutenue si fidèlement pendant toutes ces années, puisse être retenu à son travail et manquer cette cérémonie?

Ma mère avait été mon premier choix pour me remettre l'épinglette étant donné sa présence constante à mes côtés durant cette aventure. Mais elle avait décliné mon offre, expliquant que c'étaient mon mari et mes fils qui devaient partager ce moment – un moment qui s'annonçait déjà doux-amer. Mon fils Jesse était dans la marine, basé à Chicago, et il ne pouvait assister à l'événement. Comme je savais maintenant que Ronnie serait retenu au travail, c'était donc à ma mère et à mon fils Clint que revenait la tâche de faire les présentations. Pour la remise de mon épinglette, un texte avait été rédigé plusieurs semaines auparavant. Il faudrait maintenant le modifier, une nouvelle fois.

Mes copines infirmières savaient combien j'étais déçue, car je leur avais souvent confié que mon fils marin me manquait, spécialement en ce week-end de la fête des Mères. Comme mon tour approchait de monter sur le podium, j'ai jeté un coup d'œil dans l'auditorium dans l'espoir de repérer mon mari, mais il n'était pas là. J'ai vu Alice qui se préparait à filmer l'événement, mais j'étais incapable d'entendre quoi que ce soit de mon texte, sauf mon nom quand j'ai entendu les mots… « recevra son épinglette des mains de son mari et de ses deux fils ».

Là devant moi, approchant en ma direction, j'ai vu mon merveilleux mari, mon fils Clint, et mon autre fils Jesse fraîchement débarqué de l'avion et revêtu de son costume de la marine. Ils m'ont accueillie avec de larges sourires et un « Surprise! » tellement chaleureux.

Toute ma classe et tous les enseignants ont applaudi avec enthousiasme alors que l'épinglette pour laquelle j'avais si durement travaillé était attachée avec amour.

Dawn Koehn

Derniers sacrements

La musique est le langage universel de l'humanité.

Henry Wadsworth Longfellow

Je me suis occupée de Sam, un patient en médecine chirurgicale, pendant environ neuf mois au cours de ses fréquents séjours pour une maladie du foie en phase terminale. Sam était un ancien combattant de la Seconde Guerre mondiale, et son épouse et sa famille prenaient soin de lui avec amour. Depuis neuf jours, il était entré dans le coma, et on doutait qu'il puisse revenir à lui. Tout semblait se passer au ralenti en ce dimanche après-midi, et la famille de Sam avait quitté l'hôpital pour la journée. Quinze minutes plus tard, lorsque je suis entrée dans sa chambre pour l'examiner, j'ai su à sa respiration qu'il était sur le point de mourir. Je suis sortie dans le couloir dans l'espoir de trouver d'autres membres du personnel, puisque nous étions tous très proches de Sam et des siens. Juste à l'extérieur de la chambre se tenait le père Charlie, un prêtre catholique qui effectuait sa ronde chaque week-end. Je lui ai demandé d'administrer les derniers sacrements à Sam. Le père Charlie a vérifié le rapport avant d'entrer dans la chambre et m'a gentiment informée que ce n'était pas possible puisque Sam n'était pas catholique. Il a cependant offert d'entrer et de réciter une prière.

En pénétrant dans la chambre, il a dit: « Oh, je connais cet homme. Nous sommes tous deux d'anciens combattants et nous avons eu plusieurs discussions ensemble. » Il a pris la main de Sam. « Avez-vous objection à ce que je chante une chanson? »

J'étais très surprise de cette demande, mais, bien sûr, j'ai répondu: « Non, allez-y. »

Le père Charlie a commencé à chanter: « Mes yeux ont vu la gloire de la venue du Seigneur. »

À mon grand étonnement, même s'il était dans un profond coma depuis plusieurs jours, des larmes ont coulé des yeux de Sam. Et au moment où le père Charlie chantait les mots « Gloire! Gloire! Alléluia! » Sam a poussé son dernier soupir.

Jacqueline C. Hadeland

Les vrais héros

La conscience est la racine de tous les vrais actes de courage; si un homme veut être brave, laissez-le obéir à sa conscience.

J. F. Clarke

De février 1967 à février 1968, j'ai servi comme infirmière militaire au Vietnam. Nous vivions des moments chaotiques et éprouvants, incluant les deux tristement célèbres offensives du Têt. Celles-ci et les mois qui les ont précédées ont été une période de montée en puissance de l'ennemi, et spécialement de lourdes pertes pour les Américains.

Généralement, les infirmières étaient assignées à des bases de premier ordre. Mais à cause des pertes écrasantes, un grand nombre d'infirmières et d'infirmiers se sont retrouvés dans des installations plutôt précaires et très peu protégées.

Ma formation en chirurgie et mon expérience en administration m'ont valu d'être envoyée à AnKhe. Dans cette ville se trouvait le camp de base de la Première Cavalerie d'élite. En raison des lourdes pertes, une base de premiers soins a été transformée en un hôpital de cent lits. Huit infirmières travaillaient sous des tentes sans équipement médical suffisant.

Chaque jour, de petits miracles s'y produisaient. On a transformé des pots de mayonnaise en des bouteilles servant au drainage thoracique. Avec l'ajout de certains accessoires rudimentaires, ces pots sont aussi devenus des machines à succion. Des militaires d'une guerre précédente nous ont enseigné à tous à faire des points de suture et à pratiquer des opérations. Personne parmi nous n'a réclamé plus de temps pour dormir ou n'est tombé malade. Nous avons donc travaillé pendant des périodes de temps incroyables pour soigner tous ceux qui nous étaient amenés par hélicoptère.

Les patients en chirurgie étaient si nombreux que, après l'opération, il fallait les installer sur le sol de la tente, car tous les lits de camp étaient occupés. Nous devions partager l'équipement et les instruments chirurgicaux, nous utilisions des antibiotiques périmés, et les gars mouraient faute de matériel. Puis des anges sont arrivés.

Un matin, deux militaires se sont rapportés à moi. C'étaient des hommes bien éduqués, tous deux libérés d'une prison militaire, et ils avaient été assignés à notre base en guise de sanction. Il semblerait que, après avoir constaté les dommages en résultant, ils ont refusé de « transporter des munitions » – une charge de 90 kilos pour des pièces d'artillerie. Il demeure encore incompréhensible que des infirmiers militaires aient pu se trouver dans une unité d'artillerie de cette taille, mais ils l'étaient. Ils sont arrivés à AnKhe humbles et abattus, mais pas sans intégrité. « Nous ferons tout – absolument tout, pour sauver des vies, capitaine. Quels qu'en soient les risques. »

Ils semblaient sincères et presque aussi désespérés que moi. Je les ai pris au mot.

La voie des airs constituait la seule façon d'arriver à AnKhe ou d'en repartir, et les vols étaient trop rares et espacés entre eux. La route était minée plusieurs fois par jour. De nombreux véhicules avaient explosé. Le matériel médical nécessaire ne pouvait pas être obtenu de manière légale, pas plus qu'il ne pouvait nous être acheminé.

J'ai informé les deux hommes des risques de leur mission et de nos besoins en matériel. Me sentant à la fois terriblement coupable et effrayée, j'ai prié de toutes mes forces et je les ai envoyés sur la route, officieusement et sans autorisation, vers une mort presque certaine, pour rapporter du matériel, peu importe les moyens utilisés.

Cinq longues journées se sont écoulées. Mentalement, j'ai commencé à rédiger les lettres à l'intention de leurs familles.

Mais des anges les accompagnaient. Ils sont revenus avec un camion intact, rempli de pénicilline, d'instruments chirurgicaux, d'une authentique machine à succion et même d'un brancard en acier muni de vraies roues.

Quel moment de foi avons-nous vécu à leur arrivée dans le camp! Je ne raconterai pas la manière dont ils ont pu se procurer ce matériel, mais leurs efforts de même qu'une grâce venue d'en haut ont permis de sauver bien des vies. Ce geste nous a tous ré-énergisés afin de poursuivre notre horaire insensé.

Il est donc possible que les héros proviennent des prisons militaires, que les anges errent sur les champs de bataille, et qu'il y ait un Dieu, même en temps de guerre.

Rhona Knox Prescott

9

MERCI

En aidant les autres, nous nous
aiderons nous-mêmes, car quel que soit
le bien que nous donnons, il suit
une voie circulaire et nous revient.

Flora Edwards

Un bout de papier

Durant vingt-cinq ans, je me suis consacrée aux soins infirmiers d'urgence et, pendant les quinze dernières années, j'étais infirmière de bord, effectuant plus de 5 000 vols avec des patients. Au cours de mon parcours, j'ai accumulé quantité de diplômes et de certificats que j'ai affichés sur les murs de mon bureau. Sur l'un de ces murs, un bout de papier a beaucoup plus de valeur à mes yeux que tous les autres. Il me rappelle pourquoi je suis infirmière – parce que je peux agir de façon significative sur la vie d'une personne.

Chaque week-end, Lake Havasu, un endroit en vogue à la frontière de l'Arizona et de la Californie, est rempli de skieurs, de bateaux, et d'alcool. Malheureusement, la combinaison de tous ces éléments peut devenir un cocktail mortel. Un week-end de la fête du Travail, notre unité AirEvac a été appelée pour transporter vers un centre de traumatologie de Phoenix un patient grièvement blessé dans un accident de bateau. Le pilote, l'inhalothérapeute et moi-même avons rapidement chargé notre équipement à bord de notre avion bimoteur et avons décollé pour Lake Havasu City. En moins de quarante minutes, nous avons atterri à l'aéroport et nous nous sommes précipités vers l'hôpital.

Notre patient était un homme âgé de 28 ans, grièvement blessé lorsque son bateau est entré en collision avec un autre, et qu'il a alors été projeté contre une hélice. J'ai d'abord examiné l'homme, que je nommerai John, pendant que l'infirmière en devoir me faisait un bref rapport tout en le préparant pour le transport. John était déjà immobilisé sur une planche dorsale. Son visage était livide, et je pouvais voir la peur dans ses yeux. Comme je me présentais à lui, il a murmuré: « Je vais mourir. »

C'était très possible, car l'hélice avait projeté John dans le bateau, lui brisant les côtes, lui tranchant une partie du bras droit, lui perforant la cage thoracique et provoquant un affaissement du poumon. Pour l'aider à respirer, un tube avait été installé dans sa cage thoracique. Afin de prévenir d'autres saignements, son bras était solidement fixé à sa poitrine au moyen d'une bande velcro. Son abdomen était ferme, tendre au toucher et se ballonnait de plus en plus à cause d'une hémorragie interne. Nous avons placé John sur notre civière, lui avons donné de l'oxygène, l'avons muni d'un moniteur cardiaque et l'avons conduit dans une ambulance. Notre pilote nous attendait à l'aéroport, et nous avons rapidement embarqué le patient dans l'avion et nous sommes retournés à Phoenix.

Durant le voyage, nous lui avons administré une grande quantité de sang que nous nous étions procuré à l'hôpital dans l'espoir de lui permettre de conserver ses forces pendant le vol vers Phoenix. Tout ce sang qui était réfrigéré aurait pu causer encore plus de dommages au corps de John déjà affaibli. Alors le pilote, l'inhalothérapeute et moi-même nous sommes assis chacun sur un sac de sang d'un demi-litre pour le réchauffer. John demeurait éveillé et continuait à se plaindre: « J'ai mal partout. »

L'inhalothérapeute m'a regardée. « Peut-être devriez-vous lui donner de la morphine », a-t-elle suggéré.

Mais le seul espoir de survie de John demeurait la chirurgie, et l'hôpital de Phoenix était à quarante minutes de vol. Il m'était arrivé plusieurs fois d'administrer des médicaments contre la douleur pour aider un blessé à patienter pendant les longues minutes vers l'hôpital, mais dans le cas de John, c'était différent. Son état était tellement critique qu'il devait demeurer éveillé et trouver en lui-même la volonté de vivre. Je n'allais pas lui enlever ses chances de survie avec un sédatif. Comme je me penchais vers John, nos yeux se sont rencontrés, et je lui ai dit doucement: « Je veux que vous sentiez la douleur. Je veux que vous vous accrochiez et que vous luttiez pour votre vie. » Il a hoché la tête et fermé les yeux.

Lors du décollage à Lake Havasu, notre pilote avait indiqué par radio aux contrôleurs aériens de Phoenix que nous avions un patient à bord. Ce type de vol est connu sous le nom de vol de sauvetage, ce qui signifie que nous avons priorité sur tous les autres avions pour atterrir. Ce jour-là, à cause de la direction du vent, les contrôleurs de l'aéroport de Phoenix faisaient atterrir tous les avions d'est en ouest, mais notre pilote a demandé une autorisation spéciale pour atterrir « directement » d'ouest en est, sauvant ainsi un temps précieux. Comme nous avancions doucement vers le hangar de AirEvac, je pouvais apercevoir l'hélicoptère en attente pour nous emmener vers l'hôpital. Nous avons placé John à bord de l'hélicoptère alors que les moteurs avaient déjà été mis en marche, nous permettant encore une fois de sauver du temps.

Quand nous avons atterri au centre de traumatologie quelques minutes plus tard et déposé John sur l'aire d'atterrissage des hélicoptères, il ne répondait plus à ma voix. Il restait peu de temps. Lorsque les portes de l'ascenseur se sont ouvertes, l'équipe de traumatologie nous attendait. J'ai donné aux chirurgiens un bref résumé des soins administrés à John et de sa réaction à notre traitement. Il a été immédiatement emmené en chirurgie et je suis retournée à la base.

J'ai suivi les progrès de John et j'ai parlé avec ceux qui prenaient soin de lui. Ils étaient stupéfaits qu'il ait survécu. Les chirurgiens ont trouvé cinq litres de sang (plus de 85 % de la totalité de son volume sanguin) dans son abdomen. En plus de ses autres blessures, il s'était perforé la rate, qu'on a dû lui enlever, et une opération longue et complexe a été nécessaire pour reconstruire son bras. Pendant l'opération, il a reçu sept litres et demi de sang. Malgré les nombreuses heures passées dans la salle d'opération, John s'en était sorti, et les pronostics étaient bons.

J'ai voulu revoir John dans un environnement plus normal pour lui dire: « Bravo! Vous vous en êtes sorti! » Deux jours plus tard, je lui ai rendu visite dans l'unité des soins intensifs. Il avait reçu des sédatifs, et un tube avait été placé dans sa gorge pour l'aider à respirer. Comme j'entrais dans la chambre, il m'a vue et il a souri. J'étais surprise qu'il se souvienne de moi. Après m'avoir donné une étreinte, il a articulé un silencieux « merci » et a pointé du doigt les photographies de ses trois fils fixées au bout du lit avec du ruban adhésif.

Puis il a pris un bout de papier sur lequel il a lentement écrit: « Je me souviens de vous, vous me parliez, me disant de m'accrocher et que tout irait bien. Merci, je vous dois la vie. »

John est retourné chez lui deux semaines après son accident.

Et c'est ce bout de papier que j'ai fièrement encadré et fixé au mur de mon bureau.

Sherri Sorenson

L'appel

La différence entre la persévérance et l'obstina-
tion est que l'un vient souvent d'un fort désir et
l'autre d'un fort refus.

H. W. Beecher

Rarement avais-je eu à traiter avec des résidents et des internes, et la seule pensée d'être responsable d'eux me rendait nerveuse. J'ai résolu de faire de mon mieux et d'être reconnue dans l'hôpital comme étant celle qui sait garder la tête froide. Quand je travaillais avec eux, je m'en tenais aux faits, j'étais objective et confiante. Peut-être un peu trop confiante pour le résident senior qui ne semblait pas m'aimer.

Quand je me suis confiée à une collègue de travail, elle m'a suggéré: « Vous ne lui rendez pas les choses faciles, Virginia. Oh, il est impressionné, bien sûr, mais il attend seulement que vous posiez un geste qui vous fasse redescendre de quelques crans. »

Un après-midi, j'ai procédé à l'admission d'un homme de 75 ans souffrant d'une insuffisance cardiaque congestive. Notre nouveau patient était une sorte de géant au torse bombé, mesurant environ 1 mètre 80, avec des cheveux blancs et de larges mains noueuses à cause de l'arthrite. Sa voix tonitruante retentissait à travers l'unité. Mais sa situation était mauvaise. Nous avons essayé d'assécher ses poumons et de pomper le sang de son cœur, mais, progressivement, sa condition a empiré. À 19 h 38, on a dû faire appel à un code.

Après avoir travaillé à le réanimer pendant environ quarante minutes et avoir eu recours à tout ce qu'on pouvait trouver comme médicaments approuvés ou expérimentaux, son cœur ne répondait toujours pas. Pour la énième fois, son rythme cardiaque a vacillé pour descendre à zéro sur l'oscilloscope.

Soudain, je me suis mise à crier son nom, encore et encore. Je n'étais même pas consciente de mon geste jusqu'à ce que le résident me secoue l'épaule en me disant de manière sarcastique: « Crier ne le ramènera pas à la vie. Il ne peut pas vous entendre. Il est décédé. »

J'ai eu un mouvement de recul quand je me suis vue penchée sur l'homme mort à lui crier dans l'oreille. J'étais mortifiée de me rendre compte que je me conduisais comme une débutante, surtout lorsque des données scientifiques m'indiquaient qu'il n'était plus en vie. J'ai essayé de dire quelque chose pour ma défense, mais je ne pouvais expliquer pourquoi il avait été si important pour moi de répéter inlassablement son nom.

Dégoûté, le résident est reparti pour enregistrer l'heure du décès.

Puis, j'ai regardé le moniteur. Le cœur de l'homme recommençait à battre. « Il est revenu! »

À l'étonnement de tous, le patient s'est stabilisé en quelques minutes.

Je suis retournée au poste des infirmières, encore perplexe devant mon comportement irrationnel. Apparemment, ma collègue l'était aussi. « Pourquoi avez-vous continué à crier après lui? »

« Je... je ne sais pas. Je devais le faire », ai-je admis, impuissante, me creusant les méninges pour trouver une raison. « Je ne pouvais juste pas m'en empêcher... »

L'après-midi suivant, j'ai été encore plus déconcertée quand je me suis rapportée au travail et que l'infirmière de jour m'a expliqué que le patient en question avait été furieux contre moi toute la journée et qu'il voulait me voir

dès mon arrivée. Découragée, j'ai émis quelques grognements pendant que je me rendais à son chevet, me demand-
dant encore pourquoi j'avais agi si stupidement au point
de provoquer la colère de cet imposant monsieur âgé.

J'ai tiré le rideau autour de son lit et je l'ai vu me lancer un regard furieux. « C'est donc vous qui ne vouliez
pas me laisser partir? » m'a-t-il défiée.

« Oui, monsieur », ai-je répondu à voix basse.

« Vous ont-ils dit que j'allais vous poursuivre pour
faute professionnelle? »

« Non, monsieur. »

« Vous prenez-vous pour Dieu? Pourquoi avez-vous
pensé que vous aviez le droit de me faire revenir ici? » Il
tenait sa main en l'air pour m'empêcher de l'interrompre.
« J'étais en train de partir, et c'était la plus belle chose que
j'avais jamais vécue. Mais quelqu'un a continué à
m'appeler et à m'appeler. J'étais tellement en colère que
j'ai crié après vous toute la nuit! »

J'ai bégayé: « Je suis tellement désolée. Je ne savais
pas ce que je faisais. Allez-vous me pardonner? »

« Oh, mon Dieu, oui! » a-t-il répondu d'une voix
enrouée. « Sans vous, je n'aurais pas pu découvrir à quel
point ma petite-fille m'aimait. Voyez-vous, je croyais
qu'elle ne voudrait plus jamais me voir, mais quand elle a
appris que j'étais à l'hôpital, elle a tenté toute la nuit
d'attraper un vol, mais elle ne pouvait être ici avant ce
matin. Et... » sa voix s'est étouffée, « si vous ne m'aviez
pas rappelé, je serais parti en pensant qu'elle me détestait.
Mais elle m'aime. Elle me l'a dit aujourd'hui. Imaginez!
Et j'ai aussi une arrière-petite-fille! » Il a hésité, puis a
ajouté: « Tout ce que je voulais, c'était de demeurer dans
cette lumière magnifique, mais je suis heureux que vous

ne me l'ayez pas permis. Je suis content que vous n'ayez pas renoncé. »

Il a esquissé un petit rire en voyant mon visage à la fois soulagé et embarrassé. Il a fermé les yeux et a déclaré dans un soupir: « Je suppose qu'aucun de nous ne savait ce qu'il faisait, hein? »

J'ai hoché la tête dans un aveu muet.

Cet admirable vieux monsieur est décédé la même nuit avec sa petite-fille à ses côtés.

J'ignore pourquoi ce soir-là, il y a si longtemps, j'ai outrepassé les limites de mon objectivité, m'en remettant à quelque chose au-delà de la science, au-delà de moi-même. Mais, pour une large part, j'en suis venue à m'y fier, tout spécialement quand j'ai besoin de redescendre de quelques crans.

Virginia L. Clark

De l'amour dans vos mains

*L'amour est tout ce que nous possédons, la seule
façon par laquelle chacun peut aider l'autre.*

Euripide

Le vieil homme se reposait, seul,
Fixant à travers son brouillard.
Je savais que ses yeux ne voyaient presque plus,
Et son brouillard m'intriguait.
Peut-être revoyait-il son enfance
Sur des jambes insouciantes qui couraient.
Mais ses jambes étaient disparues depuis longtemps
Sous l'emprise du diabète.

J'avais pour seule tâche
De changer son lit et de lui donner son bain.
Ne voulant pas le faire sursauter,
J'ai murmuré doucement : « Monsieur ».
Il a fait un mouvement vers moi,
Ses yeux ternes regardaient tout près.
« Qui est-ce ? Je ne connais pas cette voix.
Que faites-vous *ici* ? »
Je lui ai dit mon nom : « Je suis seulement venu
Pour changer votre lit et d'autres petites choses. »
« Attention, ne me faites pas mal. »
Il a reculé pour m'empêcher de le toucher.
« Vous savez, les autres sont durs,

Ils me tirent brusquement et me retournent.

Et parfois j'ai peur qu'ils m'échappent par terre! »

Je ne pouvais le soulever seul

Sans lui faire peur ou lui faire mal.

Personne autour, alors je suis allé

Chercher le levier pour le soulever.

Nous avons parlé et avons fait lentement

Ce que nous avions à faire.

Rafraîchi et habillé,

Il a agrippé ma main

Et m'a dit: « Mon fils, que Dieu vous bénisse.

Certains sont rudes et brusques, et méchants.

Et, bien que vous soyez un homme,

Je veux vous dire quelque chose.

Vous avez de l'amour dans vos mains. »

Ken Cyr

L'ange silencieux

*Mille mots ne laisseront pas une plus profonde
impression qu'un seul geste.*

Henrik Ibsen

Nous sommes le jour de Noël 1967. Je suis un patient du 93e centre hospitalier d'évacuation, situé à proximité de Saigon au Vietnam. Aujourd'hui, je suis à demi conscient, mais je suis incapable de dormir et envahi d'une peur atroce. La douleur poignante et constante dans mes bras de même qu'un violent mal de tête me rendent nerveux. Je me sens impuissant. Mon esprit se sent vide et mon corps se sent brisé. Je veux retourner à la maison.

Il est impossible de me placer dans une position confortable. Je suis forcé d'essayer de dormir couché sur le dos. Les aiguilles, les tubes servant aux solutions intraveineuses, et les rubans adhésifs appliqués sur mes bras sont partiellement recouverts de bandages tachés de sang.

Deux jours plus tôt, la mission de mon escouade avait consisté à protéger le périmètre entourant Saigon pendant les célébrations du jour de Noël où Bob Hope et Raquel Welch seraient les vedettes. Alors en patrouille de recherche et destruction près du village de Di An, nous avons été pris en embuscade sur un sentier dans la jungle par une petite troupe de guérilleros viêt-cong. J'ai eu le pouce droit arraché par le tir d'un fusil d'assaut AK-47, et les fragments d'une mine antipersonnel m'ont écorché le visage et le cou.

Dans cette salle, il y a vingt et un soldats américains malades et blessés, et un jeune Cambodgien récemment capturé. Il est attaché à son lit, à côté du mien, gravement blessé. Je suis rempli de colère et d'hostilité. En tant que vétéran des combats d'infanterie, on m'a fait subir un lavage de cerveau pour que je méprise les communistes et tout ce qu'ils représentent.

Les premières heures sont difficiles sur le plan émotif. Je ne veux pas être à côté du Cambodgien, mais plutôt à côté d'un soldat américain pour pouvoir causer avec lui. À mesure que le temps passe, mon attitude change et ma haine s'évanouit. Nous ne prononcons aucune parole entre nous, mais nous nous regardons dans les yeux et nous nous sourions. Nous communiquons. J'éprouve de la compassion pour lui, sachant que chacun de nous a perdu le contrôle de sa destinée. Nous sommes égaux.

La survie de vingt-deux soldats dans la salle dépend de l'attention et des soins médicaux que nous prodiguent nos infirmières. Selon toute apparence, elles ne quittent jamais la pièce et ne prennent jamais de congé. La nationalité, le pays ou la cause pour laquelle nous nous battons ne comptent pas; seulement les soins aimants et la nourriture nécessaire pour nous soutenir importent. Elles sont les gardiennes de nos vies, notre filet de sécurité, notre espoir d'un retour au foyer. Simplement entendre une voix féminine fait chaud au cœur. Leur présence nous motive à nous rétablir, de manière à pouvoir retourner vers nos épouses, nos enfants, nos mères, nos pères, nos frères, nos sœurs et nos amis.

Le jour de Noël est une journée spéciale, même dans un lit d'hôpital à des milliers de kilomètres de chez soi. Aujourd'hui, les infirmières sont particulièrement attentives et bienveillantes. Les bénévoles de la Croix-Rouge nous aident à écrire des lettres à nos familles. Chacun de nous a encore besoin d'une attention particulière en plus de nos injections de routine, de nos perfusions intraveineuses, de nos prises de sang. En plus, je dois avaler vingt-deux pilules, et ce, trois fois par jour. Même le jour de Noël, la vie suit son cours dans notre petite communauté, réglée comme une horloge, grâce au dévouement de nos infirmières. Elles n'arrêtent jamais, toujours amicales et chaleureuses.

Une rumeur circule à l'effet que le général Westmoreland et Raquel Welch nous rendront visite aujourd'hui dans notre salle, et distribueront des médailles aux blessés de guerre. Je souhaite tout spécialement que cette rumeur se concrétise, car je suis certain que je recevrai une mention élogieuse. La pensée de rencontrer Raquel Welch et le général Westmoreland provoque en moi une poussée d'adrénaline qui dure tout au long de la journée.

Au début de la soirée, nous comprenons bien qu'ils ne viendront pas. Tout le monde est très déçu, spécialement moi. Les activités de la journée se terminent rapidement après un délicieux repas de Noël, et la plupart de mes compagnons de salle s'éclipsent vers 19 ou 20 heures pour aller se coucher.

Il m'est impossible de dormir. Les perfusions intraveineuses installées dans mes bras continuent à briser mes veines les unes après les autres. Je me sens ponctionné et sondé par ce qui me semble ressembler plutôt à des couteaux qu'à des aiguilles. Après toutes ces tentatives infructueuses de trouver une veine pour recevoir les solutions, mes bras sont devenus noirs et bleus. À l'occasion, je m'assoupis, pour être finalement réveillé par la douleur atroce d'une autre veine brisée et par l'infiltration des liquides. Mes bras sont enflés au double de leur taille normale. Cette douleur est pire que ma blessure causée par le coup de feu.

Il est 23 heures le soir de Noël. La salle est silencieuse. Mes compagnons d'armes et le guerrier cambodgien dorment. Je suis tendu et souffrant.

Pour éviter de réveiller les gens autour de moi, je fais signe silencieusement à une infirmière. Elle vient à mon chevet et remarque les larmes dans mes yeux. Discrètement, elle s'assied à côté de mon lit, prend mon bras, enlève la perfusion, et masse légèrement mes bras douloureux et enflés.

Avec douceur, elle se penche vers moi et murmure à mon oreille « Joyeux Noël », en me donnant une longue et tendre étreinte. Comme elle s'éloigne, nos yeux se croisent un moment. Des larmes coulent sur ses joues. Elle avait ressenti ma douleur. Elle se retire et se dirige très lentement vers son poste de travail.

Le matin suivant, je me réveille lentement. J'ai dormi toute la nuit et je me sens reposé. Je vois qu'une nouvelle perfusion a été insérée dans mon bras pendant mon sommeil. L'enflure a disparu. Soudain, je me rappelle l'infirmière qui est venue à côté de moi durant la nuit, ainsi que mon présent de Noël. Je suis reconnaissant et je songe à sa gentillesse. Je regarde en direction du poste pour voir si je peux apercevoir mon ange infirmière, mais elle est partie.

Je ne l'ai jamais revue, mais j'honorerai pour toujours sa compassion envers moi en cette nuit solitaire de Noël.

Duane Shaw
Dédiée à Peggy Ferrera

Les éloges d'un enfant

*Dieu a donné le travail à l'homme, non pour
l'accabler, mais pour le bénir; et un travail utile,
volontaire, accompli avec enthousiasme et efficacité, a toujours été la plus belle expression de
l'esprit humain.*

Walter R. Courtenay

Il y a plusieurs années, j'ai donné une conférence à
un important groupe de parents sur le thème de mon livre
Traits of a Healthy Family (Caractéristiques d'une famille
saine). Pendant la conférence, j'ai illustré de quelle
manière les enfants sont un système de soutien très important pour les parents. J'ai alors expliqué que, en réalité,
lorsqu'un enfant remercie un parent ou lui fait des éloges,
ce geste signifie plus pour le parent que lorsque le con-
joint fait de même.

Après ma conférence, une jeune mère est venue me
voir et m'a tendu la note suivante. Je ne la connaissais pas
et je ne l'ai jamais revue, mais je chéris beaucoup son histoire.

*En plus d'être une épouse et une mère, je tra-
vaille à temps partiel comme infirmière à la salle
de travail et d'accouchement. Un soir, pendant
que mon mari et moi préparions les enfants à se
mettre au lit, j'ai été appelée pour travailler et
j'ai fini par y passer toute la nuit. Je suis arrivée
à la maison épuisée et déprimée à la pensée de
devoir prendre moi-même soin des enfants pour
toute la longue journée à venir. Je me tenais
dans la cuisine, m'apitoyant un peu sur moi-
même, et mon fils de trois ans, Jacob, est arrivé*

et s'est placé devant moi. Avec une expression de respect mêlé d'admiration sur son visage, il m'a regardée. « Maman, tu es vraiment une gentille dame. »

J'étais un peu surprise. « Qu'est-ce qui te fait dire ça, Jacob? » lui ai-je demandé. Il a répondu : « Parce que tu vas aider des madames à avoir des bébés dans la noirceur. »

Soudainement, la journée à venir ne me paraissait plus aussi longue.

Dolores Curran

Les anges de bonté

L'espoir, c'est la vie et la vie, c'est l'espoir.

Adele Shreve

Alors que la nuit et la nature prenaient le relais dans une unité remplie d'enfants affaiblis, je prenais moi aussi le relais lors d'une soirée calme, en tant qu'infirmière en oncologie pédiatrique. Les heures tardives filaient doucement, et si quelqu'un s'était alors placé tout près de la porte d'une chambre où dormait un enfant, son oreille aurait été ravie d'entendre le murmure d'un sommeil paisible. Je me suis glissée d'un lit à un berceau, puis à un autre lit, vérifiant si ces enfants étaient tous bien confortables comme ils le méritaient. Bordant des petits orteils, portant secours aux oursons bruns emprisonnés entre les barreaux de lit et les retournant, bien au chaud, sous le bras de leur compagnon, je fredonnais doucement : « Dors, dors, dors... tendre guerrier. Ton Père t'aime et il te murmure : "Tout va bien". »

Une fillette de sept ans reposait sous une couverture de coton bleue. Elle avait un amour de visage avec de longs cils couleur de jais et des lèvres vermeilles. Ma main a cherché la sienne et je l'ai tenue fermement, tout en rendant grâce en silence pour le précieux cadeau d'une enfant paisiblement endormie. J'ai embrassé sa tête dénudée, puis je me suis doucement tournée pour repartir lorsque j'ai entendu : « Mlle Allison ? »

Je me suis agenouillée à côté d'elle, cherchant encore doucement sa main.

« Je veux être ce que vous êtes quand je serai grande. »

« Oh, ma chérie, tu seras un jour une merveilleuse infirmière. J'en suis certaine. »

« Non, a-t-elle murmuré. C'est un ange que je veux être. Je veux être un ange. »

Allison Leigh Usher
À la mémoire de Bethany Garrett, sept ans

Un cadeau de grand-maman

*C'est l'intention et non le cadeau lui-même qui
fait la valeur de l'acte de donner.*

Bruno Lessing

Le matin du 22 mars 1995, ma belle-sœur s'est rendue au centre médical Los Robles pour que l'on provoque son accouchement. Mon mari et moi sommes arrivés à l'hôpital tard dans l'après-midi afin d'être présents au moment de l'excitant événement. Quand nous sommes arrivés à sa chambre, les personnes présentes semblaient en état de choc. Laissez-moi vous expliquer pourquoi.

Au changement d'équipe, l'infirmière en chef, Charlotte, a noté le nom de famille de ma belle-sœur, et elle s'est immédiatement mise à réfléchir. Ce nom lui rappelait celui d'une patiente dont elle avait jadis pris soin, vingt ans auparavant, dans un hôpital situé à une centaine de kilomètres de là. C'est dans ces circonstances qu'elle a décidé que ma belle-sœur serait sous sa charge ce soir-là. Elle est entrée dans la chambre et, hésitante, a demandé à mon frère s'il connaissait une JoAnn. Étonné, il a répondu : « Oui, c'était ma mère. »

Les yeux de Charlotte se sont agrandis, puis il a ajouté : « Ma mère est morte du cancer, il y a vingt ans. »

À notre stupéfaction, Charlotte se souvenait de mon père, de mon frère et de moi et, pendant toute la soirée, elle a partagé plusieurs histoires touchantes sur l'amitié qu'elle avait développée avec ma mère pendant plus d'une année.

Plusieurs heures s'étaient écoulées et, l'état de ma belle-sœur n'ayant pas progressé, on a donc dû procéder à un accouchement par césarienne, et Kylee Ann est

330

entrée dans ce monde. Pour la première fois depuis vingt ans, la joie liée à l'arrivée d'une nouvelle vie remplaçait ma tristesse en ce jour anniversaire de la mort de ma mère.

Deux jours plus tard, alors que Kylee Ann recevait son congé, Charlotte est venue nous voir en tenant une délicate figurine de porcelaine blanche représentant un grand oiseau perché sur une branche, les yeux baissés sur un plus petit oiseau.

« Votre mère m'a donné ceci en cadeau pour me remercier d'avoir pris soin d'elle, il y a plus de vingt ans. Cette figurine, je l'ai chérie pendant toutes ces années. Maintenant, je l'offre à Kylee Ann – c'est un cadeau de sa grand-maman. »

Terri Murcia

Merci, Mme Dickenson

*Nous nous jugeons nous-mêmes selon ce que
nous croyons être capables de faire, alors que
les autres nous jugent selon ce que nous avons
déjà fait.*

Henry Wadsworth Longfellow

Les patients peuvent affecter la vie de centaines de personnes sans qu'ils en soient vraiment conscients.

Après ma première année en service de nuit, je me sentais surmenée et sous-estimée alors que je travaillais cinq nuits par semaine sur un étage très occupé de médecine chirurgicale. Souvent, quatorze patients étaient confiés à chacune d'entre nous, et c'était avant l'avènement salutaire des pompes à perfusion, des mélanges de solutions intraveineuses, des doses unitaires de médicaments, et des systèmes automatisés de distribution et de contrôle des médicaments. En d'autres mots, nous étions très occupées. À toutes les deux heures, il fallait tourner les patients dans leur lit, et les aider à respirer profondément et à tousser au besoin. Les pansements chirurgicaux devaient être vérifiés et étiquetés.

À cette époque, les appareils d'enregistrement informatisé des données n'existaient pas encore; il fallait donc noter par écrit les renseignements recueillis à la suite d'un examen complet effectué sur chaque patient, et ce, à toutes les deux heures. Je faisais mon possible, mais comme « nouvelle diplômée » j'avais l'impression d'être submergée et je me sentais très inadéquate pour satisfaire les besoins de mes patients.

Après une nuit particulièrement difficile, ma coordonnatrice clinique m'a annoncé qu'elle voulait me voir dans son bureau. J'ai frissonné de la tête aux pieds. Je faisais de mon mieux pour soigner mes patients, consigner les notes et les données aux dossiers, et respecter la planification des soins, tout en réussissant à conserver une attitude professionnelle lorsque j'étais en devoir. J'ai terminé le décompte des narcotiques avec l'une des infirmières qui venait d'entrer et, à contrecœur, je me suis traînée jusque dans le bureau de la coordonnatrice, préparée à être réprimandée.

La coordonnatrice a fermé la porte derrière moi et m'a demandé de m'asseoir. C'était beaucoup trop pour moi. Je sentais une boule dans ma gorge, et mes yeux s'embuaient. Elle a cherché dans son tiroir et en a sorti ce qui ressemblait à une lettre.

« Vous souvenez-vous d'une certaine Mme Dickenson, dans la chambre H723-B? »

« Non. Je ne me rappelle pas vraiment d'une Mme Dickenson dans cette chambre. Est-ce qu'il y a eu un problème? » ai-je demandé, retenant mes larmes. Ce nom ne me rappelait rien. D'une semaine à l'autre, je pouvais difficilement me souvenir des noms des patients, tant il y avait d'arrivées et de départs.

« Bien, peut-être devriez-vous lire ceci alors », m'a-t-elle dit, en me tendant la lettre.

D'une écriture mal assurée, il était écrit ce qui suit:

Chère infirmière en chef du 7 Hamilton,

Récemment, j'ai été une patiente sur votre étage. Je suis désolée, car je ne me rappelle pas le nom de chacune, mais une personne s'est distinguée des autres pour moi. C'était mon infirmière de nuit. Je me souviens de sa voix douce et réconfortante résonnant dans la noirceur. Elle était la

main fraîche sur mon front fiévreux. Elle véri-
fiait mon état à toutes les deux heures avec
application, en s'assurant que j'étais confor-
table et qu'on me donnait de bons soins. Je la
remercie du fond du cœur.

Sincèrement,
Mme Dickenson

J'étais stupéfaite. Je m'attendais à une réprimande, mais j'ai plutôt reçu l'un des plus beaux cadeaux que j'avais jamais reçus: des mots de remerciement qui venaient du cœur.

Quinze ans plus tard, je garde toujours ces mots dans mon cœur. J'oriente les nouvelles infirmières de nuit en m'en inspirant et je les entraîne à travailler comme je traite chaque patient. Cette lettre empreinte de délicatesse a guidé de nombreuses mains durant la nuit pendant de nombreuses années.

Georgann Phillips Schultz

Là pour moi

Si vous protégez les canyons des tempêtes de vent, vous ne pourrez jamais contempler la beauté de leurs parois sculptées.

Elisabeth Kübler-Ross

Mai 1998

Lorsqu'on m'a téléphoné, je savais qu'elle ne vivrait pas jusqu'au matin. Je l'ai regardée alors que son corps frêle luttait pour la dernière fois, abandonnant finalement un combat de deux années avec la chimiothérapie, la radiothérapie, la fatigue et la douleur, dû à un cancer du sein contre lequel elle s'était tant battue pour le vaincre.

Puis, une main ferme a essuyé son front et tenu sa main. Avec patience, tendresse et amour, une voix rassurante a murmuré dans son oreille. Cette main et cette voix m'ont procuré, à moi aussi, le réconfort nécessaire pour soulager la douleur de l'inévitable décès de ma mère.

Mai 1999

La sonnerie retentissante du téléphone m'a tirée du profond sommeil dont j'avais si désespérément besoin.

On avait diagnostiqué chez mon mari une cardiomyopathie. Pendant cinq ans, nous avions dû faire face aux fluctuations de l'état de santé de Jim, et nous avons finalement pris la décision de le placer sur une liste d'attente pour recevoir une transplantation cardiaque. Pendant cette attente d'un cœur, nous vivions notre vie aussi pleinement et aussi normalement que possible. Après quatre années sur cette liste, Jim a commencé à décliner rapidement. On lui a alors implanté par chirurgie un mécanisme électronique pour aider son cœur à fonctionner jusqu'à ce que la transplantation puisse avoir lieu.

Les mois qui ont suivi cette opération ont constitué la période la plus difficile de ma vie, tant sur le plan physique que sur le plan mental. Je me sentais impuissante, alors que mon mari combattait pour se rétablir et recouvrer suffisamment de force pour rentrer à la maison. Son retour tant souhaité m'avait réjouie, mais par la suite, une infection nous a pris par surprise, et sa réadmission à l'hôpital m'a anéantie.

L'appel téléphonique m'avait déchiré le cœur. Jim avait eu une attaque cardiaque. Il reposait sur le lit d'hôpital, apparemment endormi, et je pouvais entendre le bruit du mécanisme ventriculaire implanté chirurgicalement qui pompait bruyamment dans sa poitrine. Je surveillais les moniteurs tout en priant pour que l'attaque n'ait pas été trop dommageable.

Puis, elle est une fois de plus arrivée. Elle est entrée dans la chambre et s'est assise près de moi, tenant ma main et essuyant mes larmes. Elle parlait doucement, m'insufflant l'espoir qu'il pourrait peut-être récupérer, et le courage de faire face à la peur si ce devait ne pas être le cas. À mesure que la journée avançait, elle m'a écoutée patiemment pendant que je lui expliquais que je le ramènerais à la maison et prendrais tendrement soin de lui, peu importe sa condition.

Elle a serré ma main lorsque j'ai appris la gravité de l'attaque qui avait causé des dommages irréversibles au cœur de Jim. Tout mon univers s'est arrêté en ce seul instant. J'ai insisté pour ne pas le laisser là, pour le ramener chez nous. Tout au long des longues heures d'agonie qui ont suivi, elle est demeurée tendrement assise à mes côtés pendant que je concoctais mes plans déraisonnables.

Je n'oublierai jamais ses yeux déterminés lorsqu'elle s'est finalement placée à côté de moi au chevet de Jim, et qu'elle m'a calmement et tranquillement expliqué que le mari et le père que je connaissais et que j'aimais depuis presque trente ans nous avait quittés – il était dans un meilleur endroit, libéré de la souffrance et de la douleur. Avec elle à mes côtés, j'ai tenu la main et caressé la joue de mon Jim, et j'ai compris que je devais accepter l'inévitable.

Mai 2000

Mon cœur était rempli d'amour, de fierté et de tristesse comme elle marchait vers moi, son diplôme à la main.

Amour, parce qu'elle avait été le mortier qui m'avait aidée à tenir le coup pendant mes heures les plus sombres.

Fierté, parce qu'elle avait appris à donner, de façon désintéressée, du réconfort là où il y avait de la douleur, du courage où il y avait de la peur, de l'espoir où il y avait du désespoir, et de l'acceptation lorsque la fin approchait.

Tristesse, parce que sa grand-mère bien-aimée et son père aimant n'étaient pas ici physiquement pour partager ce moment heureux.

Alors que je regardais le diplôme de ma fille et les lettres placées après son nom, je savais que l'université lui avait permis d'acquérir des connaissances techniques, mais que la vie lui avait donné ce petit quelque chose de spécial qui la guiderait dans la voie qu'elle avait choisie.

Maintenant, elle va donner au monde tout le réconfort, la sagesse et la force qu'elle m'a procurés.

Carolyn Gavalas

À propos des auteurs

Jack Canfield

Jack Canfield est un auteur à succès et l'un des meilleurs spécialistes américains dans le domaine du développement du potentiel humain. Conférencier dynamique et coloré, il est un formateur très en demande pour son extraordinaire capacité à informer et à inspirer son auditoire, invitant les gens à faire preuve d'une plus grande ouverture du cœur, à aimer d'une façon plus vraie et à poursuivre audacieusement leurs rêves.

Jack a vécu ses années d'adolescence à Martins Ferry en Ohio, et à Wheeling en Virginie Occidentale, avec sa sœur Kimberly (Kirberger) et ses deux frères, Rick et Taylor. Tous les membres de sa famille ont passé la majeure partie de leur carrière professionnelle à éduquer, à conseiller et à aider les adolescents à s'assumer. Jack admet avoir été timide et avoir manqué de confiance en lui au secondaire, mais, par son travail acharné, il s'est mérité des récompenses dans trois disciplines sportives et a obtenu son diplôme en occupant le troisième rang de sa classe.

Après ses études universitaires, Jack a enseigné au niveau secondaire dans les quartiers défavorisés de Chicago ainsi qu'en Iowa. Plus tard, des adultes du milieu de l'éducation et des affaires se joindront à sa clientèle.

Auteur et narrateur de plusieurs audiocassettes et vidéocassettes à succès, il est consulté régulièrement en tant qu'expert dans des émissions télévisées et radiodiffusées. Il a publié vingt-cinq livres – tous des best-sellers dans leur catégorie respective – incluant plus de vingt volumes de la série *Bouillon de poulet pour l'âme*,

Le pouvoir d'Aladin, *Osez gagner*, *Heart at Work* et *100 Ways to Build Self-Concept in the Classroom*.

Jack prononce annuellement plus d'une centaine de conférences. Ses clients comptent des associations professionnelles, des commissions scolaires, des organismes gouvernementaux, des églises, et des entreprises dans les cinquante États.

Tous les ans, Jack dirige un programme de formation de huit jours destiné à ceux qui œuvrent dans les domaines de l'estime de soi et du rendement maximal. Ce programme attire des éducateurs, des conseillers, des animateurs au sein de groupes de soutien aux parents, des formateurs en entreprise, des conférenciers professionnels, des ministres du culte et d'autres gens qui désirent améliorer leurs talents d'orateur et d'animateur de séminaire dans ces domaines.

Mark Victor Hansen

Mark Victor Hansen est un conférencier professionnel qui, au cours des vingt dernières années, s'est adressé à plus de deux millions de personnes dans trente-trois pays. Il a fait plus de quatre mille présentations sur l'excellence et les stratégies dans le domaine de la vente, sur l'enrichissement et le développement personnels, et sur les moyens de tripler ses revenus tout en doublant son temps libre.

Mark a consacré toute sa vie à la mission qu'il s'est donnée, soit d'apporter des changements profonds et positifs dans la vie des gens. Tout le long de sa carrière, il a su inciter des centaines de milliers de personnes à se bâtir un avenir meilleur et à donner un sens à leur vie, tout en stimulant la vente de milliards de dollars de produits et services.

Mark est un auteur prolifique qui a écrit de nombreux livres, dont *Future Diary, How to Achieve Total Prosperity* et *The Miracle of Tithing*. Il est le coauteur de la série *Bouillon de poulet pour l'âme*, *Osez gagner* et *Le pouvoir d'Aladin* (tous en collaboration avec Jack Canfield), ainsi que *Devenir maître motivateur* (avec Joe Batten).

Mark a aussi réalisé une collection complète d'audiocassettes et de vidéocassettes sur l'enrichissement personnel qui ont permis aux gens de découvrir et d'utiliser toutes leurs aptitudes innées dans leur vie personnelle et professionnelle. Le message qu'il transmet a fait de lui une personnalité de la radio et de la télévision. On a notamment pu le voir sur les réseaux ABC, NBC, CBS, HBO, PBS, QVC et CNN.

Il a déjà fait la couverture de nombreux magazines, dont *Success*, *Entrepreneur* et *Changes*.

C'est un homme au grand cœur et aux grandes idées, une inspiration pour tous ceux qui cherchent à s'améliorer.

Nancy Mitchell-Autio

Nancy Mitchell-Autio est la directrice du service des acquisitions des histoires pour la série *Bouillon de poulet pour l'âme*. En mai 1994, elle a obtenu son baccalauréat en soins infirmiers de l'Arizona State University. Elle a ensuite travaillé au Good Samaritan Regional Medical Center à Phoenix, en Arizona, dans l'unité de soins intensifs cardiovasculaires. En septembre 1994, Nancy a déménagé dans sa ville natale de Los Angeles et s'est impliquée dans la série *Bouillon de poulet*. Les projets initiaux de Nancy consistaient à terminer le livre *Un 2e bol de Bouillon de poulet pour l'âme*, puis de retourner à sa profession d'infirmière. Cependant, en décembre de la même année, on lui a demandé de faire partie de l'équipe de *Bouillon de poulet* à temps plein. Nancy a mis sa profession en veilleuse et est devenue la directrice des acquisitions des histoires, travaillant en étroite collaboration avec Jack et Mark sur tous les projets de *Bouillon de poulet*.

Nancy affirme qu'elle est reconnaissante de ce déménagement à Los Angeles qui lui a permis de se rapprocher de sa mère, Linda Mitchell, pendant que celle-ci luttait contre le cancer du sein. Outre ce combat, Nancy est coauteure, avec sa sœur, Patty Aubery, de *Bouillon de poulet pour l'âme du survivant : des histoires de courage et d'inspiration par ceux qui ont survécu au cancer*. Elle ignorait à ce moment que ce livre deviendrait sa propre inspiration lorsque, en 1999, on a diagnostiqué chez son père un cancer de la prostate.

Nancy est aussi coauteure de *Bouillon de poulet pour l'âme des chrétiens*, *Bouillon de poulet pour l'âme de la future maman*, *Bouillon de poulet pour l'âme des sœurs* et *Chicken Soup for the Christian Family Soul*. Nancy réside à Santa Barbara avec son mari, Kirk Autio, ses chiens Kona et Cora et trois chats. Elle a donné naissance à son premier enfant le 1er octobre 2001.

LeAnn Thieman

LeAnn Thieman est connue à travers le pays comme conférencière professionnelle. Cette auteure est l'infirmière qui a participé « accidentellement » à l'opération de sauvetage Vietnam Orphan Airlift en 1975. Son livre, *This Must Be My Brother*, décrit son audacieuse aventure visant à porter secours à trois cents bébés au moment où Saigon tombait aux mains des communistes. Elle est une personne ordinaire qui a lutté dans des circonstances extraordinaires et a trouvé le courage de réussir. Le magazine *Newsweek* a présenté LeAnn et son incroyable histoire dans sa publication de *Voices of the Century.*

Aujourd'hui, en tant que conférencière réputée dans le domaine de la motivation, elle partage avec les gens les leçons qui ont transformé sa vie et qu'elle a apprises lors de son expérience d'évacuation par pont aérien. Convaincue que nous avons tous des « zones de guerre » au-dedans de nous, LeAnn inspire ses auditeurs à équilibrer leur vie, à vivre vraiment en fonction de leurs priorités et à changer les choses dans le monde.

À la suite de la présentation de son histoire dans *Bouillon de poulet pour l'âme d'une mère,* LeAnn est devenue l'une des écrivains les plus prolifiques de la série *Bouillon de poulet,* avec des histoires incluses dans au moins sept autres livres de cette collection. Ajoutons à cela son dévouement de trente années en soins infirmiers, et cela a fait d'elle la coauteure idéale pour le livre *Bouillon de poulet pour l'âme des infirmières.*

Ses allocutions et ses séminaires étaient d'un intérêt évident pour les organisations de santé, mais ses auditoires se sont élargis jusqu'à inclure des gens de tous les milieux. Maintenant, des éleveurs de bétail, des entrepreneurs et des entreprises américaines apprécient son message! C'est un directeur général qui l'a résumé le mieux lorsqu'il a déclaré : « Je vais vivre ma vie différemment après vous avoir entendue aujourd'hui. »

LeAnn et Mark, son mari depuis trente et un ans, vivent au Colorado où ils apprécient leur « nid vide ». Leurs deux filles, Angela et Christie, et leur fils Mitch se sont envolés, mais ils reviennent encore se nicher sous l'aile de leur mère lorsqu'elle a besoin d'eux!

Autorisations

Nous aimerions remercier les nombreuses personnes et maisons d'édition qui nous ont permis de reproduire les textes suivants. (Note : les histoires qui sont signées *anonyme*, qui appartiennent au domaine public ou qui ont été écrites par Jack Canfield, Mark Victor Hansen, Nancy Mitchell-Autio et LeAnn Thieman n'apparaissent pas dans cette liste.)

Sadie, Sadie, une dame très spéciale. Reproduit avec l'autorisation de Andrea Watson. ©2000 Andrea Watson.

La course. Reproduit avec l'autorisation de Anne Riffen-burgh. ©1995 Anne Riffenburgh.

Il l'a vaincu. Tiré de *It's not about the bike* par Lance Armstrong. ©2000 Lance Armstrong. Reproduit avec l'autorisation de G.P. Putnam's Sons, une division de Penguin Putnam, Inc. Cette histoire apparaît aussi sur le site www.nursezone.com.

Monsieur Jackson et l'épinglette en forme d'ange. Reproduit avec l'autorisation de Linda C. Apple. ©2000 Linda C. Apple.

Sourira-t-elle de nouveau? Reproduit avec l'autorisation de Ana Wehipeihana. ©1999 Ana Wehipeihana.

Accouchement tumultueux. Reproduit avec l'autorisation de Debbie Lukasiewicz. ©2000 Debbie Lukasiewicz.

La main de Dieu. Reproduit avec l'autorisation de Josephine E. Stickley. ©2000 Josephine E. Stickley.

Pardonnée. Reproduit avec l'autorisation de Bernie Siegel. ©2001 Bernie Siegel.

Peur de la nuit. Reproduit avec l'autorisation de Nancy L. Harless. ©1999 Nancy L. Harless.

Et les anges ont chanté. Reproduit avec l'autorisation de Mary Saxon Wilburn. ©2000 Mary Saxon Wilburn.

Le vœu de Lori. Reproduit avec l'autorisation de Gwen Fosse. ©2000 Gwen Fosse.

Par accident. Reproduit avec l'autorisation de Candace L. Calvert. ©2000 Candace L. Calvert.

Réanimation cardiorespiratoire. Reproduit avec l'autorisation de Johnnie Dowdy. ©2000 Johnnie Dowdy.

Une voix dans la nuit. Reproduit avec l'autorisation de Carin Klabbers. ©2000 Carin Klabbers.

Avoir un impact sur le cours des événements. Reproduit avec l'autorisation de Catherine Hoe Harwood. ©2000 Catherine Hoe Harwood.

Série
Bouillon de poulet pour l'âme

* *Volumes disponibles également en format de poche*
** *Volumes disponibles seulement en format de poche*